Für

Simone

von

26.09.25

Christian Liniger

Ein schmaler Weg

Erinnerungen eines Verdingbuben

weberverlag.ch

Christian Liniger

Ein schmaler Weg

Erinnerungen eines Verdingbuben

WEBERVERLAG.CH

Hinweis

Aus Gründen des Persönlichkeitsschutzes sind die Namen aller Personen, die in dieser Erzählung genannt werden, abgeändert. Von dieser Regel ausgenommen sind der Autor, seine verstorbene Ehefrau, seine Kinder und Enkelkinder sowie seine Lebenspartnerin.

Impressum

Alle Angaben in diesem Buch wurden vom Autor nach bestem Wissen und Gewissen erstellt und von ihm und dem Verlag mit Sorgfalt geprüft. Inhaltliche Fehler sind dennoch nicht auszuschliessen. Daher erfolgen alle Angaben ohne Gewähr. Weder Autor noch Verlag übernehmen Verantwortung für etwaige Unstimmigkeiten.

2., aktualisierte Auflage 2024
3. Auflage 2025

Text: Christian Liniger
Bilder: Privatarchiv Christian Liniger

Weber Verlag AG
Leitung/Konzept: Madeleine Hadorn
Gestaltung Cover: Sonja Berger
Gestaltung/Satz: Bettina Ogi
Lektorat: Esther Loosli
Korrektorat: Laura Spielmann

Der Weber Verlag wird vom Bundesamt für Kultur mit einem Strukturbeitrag für die Jahre 2021–2025 unterstützt.

ISBN 978-3-03818-496-6
www.weberverlag.ch

Inhalt

Vorwort

Dieses Buch gibt einen teils bitteren Einblick in die ersten, problembehafteten Lebensjahre von Christian Liniger, dem einstigen Verdingbuben, «aus dem sowieso nie etwas wird». Tatsächlich gehört Christian nicht zu der Gattung Menschen, die mit dem goldenen Löffel im Mund zur Welt gekommen sind – im Gegenteil. Als sechstes von sieben Kindern wurde er im Jahr 1945 in eine Familie hineingeboren, die ihm auch aus Platzgründen kein Zuhause bieten konnte. Die Ehe seiner Eltern war damals bereits zerrüttet. Auf Anraten des Vormunds und der Gemeindebehörden durfte Christian nach der Geburt ein Jahr lang im Spital, im Zimmer einer Diakonissenschwester, bleiben. Seine Mutter bekam er als Erstklässler erstmals zu Gesicht, seinen Vater lernte er mit 17 Jahren an der Beerdigung seines Grossvaters kennen. Im Vorschulalter wurde Christian nicht weniger als dreimal als Verdingbub umplatziert; als Siebenjähriger letztmals auf einen Bauernhof in der Nähe von Bern. «Aus dir wird sowieso nie etwas werden!» Diesen wenig schmeichelhaften Satz bekam Christian mehrmals zu hören. Ungeachtet solcher Prognosen hat er sich nie aufgegeben und den Glauben an sich nie verloren.

Meinen ersten Kontakt mit Christian Liniger hatte ich, als ich noch als Zeitungsreporter mit dem Auto von einem Anlass zum anderen eilte. So auch, als ich zwischen Hindelbank und Burgdorf vor einer unübersichtlichen Linkskurve und trotz ausgezogener Sicherheitslinie von einem Sportwagen mit hoher Geschwindigkeit überholt wurde. Die ersten Schrecksekunden waren gerade vorbei, da bemerkte ich hinter mir einen Streifenwagen der Polizei. Zwei Tage später erhielt ich einen Anruf von einem Christian Liniger von der Kantonspolizei Bern. Nach der knappen Verifikation fragte er, ob er mich – falls nötig – als Zeuge nennen dürfe; der fehlbare Lenker sei angehalten worden und werde nun verzeigt.

Später als Mediensprecher der Kantonspolizei Bern habe ich beruflich mehrmals mit Christian zu tun gehabt. Dabei habe ich ihn als gradlinigen und willensstarken, situativ allerdings auch als intoleranten Menschen mit einem ausgeprägten Gerechtigkeitssinn gesehen. Die teils bitteren Erfahrungen aus seiner Kindheit und Jugend haben in Christians Lebensgeschichte ein eigenes Kapitel geschaffen. Sie haben ihn aber auch gelehrt, zu erkennen, welcher Weg für ihn der richtige ist, welchen Menschen man trauen kann und zu welchen man mit Vorteil auf Distanz geht. Er ist trotz den durchlebten Erniedrigungen und Entbehrungen unbeirrt seinen schmalen und steinigen Weg gegangen, an dessen Ende er als Familienvater sein privates Glück und als Polizist seine Berufung gefunden hat.

Jürg Mosimann

Jürg Mosimann (1945) ist gelernter Typograf. Später wechselte er in den Journalismus und arbeitete während 14 Jahren als Reporter beim Blick. Sein Spezialgebiet waren Kriminalfälle und Gerichtsberichterstattungen. 1995 wurde er zum Stellvertreter des Informationschefs der Kantonspolizei Bern ernannt. In dieser Funktion hat er die Ermittlungsarbeit von Polizei und Justiz aus nächster Nähe mitverfolgt. Für den Weber Verlag hat er drei auf wahre Gegebenheiten beruhende Kriminalromane verfasst: «Tödliches Vertrauen» (2015), «Tödliche Schatten» (2017) und «Tödliche Begierden» (2022).*

Mein erster Pflegeplatz

Am 1. April 1945 kam ich am frühen Morgen zur Welt. Die Ehe meiner Eltern war zu diesem Zeitpunkt schon länger zerrüttet, und es fehlte sowohl an Platz für mich als auch an Geld und Essen. Meine Geburt war also vermutlich für niemanden ein «freudiges Ereignis», sondern ein riesengrosses Problem für meine Eltern und die zuständigen Behörden. Mit dem Einverständnis meiner Eltern entschied die Gemeindebehörde, mich nach der Geburt im Spital zu lassen. Der zuständige Vormund und der Gemeindeschreiber, Letzterer ein Mitglied des Spitalrats, kannten die aus derselben Gemeinde stammende Diakonissenschwester Anna. Mit ihrer Zustimmung wurde beschlossen, dass ich vorerst für circa ein Jahr im Zimmer bei ihr bleiben durfte. Als ich dann im Frühjahr 1946 mit dem Laufen anfing, ergab sich ein ernsthaftes Problem. Schliesslich fand der zuständige Vormund E. Gerber einen Pflegeplatz im Nachbardorf, bei einem älteren, alleinstehenden Ehepaar.

Mein zweiter Pflegeplatz

An meinem zweiten Pflegeplatz lernte ich meinen um ein Jahr älteren Bruder Edwin kennen, der bis zu diesem Zeitpunkt noch bei unseren Eltern gewohnt hatte. Er kam nun auch von zu Hause weg, an denselben Pflegeplatz wie ich. Unsere neuen Pflegeeltern wohnten in einem alten Stöckli neben einem Bauernhaus. Der Pflegevater war von Beruf Schuhmacher. Neben dem kleinen, sehr alten Wohnhaus stand ein winziges Häuschen mit einer Schuhmacherwerkstatt. An der linken Wand hingen in allen Schuhgrössen sogenannte Schuhleisten, die mein Pflegevater zur Herstellung von Schuhen und auch für Reparaturarbeiten benutzte. Es gab zudem eine grosse, alte Nähmaschine und sehr viele verschiedene Werkzeuge. Beim Eingang stand ein kleiner Holzofen, mit dem im Winter geheizt wurde.

Die Pflegeeltern, Gustav und Hilde Locher, waren sehr lieb zu uns. Im Sommer gingen wir öfters mit einem kleinen Leiterwagen in den nahe gelegenen Wald, dort sammelten wir Holz und Tannzapfen, um den kleinen Ofen in der Werkstatt zu heizen. Wenn Gustav Schuhe anfertigte, durften wir ihm die kleinen Nägel reichen. So ging das Befestigen des Leders schneller, denn er hatte immer etwas Mühe mit seinen grossen Fingern und den sehr kleinen Nägeln. Insgesamt verbrachten Edwin und ich zwei schöne und glückliche Jahre miteinander. Doch dann erhielten Lochers im Frühling 1948 vom Landwirt und Besitzer des Stöcklis die Kündigung. Das Haus war baufällig und musste abgerissen werden. Mein Pflegevater war auch schon über 70 Jahre alt und seine Frau Hilde ungefähr im gleichen Alter. Sie fanden im selben Dorf eine sehr kleine Wohnung in einem Zweifamilienhaus. In dieser Wohnung hatte es keinen Platz mehr für uns. Wie weiter mit zwei kleinen Buben? So kurz nach Kriegsende mangelte es fast überall an Geld, und in den meisten Bauernfamilien gab es damals vermutlich genügend Kinder. Wenn wir eine Katze oder ein Hund gewesen wären, hätte man sicher sofort einen Platz für uns gefunden. So aber waren der zuständige Vormund und die Behörden gefordert.

№ 84

Verpflegungsvertrag

für

dürftige Kinder.

1. Die **Armenbehörde** (Spendkommission, Armenkommission) der Gemeinde [redacted] .... übergibt das ~~auf ihrem Etat stehende~~ Kind Liniger Christian geboren den 1. April 1945 ~~18~~, der Familie [redacted] wohnhaft in [redacted], für die Zeit vom 1. Mai 1946 bis auf weiteres 19...... in Pflege.

2. Die **Pfleger** versehen den Pflegling mit anständiger Wohnung, einem guten Bett, zweckmäßiger und genügender Nahrung, vorschriftsgemäßen Kleidern und liebreicher Pflege, namentlich auch in Krankheitsfällen.

3. Die **Pfleger** erziehen den Pflegling zu Anstand, Ordnung und Reinlichkeit, beschäftigt ihn mit zweckmäßiger Arbeit und bildet ihn wo möglich zu einem brauchbaren und rechtschaffenen Menschen. Ohne gesetzliche Gründe darf der Pflegling der Schule nicht entzogen werden.

4. Die **Pfleger** haben allfällige Geldgeschenke, welche dem Pflegling zufließen, auf dessen Namen in einer öffentlichen Kasse sicher anzulegen.

5. Das **Pflegegeld** beträgt per Jahr Fr. ——— oder bis Ende Jahres Fr. — monatl. Fr. 60.—

6. Sollte der Pflegling vor Ablauf des Vertrages sterben, so wird das Pflegegeld nur bis zum Todestag ausgerichtet.

7. Die Armenbehörde ist befugt, diesen Vertrag jederzeit ohne Entschädigung und ohne Grundangabe aufzuheben.

8. Der Pfleger erklärt hiermit, den Pflegling reglementarisch bekleidet übernommen zu haben, und verpflichtet sich, ihn gleicherweise zu unterhalten.

9. Die nötigen Lehrmittel werden gemäß § 17 des Primarschulgesetzes vom 6. Mai 1894 dem Pflegling von der Gemeinde unentgeltlich verabfolgt.

10. Kleider werden reglementarisch vorgeschrieben:
    a) doppelte Kleidung in gutem Zustande, wovon eine für den Winter;
    b) 4 Hemden, 4 Paar Strümpfe, wovon 2 Paar wollene, 4 Nastücher, 2 Paar Lederschuhe oder 1 Paar Lederschuhe und 1 Paar Holzschuhe.

Zahlbar monatl. jeweils anfangs Monat für den verflossenen Monat.

Doppelt ausgefertigt in [redacted], den 16. Mai 1946.

Die Pfleger:

[redacted]

Namens der Armenbehörde:

Der Präsident: Der Sekretär:

[redacted]

(Vorrätig bei den Amtsschreibereien.)

Als ich ungefähr 50 Jahre alt war, erhielt ich eine Kopie dieses Verpflegungsvertrags vom Sohn meiner zweiten Pflegefamilie. Erst da erfuhr ich, dass ich mein erstes Lebensjahr bei einer Diakonissenschwester im Spital verbracht hatte.

Mein dritter Pflegeplatz

Mein Vormund E. Gerber hatte drei Geschwister, die alle in der Nachbargemeinde wohnten. Seine Brüder Robert und Georg bewirtschafteten je einen kleineren Landwirtschaftsbetrieb, und seine verwitwete Schwester Lotti war Inhaberin einer grossen Sägerei und Zimmerei. Erstere wurde von ihren drei Söhnen, im Alter zwischen 21 und 28 Jahren, betrieben. Der Vormund hatte keine andere Möglichkeit, als uns zwei Buben bei seinen Geschwistern unterzubringen. Aber bei wem nun? Der Entscheid von E. Gerber lautete: Mein vierjähriger Bruder Edwin erhielt ein neues Zuhause bei Georg auf dem Bauernhof. Zu diesem Zeitpunkt lebten auch noch Georgs circa 25-jähriger Sohn und dessen etwas jüngere Schwester dort. Ich war drei Jahre alt und wurde zur Sägerei, zur Schwester meines Vormunds, gebracht. Lotti war nett und lieb zu mir. Sie kämmte ihre grauen Haare nach hinten zu einem Haarknoten, «Bürzi» oder auch Dutt genannt. Die Witwe war gross und schlank, und die Züge ihres schmalen Gesichts wirkten freundlich auf mich. Ich wurde in einem alten, aber schönen und warmen Zimmer untergebracht, merkte aber schon sehr bald, dass ich nicht bei allen willkommen war. Lottis drei Söhne – Konrad, Emil und Franz – hatten nämlich nicht viel übrig für mich, sie sprachen praktisch nicht mit mir.

In den ersten Tagen schaute ich mich am neuen Ort mal um. Neben der grossen Sägerei war eine riesige Menge an Holzstämmen ungefähr sechs Meter hoch aufgeschichtet. Direkt neben diesem Holzstapel befand sich ein Gleis mit mehreren Rollwagen. Darauf wurden die

Baumstämme zur grossen Kreissäge befördert. Ich staunte, wie sich das Sägeblatt der riesigen Kreissäge durch das Holz frass. Da kam Konrad und schrie: «Hau ab, das ist viel zu gefährlich, ‹verreis›!» Ich rannte davon. Ja, Konrad mit seiner krummen Hakennase hatte mir von Anfang an nicht besonders gut gefallen. Er und Emil waren hauptsächlich mit der Sägerei beschäftigt. Franz, der kleinste von allen, arbeitete in der Schreinerei und war eigentlich gut zu mir. Ich war öfters bei ihm, wenn er nicht gerade mit der grossen und lärmigen Hobelmaschine zugange war. Konrad dagegen wurde mir gegenüber immer brutaler. Ich wich ihm so gut wie möglich aus – ich hatte richtig Angst vor ihm, auch weil er mir das Bein stellte und mich zu Boden warf. Dann eines Tages, als ich mich wieder in der Schreinerei aufhielt, kam er vorbei und packte mich, nahm den Deckel vom Hobelspanloch weg, warf mich hinunter in den Spänehaufen und machte den Deckel wieder zu. Es war stockdunkel, und ich versank nach und nach im circa vier Meter tiefen Haufen. In aller Panik konnte ich mich nach längerer Zeit befreien. Da bei der Öffnung etwas Licht eintrat, fand ich den Ausgang in der Dunkelheit. Ich wusste nicht mehr weiter, blieb lange dort und reinigte mich von den Hobelspänen, die ich im Haar, in den Ohren und überall in den Kleidern hatte. Vorsichtig ging ich hinaus und an der Schreinerei entlang über den Vorplatz zur Pflegemutter. Sie fragte mich: «Wie siehst du denn aus, was ist vorgefallen?» Ich weinte und erzählte ihr mein Erlebnis mit Konrad. «Der wird was hören beim Abendessen», sagte sie. Als die drei Brüder dann zum Essen eintrafen, hatte ich panische Angst. «Konrad, was hast du mit dem Kleinen angestellt? Was bist du für ein brutaler Kerl, der könnte ja ersticken dort unten.» «Hör doch auf mit Ersticken, Mutter, Blödsinn. Wir drei haben dir immer gesagt, dass hier kein Platz für ihn ist. Das war eine Schnapsidee von deinem Bruder. Er kann ja für ihn sorgen, hier hat er nichts verloren und ist immer im Weg. Wir haben nicht Zeit, den ganzen Tag auf ihn aufzupassen.» Franz entgegnete: «Aber solche Sachen macht man einfach nicht, es muss für den Kleinen ein schlimmes Erlebnis gewesen sein. Schliesslich kann er ja nichts dafür, dass er nun hier sein muss.» «Halt den Mund», antwortete ihm Konrad sofort. Lotti holte mich aus der Stube, von wo ich die Diskussion mitverfolgt hatte, zum Tisch. Ich hatte keinen Hunger, und Konrad schaute ich aus Angst erst gar nicht an. Nach dem Nachtessen ging ich ins Bett. Lotti kam zu mir und sagte: «Weisst du, Konrad ist halt ein bisschen ein lauter und draufgängerischer Mann, aber er meint es nicht so.» Ich lag lange wach im Bett, weinte und wünschte mir, wieder bei Gustav und Hilde zu sein, mit meinem Bruder zusammen. Wo dieser nun war, wusste ich nicht. Deshalb erkundigte ich mich am nächsten Morgen bei meiner Pflegemutter nach Edwin. Sie offenbarte, dass er bei ihrem Bruder auf dem Bauernhof war. Ich fragte, ob ich nicht wieder zu Edwin gehen könnte, doch sie sagte mir, es gäbe dort keinen Platz mehr.

Danach ging es einige Tage besser. Ich hielt mich nicht mehr in der Nähe von Konrad auf, aber ab und zu fiel er in alte Muster zurück und konnte es nicht lassen, mich umzustossen. Einmal warf er mich samt Kleidern in den Brunnen und hatte eine riesengrosse Freude über seine «Heldentat». Auch im Spänehaufen war ich nicht das letzte Mal gewesen. So ging das über längere Zeit weiter – meinen Vormund sah ich nie, und meine

Mutter kam auch nicht zu Besuch. Sie hatte in der Gemeinde einen schlechten Ruf, schämte sich und war hier vermutlich auch nicht willkommen.

Später vernahm ich, dass Konrads brutales Verhalten mir gegenüber mehreren Landwirten bekannt gewesen war, aber niemand sich getraut hatte, zu protestieren. Denn jeder rechnete wohl damit, dass es heissen könnte: «Dann nimm du ihn doch.» Schliesslich war es aber wohl doch eine grausame Äusserung Konrads, die zu meiner plötzlichen Versetzung führte. Ein Bauer lieferte Tannenstämme, die Konrad mit der Seilwinde auf einen hohen Stapel zog. Ich sass auf der anderen Seite des Stapels auf einem Rollwagen. Der Landwirt entdeckte mich und rief Konrad zu: «Zieh den Stamm nicht weiter hinauf, wenn er auf der anderen Seite runterrollt, erschlägt er den Buben.» Konrad antwortete: «Was geht denn da schon verloren?» Er stoppte die Seilwinde erst im letzten Moment.

Ich war sehr erstaunt, aber auch sehr erleichtert, als meine Pflegemutter mir Anfang Frühling mitteilte: «Du kommst schon bald weg, zu meinem Bruder Robert. Der führt einen kleinen Landwirtschaftsbetrieb und wohnt unweit von hier, neben dem Schulhaus. Du musst ja diesen Frühling dann zur Schule.» Einen Kindergarten gab es damals auf dem Land, in einer Gemeinde mit circa 500 Einwohnern, nicht. Der Wechsel zum vierten Pflegeplatz stand an.

Mein vierter Pflegeplatz

Ich erinnere mich noch gut daran, wie meine Pflegemutter Lotti am Abend zu mir ans Bett kam und sagte: «Morgen kannst du zu meinem Bruder gehen, du weisst ja, wo er wohnt, sie erwarten dich.» Sie fuhr mir mit der Hand übers Haar und verliess das Zimmer ungewohnt rasch, denn sonst plauderte sie noch etwas mit mir und sagte mir gute Nacht. Ich konnte sehr lange nicht einschlafen. Erneut lag eine total ungewisse Zukunft vor mir: «Wird nun alles besser, werden die Leute mich mögen?», fragte ich mich.

Am nächsten Morgen – es war ein schöner Frühlingstag Ende April 1952 – machte ich mich nach dem Frühstück auf den circa 1,5 Kilometer langen Weg. Ich ging, ohne mich in der Sägerei zu verabschieden. Immer wieder schaute ich zurück zu den grossen Holzstapeln und war froh, als diese von einem Hügel verdeckt wurden. Meine Gedanken gingen zu meinem Bruder: «Wo ist er, wie geht es ihm?» Einerseits war ich erleichtert, hier wegzukommen, andererseits fragte ich mich, was mich wohl erwarten würde. Und so waren ein bisschen Hoffnung, aber auch ein wenig Kummer meine Begleiter auf diesem ungewissen Weg. Bald schon sah ich das sehr alte Bauernhaus, und je näher ich ihm kam, desto schwieriger wurde es für mich. Meinen neuen Pflegevater und dessen Sohn hatte ich bereits gesehen, als sie Holz zur Sägerei gebracht hatten, die Pflegemutter jedoch kannte ich noch nicht. «Was werden sie zu mir sagen?» Als ich mich dem Haus näherte, kam mir ein Hund bellend entgegen. Ich stoppte, der Sohn Hansruedi rief mir zu: «Du musst keine Angst haben, er macht dir nichts.» Und tatsächlich liess sich der Hund sofort von mir berühren und streicheln. Nun kam auch der Pflegevater Robert auf mich zu und reichte mir die Hand. «So, hast du den Weg gefunden?», fragte der sehr schlanke Mann mit dichten weissen Haaren. «Ja», sagte ich leise. Auch Hansruedi – ein gross gewachsener, kräftiger 23-Jährige – begrüsste mich mit einem Händedruck. Dann erschien die Pflegemutter Martha, eine kleinere, etwas mollige Frau mit grauen Haaren und einem «Bürzi». Ich ging auf sie zu und gab ihr die Hand. «Also, nun kommst du zu uns», sagte sie. «Ja, der Vormund hat das so entschieden», antwortete ich. Bläss, der Hund, stand immer noch neben mir, und es schien mir, als möchte auch er etwas zu meiner Ankunft sagen.

Nach einer kurzen Besichtigung des Stalls meinte Robert: «Ich habe mit meiner Schwester abgemacht, dass du deine Siebensachen nach dem Mittagessen mit dem Leiterwagen abholst. Der Hund kommt sicher mit. Du kannst dich ja bis dahin ein wenig umsehen.» Neben dem Pferdestall befand sich eine kleine Werkstatt mit einer Hobelmaschine, einer Bandsäge und sehr vielen Werkzeugen. Oberhalb des Bauernhauses stand ein Schuppen mit Maschinen, Pflug, Sämaschine, Egge und mehr. Vor dem Hauptgebäude, direkt neben dem Garten, gab es einen Hühnerhof mit Hühnerhaus. Während meiner Entdeckungstour blieb der Hund an meiner Seite, ab und zu streichelte ich ihn. So betrat ich mit einem guten Gefühl das Bauernhaus, als es Zeit für das Mittagessen war. In der Küche stand ein alter Ofen mit drei Platten und einem Schiff. Direkt daneben war Brennholz aufgeschichtet, das zum Kochen und im

Winter auch zum Heizen benötigt wurde. An der Wand befand sich neben dem Geschirrschrank ein kleiner steinerner Trog zum Abwaschen. Es gab im ganzen Haus nur Kaltwasser. Nach dem Essen sagte Hansruedi: «Du kannst doch mit dem Hund und dem Käsereikarren deine Kleider bei der Sägerei abholen, der Hund gehorcht dir bestimmt.» Hansruedi zeigte mir, wie der Hund vorgespannt wird, und befestigte eine Leine am Halsband, an der ich Bläss führen konnte. Der Weg verlief problemlos. In der Sägerei angekommen, lud ich meine Kleider und Schuhe auf und verabschiedete mich von Lotti. Sie wünschte mir alles Gute und fuhr noch ein letztes Mal mit der Hand über meine Haare. Von den drei Söhnen verabschiedete ich mich nicht. Es fühlte sich für mich an wie eine Flucht – in eine hoffentlich bessere Zukunft.

Auf dem Rückweg schaute ich noch einige Male zurück zur Sägerei, auf den hohen Stapel Tannenstämme, und merkte, wie es mir dabei kalt den Rücken herunterlief. Schliesslich kamen Bläss und ich – schon jetzt gute Freunde – wieder bei meinem neuen Zuhause an. Dort zeigte mir Hansruedi mein Schlafgemach. Wir gingen eine sehr steile Holztreppe hinauf und dann bis fast ans Ende der Laube, wo sich eine alte Tür mit hölzernem Drehgriff befand. Es war ein sehr finsterer Gaden mit einem hohen und sehr alten Bett an der linken Wand, rechts daneben ein schwarzer Schrank, der bis zur Decke reichte. Auf der rechten Seite standen noch ein weiteres altes Bett mit einem Nachttisch, ein kleiner Tisch und ein Stuhl. «Hier schlafen wir zwei», sagte Hansruedi. Eine Heizung gab es hier nicht. «Vorher hatte ich ein geheiztes und schönes Zimmer», dachte ich. Doch die Tage wurden länger und wärmer, es ging mit grossen Schritten dem Sommer entgegen, und so machte ich mir keine Sorgen. Wir stiegen die Treppe wieder hinab und gelangten dann durch einen sehr dunklen und schmalen Gang den Schweinestallungen und dem Kuhstall entlang in eine sehr finstere Ecke. Hansruedi öffnete eine Holztüre, hier befand sich also die Toilette – alles aus Holz, ohne Wasserspülung und mit zerschnittenen Zeitungspapierstücken als WC-Papier. Wir gingen wieder denselben Weg zurück, als Hansruedi sagte: «So, jetzt kannst du dich noch selbst umsehen, ich habe zu tun.» Also machte ich mich auf, ging vor das Haus und bewunderte dort den grossen Kastanienbaum. Daneben befand sich ein Brunnentrog, der von einer rund zwei Meter hohen Betonmauer umgeben war. An diese Mauer angrenzend befand sich der Miststock. Rechts neben dem Haus standen einige Apfel- und sehr viele Zwetschgenbäume. Die Hofstatt grenzte an den Gemüsegarten des Schulhauses, wo ein Bienenhaus stand, das dem Lehrer gehörte. Hinter dem Bauernhaus entdeckte ich einen steilen Weg, auf dem man mit Pferd und Wagen oben ins Gebäude hineinfahren und so die Ernte einbringen konnte. Daneben stand ein Wagen- und Werkzeugschuppen. Ich öffnete die kleine Tür, sah ein graues Motorrad und dachte: «Das gehört sicher Hansruedi.» Ich schloss die Tür wieder und lief weiter zu den fünf sehr hohen Kirschbäumen.

Um 16 Uhr rief mich Hansruedi zum Zvieri. Es gab Kakao, Brot und ein Stück Käse. Später, um 17.30 Uhr, war es Zeit für die Arbeiten im Stall. Hansruedi zeigte mir, wie man bei den Kühen die Futterkrippe reinigt, bevor man mit dem Füttern beginnt. Er sagte zu mir: «Das kannst du ab jetzt jeden Abend machen.» Vor dem Melken wurde den Kühen das «Gläck» mit einer Schaufel in die Futterkrippe gestreut. Dieses bestand aus geschnetzelten Rüben, Weizen- oder Gerstenmehl, ein wenig Wasser und Salz – eine sehr schmackhafte Vorspeise, wie es schien, denn das Futter war sofort weg. Danach wurde mit der Gabel Heu in die Futterkrippe gegeben. Auch Robert kam in den Stall, sortierte mit einer Gabel das trockene Stroh nach vorne zur Futterkrippe und das nasse sowie die Kuhfladen nach hinten in den Graben, der ins Jaucheloch führte. Hansruedi lud den Mist auf die Karrette und fuhr damit auf den Miststock. Danach begannen die beiden mit dem Melken der Kühe, selbstverständlich ohne Melkmaschine. Hansruedi molk drei Kühe, und Grösu, wie man zu Robert sagte, die restlichen drei. Neben dem Eingang zum Kuhstall, auf der linken Seite, stand die Milchkanne und daneben ein kleiner, runder Blechteller für die acht Katzen. Immer wenn eine Kuh gemolken war, wurde die Milch in die Kanne geleert und ein kleiner Rest davon kam in den Katzenteller. Nach dem Melken ging Hansruedi mit der Milch in die Käserei. Von dort brachte er in der Milchkanne Molke beziehungsweise Schotte, wie man das ebenfalls nannte, zurück, und zwar ungefähr in derselben Menge, wie er Milch abgeliefert hatte. Die Molke wurde zusammen mit einer Schaufel Mehl und Kartoffeln in den Trog der Schweine geschüttet. Als Nächstes wurden beidseits des Brunnens Holzsparren befestigt und die vier vordersten Kühe losgebunden, die sich dorthin begaben und dann an ihren Platz im Stall zurückgingen. Danach fand dasselbe mit den restlichen zwei Kühen und den Rindern statt.

Nach dem Abendessen, ungefähr um 20.30 Uhr, sagte Martha zu mir: «So, jetzt kannst du schlafen gehen, gute Nacht.» Also stieg ich die Treppe hinauf, die nur notdürftig beleuchtet war, und ging im Dunkeln über die Laube zur Kammer. Als ich den Türgriff gefunden hatte, suchte ich im Zimmer den Lichtschalter, der sich neben dem Bett befand. Danach setzte ich mich auf das hohe Bett. Es kam so viel Neues und Ungewohntes auf mich zu, dass ich nicht mehr wusste, wo ich zu denken und zu überlegen anfangen sollte. Als ich meine Kleider auszog, merkte ich, dass diese sehr stark nach Kuhstall rochen und ich mich auch nicht gewaschen hatte. «Wo kann ich mich eigentlich waschen?» Es gab ja weder Badezimmer noch Dusche und auch kein Warmwasser. Nur das Holz-WC hinten bei den Schweinestallungen. Unter dem Kopfkissen fand ich ein zweiteiliges Pyjama. Ich lag noch eine Weile wach im Bett, das sich ungewohnt kalt anfühlte. Ich hörte unten im Wohnzimmer bei meinen neuen Pflegeeltern die Uhr schlagen und verstand auch die meisten Worte, wenn der Vater etwas sagte. Als Hansruedi in die Kammer kam, war ich noch wach, und so fragte er mich, ob ich nicht schlafen könne.

Am nächsten Morgen, als Hansruedi das Zimmer verliess, war es noch dunkel. Er sagte zu mir: «Du musst noch nicht aufstehen.» Als ich das zweite Mal erwachte, zog ich die stinkigen Kleider wieder an und ging die Treppe hinunter in die Küche. Martha bereitete das Frühstück vor und sagte guten Tag. Ich begrüsste sie ebenfalls und ging durch die Küche zum Stall. Dort war der Vater und wischte den Stallgang. «Guten Tag», sagte ich. Er erwiderte den Gruss in freundlichem Ton und fragte: «Hast du gut geschlafen?» «Ja», bestätigte ich. Dann stiess auch Hansruedi zu uns, und wir setzten uns an den Frühstückstisch. Ich sass nun immer hinten in der Ecke, Grösu neben mir oben am Tisch, rechts neben mir Hansruedi und mir gegenüber die Mutter. Nach dem Morgenessen ging Hansruedi weg, er hatte eine kleine Handsäge und eine Baumschere bei sich, weil er einen Baumwärterkurs absolviert hatte und nun bei Landwirten in der Nachbarschaft Bäume schnitt. Ich schaute mich noch einmal überall um. Der Hund war eine Weile bei mir, dann legte er sich vor dem Haus nieder. Ich fand eine Katze, die sich streicheln liess und dabei freudig schnurrte. Dann stieg ich die lange Kellertreppe hinunter. Im ersten Keller wurden Getränke, Kartoffeln und Gemüse eingelagert, und es war so dunkel, dass man ohne Licht nichts sah. Der hintere Keller war neuer und heller – es hatte ein Fenster und zwei Lampen. Hier waren sehr viele kleine Kisten mit Saatkartoffeln gelagert. Die Lampen wurden jeweils am Abend und früh am Morgen während etwa einer Stunde eingeschaltet, um das Keimen der Kartoffeln zu fördern, erklärte mir Hansruedi später. Danach ging ich zu den Hühnern, die sich im Auslauf tummelten und Mulden scharrten. Vor dem Hühnerhaus stand eine Trauerweide mit Ästen, die fast bis zum Boden reichten. Unter dem Baum stand ein zylindrisches Trinkgefäss aus Metall. Die Hühner konnten durch einen Schieber über einen kurzen, steilen Steg vom Hühnerhaus in den Hof gelangen. Ich hätte das Hühnerhaus auch gerne von innen gesehen, wollte aber die Eingangstür nicht öffnen, aus Angst, es könnten Hühner ins Freie gelangen. Schon gegen 11 Uhr entfachte Martha ein Feuer im Holzofen, um das Mittagessen zu kochen. Ich schaute ihr zu, wie sie mit Zeitungspapier und dünn geschnittenen Holzspänen das Feuer anmachte. Dann nahm sie mit einem Metallhaken die Herdplatte weg und füllte Holz ein. Dabei sagte meine Pflegemutter zu mir: «Siehst du, es hat nicht mehr viel Holz neben dem Ofen. Deine Aufgabe ist ab jetzt, immer nach dem Mittagessen Holz aufzufüllen. Das Brennholz befindet sich vor dem Haus unter der Laube im Holzschopf.»

Hansruedi kam zum Mittagessen heim. Anschliessend lief er mit mir zum Hühnerhof und zeigte mir, wie man das Wassergefäss auffüllte. Als Nächstes gingen wir ins Hühnerhaus, wo mich ein grässlicher Gestank begrüsste. Schätzungsweise einen Meter ab Boden gab es einen zweiten Boden, und circa 50 Zentimeter darüber waren zwei Latten angebracht. «Da schlafen die Hühner», wurde mir erklärt. Auf der linken Seite waren etliche Nischen mit Weizenspreu, wo die Hühner ihre Eier legten. Diese musste man jeden Nachmittag, vor oder nach dem Zvieri, suchen und sorgfältig herausnehmen. Ausserdem streuten wir den Hühnern eine volle Blechdose Weizenkerne im Hof aus. «Das kannst du nun jeden Tag machen. Wasser holst du beim Brunnen mit der kleinen Giesskanne. Wenn du in den Hühnerhof gehst, musst du immer sofort die Eingangstür schliessen, sodass keines rausgeht. Am Abend, bevor es dunkel wird, musst du kontrollieren, ob alle Hühner im Haus sind. Das ist eigentlich immer der Fall, aber sicherheitshalber musst du immer noch unter das Haus schauen, bevor du den Schieber zumachst. Der Wald mit den Füchsen ist hier sehr nahe, die warten nur auf einen Fehler von uns.» Und so hatte ich nun bereits einige Aufgaben, die mir sehr gefielen, die ich aber auch nicht vergessen durfte. Besonders den Hinweis mit den Hühnern und den Füchsen nahm ich ernst. Ich wäre ja schliesslich schuld, wenn etwas passieren würde. Am nächsten Tag führte ich meine neue Aufgabe zum ersten Mal allein aus. Mit einem kleinen Körbchen für die Eier und etwas Wasser in der kleinen Giesskanne marschierte ich mit einem gewissen Stolz Richtung Hühnerhaus. Ich holte eine Büchse voll mit Weizenkernen, die ich vor dem Hühnerhaus streute. Dann füllte ich frisches Wasser in den Behälter und ging zu den Legenischen. Da alle Hühner draussen waren, konnte ich in aller Ruhe nach den Eiern suchen. Ich fand sehr viele, sicher mehr als zehn Stück. Vorsichtig brachte ich sie in die Küche und füllte die frischen Eier in eine viereckige Kartonvorrichtung mit Wölbungen, in der 30 Eier Platz fanden. Wenn ein «Eierfach» voll war, konnte man ein leeres direkt daraufstellen und wieder auffüllen. Jeden Freitag kam ein Mann namens E. Liechti mit einem Lieferwagen und holte die Eier ab.

Nun war ich schon bald eine Woche am neuen Ort. Die Toilette fand ich immer noch ungewohnt – bei der Sägerei war sie viel moderner gewesen. Da gab es nicht nur ein WC mit Spülung, sondern auch ein Badezimmer mit Badewanne. An den Stallgeruch der Kleider hatte ich mich ebenfalls noch nicht gewöhnt, und das Gesicht hatte ich noch nie gewaschen. Daher fragte ich meine Pflegemutter nach sauberen Kleidern und erkundigte mich, wo ich mich waschen konnte. «Ah ja, das habe ich ganz vergessen. Draussen in der Tenne sind zwei kleine Waschtücher aufgehängt. Das eine gehört Hansruedi, das andere dem Vater. Hansruedi wird heute noch einen dritten Nagel für deinen Waschlappen einschlagen, mit dem du jeden Abend beim Brunnen das Gesicht waschen kannst. Morgen ist Sonntag, dann bekommst du ein Becken mit warmem Wasser. Waschen kannst du dich draussen im Werkzeugschuppen. Das geht nun immer so, und am Sonntag gibt es frische Wäsche.» Am Folgetag besuchten alle drei die sporadisch stattfindende Predigt im Schulhaus. Bevor sie gingen, konnte ich in der Küche ein kleines Becken mit warmem Wasser, saubere Wäsche, ein Waschtüchlein und ein kleines Tuch zum Abtrocknen abholen. Ich stellte das Wasser auf die Hobelbank im Werkzeugschuppen. Es war nicht wirklich warm, aber wenigstens konnte ich mich waschen und frische Kleider anziehen – was für ein schönes Gefühl die frischen Kleider ohne Stallgeruch doch waren! In der Tenne, etwas unterhalb der anderen zwei Waschlappen, war bereits ein Nagel in der Wand, an dem ich nun meinen «Waschblätz» aufhängen konnte.

Dank des schönen Wetters war der Boden abgetrocknet, und der Vater sagte beim Nachtessen, morgen würde man die Kartoffeln pflanzen. Nach dem Frühstück wurden die Kisten mit den Saatkartoffeln auf einen Wagen geladen, das Pferd zog ihn aufs Feld und wurde dann an einem kleinen Pflug vorgespannt. Grösu führte das Pferd und Hansruedi den kleinen Pflug, mit dem er nun mehr als 20 ungefähr 180 Meter lange Furchen zog. Jeder nahm eine Kiste mit Saatkartoffeln unter den Arm und legte eine nach der anderen in einem Abstand von einer Schuhlänge, also 30 bis 35 Zentimeter, in die Furche. Um 12 Uhr kehrten wir ins nahe gelegene Haus zurück. Nach dem Mittagessen gab es eine 30-minütige Mittagsruhe, danach gingen wir wieder aufs Feld. Nur die Mutter kam nicht mit, sie arbeitete im Haushalt. Am Nachmittag brachte sie aber das Zvieri aufs Feld, und so genossen wir auf dem Wagen sitzend Tee, Brot, Wurst und Käse. Danach begannen Grösu und Hansruedi, mit dem Pflug die gepflanzten Kartoffeln zuzudecken. So pflanzten wir in den nächsten Tagen 50 Furchen an.

Mein erster Schultag mit Neuigkeiten

Anfang Mai 1952 war mein erster Schultag. Am Abend davor sagte Hansruedi zu mir: «Also, morgen geht es los mit der Schule. Dann siehst du deine Schwester Renate, sie wohnt beim Lehrer, so wie du nun bei uns wohnst.» «Meine Schwester Renate? Dann habe ich also nicht nur den Bruder Edwin, sondern auch noch eine Schwester», ging mir durch den Kopf. Irgendwie kam mir das merkwürdig vor, warum hatte man mir das nicht schon früher gesagt? Am Abend im Bett erinnerte ich mich plötzlich, wie mal irgendwo die Rede davon gewesen war, dass alle Kinder das Elternhaus verlassen mussten, weil der Platz und das Geld für das Essen nicht ausreichten. So nahm ich also an, dass wir drei Kinder waren.

Aufgenommen an meinem ersten Schultag 1952 vor dem Schulhaus.

Als ich am ersten Schultag im nahe gelegenen Schulhaus ankam, traf ich einen Jungen, der auf der anderen Seite des Schulhauses in einem sehr grossen Bauernhaus wohnte. Er hiess Christoph. Wir wussten sofort, dass wir uns schon gesehen hatten. Er war mit seinem Vater bei uns vorbeigefahren, wenn sie mit dem Traktor aufs Feld fuhren. Ich kam nicht neben Christoph zu sitzen, stattdessen teilte ich das Pult mit Peter Krebs, der schon die zweite Klasse besuchte. Die Kinder mit den Jahrgängen 1942 bis 1945 wurden nämlich im selben Schulzimmer unterrichtet. Wir waren ungefähr 25 Schüler, davon drei Knaben und ein Mädchen in meinem Jahrgang. In der Schule sah ich auch endlich meinen Bruder Edwin wieder, mit dem ich ja zusammen bei Gustav und Hilde gelebt hatte. Obschon wir in derselben Gemeinde untergebracht waren und nur einen 30-minütigen Fussmarsch voneinander entfernt wohnten, hatten wir uns seit vier Jahren nicht mehr gesehen – sehr seltsam, unsere Pflegeväter waren doch Geschwister. Zudem lernte ich meinen zwei Jahre älteren Bruder Paul kennen, der beim Gemeindeschreiber untergebracht war und nun im gleichen Schulzimmer sass. In der ersten Pause stellte mir Renate meine anderen Schwestern Hanna, untergebracht beim Vormund E. Gerber, und Nora, die das älteste Kind der Familie war und in derselben Gemeinde bei einem Landwirt als Verdingkind lebte, vor.

Beim Mittagessen erzählte ich die völlig unerwartete Neuigkeit von meinen Geschwistern. Niemand sagte ein Wort dazu. Am Abend ging ich sehr müde ins Bett, konnte lange nicht einschlafen und verstand die Welt – wieder einmal – überhaupt nicht mehr. Plötzlich sollte ich so viele Geschwister haben, von denen ich bis jetzt gar nichts gewusst hatte. Irgendwo musste doch noch eine Mutter oder ein Vater sein, aber wo eigentlich? Dass am Esstisch niemand ein Wort über meine Erkenntnis verloren hatte, fand ich sehr seltsam. Es kam in diesem Moment so unendlich viel auf mich zu, dass ich plötzlich nicht mehr wusste, wer ich eigentlich war, woher ich kam und wohin ich gehörte. Ich hätte bis jetzt ja auch niemanden fragen können.

Später einmal erfuhr ich, vermutlich von meiner Schwester Renate, dass ich auch noch einen Bruder mit dem Namen Willy hatte. Er war auch ein Verdingkind und wohnte in der Nachbargemeinde auf einem kleinen Bauernbetrieb, an einem sehr guten Pflegeplatz. Insgesamt gab es also sieben Kinder:

Nora	Jahrgang 1937
Renate	Jahrgang 1940
Hanna	Jahrgang 1941
Paul	Jahrgang 1943
Edwin	Jahrgang 1944
Christian (ich)	Jahrgang 1945
Willy	Jahrgang 1946

Am darauffolgenden Sonntag besuchte ich Renate im Schulhaus und lernte ihre Pflegeeltern kennen: Werner Sollberger, der Oberstufenlehrer, und seine Frau Margrit. Da war auch noch die ungefähr 30-jährige Tochter Ingrid. Sie konnte nicht gut sprechen und hatte auch die Schule wegen einer geistigen Beeinträchtigung nicht besuchen können. Ihr Vater war ein grosser Mann mit Glatze, Margrit hingegen von kleiner Statur und mit grauen Haaren. Bei Kuchen und Tee fragte der Lehrer, ob es mir bei Gerbers gefalle. Es sei doch sicher viel besser als in der Sägerei, dort sei es doch kein Zustand gewesen, fand er. Ich antwortete: «Ja, es gefällt mir sehr gut, ich habe schon verschiedene Aufgaben: das Holz auffüllen, die Futterkrippe reinigen, den Hühnern Kernen geben, ihr Wasser auffüllen und vor dem Einnachten den Schieber zu machen.» «Potztausend! Kannst du denn das alles im Kopf behalten?», fragte er. «Ja, und am Abend fragt mich Hansruedi immer, ob ich den Schieber zugemacht habe.»

Eines Abends dachte ich an meine Zeit in der Sägerei zurück. Hier bei Gerbers war es viel besser, der Pflegevater und der Sohn behandelten mich gut, und ich fühlte mich langsam zu Hause. Es war alles anders, doch besonders etwas fiel mir auf und fehlte mir: In der Sägerei war meine Pflegemutter fast immer zu mir ans Bett gekommen, hatte sich ganz kurz mit mir über einige Vorkommnisse des Tages unterhalten und mir eine gute Nacht gewünscht. Nun kam niemand mehr, etwa um 20 Uhr hiess es bloss: «So, geh schlafen, es ist Zeit.» Ich vermutete, dass Martha mit ihrem Gewicht wohl nicht problemlos die Treppe hinaufkonnte. Auch das Bett musste ich am Morgen neu selbst machen, aber es spielte keine Rolle.

Mein erster Besuch bei meiner Mutter

In der Schule fragte mich ein Schulkamerad eines Tages: «Warum hast du eigentlich einen anderen Namen als deine Eltern? Die heissen ja Gerber und du Liniger.» Im ersten Moment war ich mit dieser Frage überfordert und wusste nicht sofort eine Antwort darauf.

«Das sind eben nicht meine richtigen Eltern. Ich darf nur hier wohnen, weil meine Eltern sehr arme Leute sind und für uns Kinder nicht genug zu essen hatten», erklärte ich. Der Bub fragte weiter: «Hast du denn keinen Vater oder keine Mutter?» Ich sagte: «Doch, aber ich kenne sie nicht.» Daraufhin lachte ein Junge ungläubig und rief: «He, der kennt nicht mal seine Eltern, das glaube ich ja nicht.» Die anderen blieben still. Die Fragerei fand ich nicht nur blöd, es machte mich auch sehr traurig und warf viele Fragen auf. Am Abend kamen mir im Bett all diese Fragen wieder in den Sinn, und ich begann, darüber nachzudenken. Ja, eine Mutter hatte ich, ich wusste auch, in welcher Region sie wohnte, aber über meinen Vater wusste ich gar nichts.

Als ich an einem Sonntag wieder zu meiner Schwester ins Schulhaus ging, erklärte sie mir, unser Vater habe die ganze Familie einfach im Stich gelassen und sei abgehauen. Er sei ein Vagant. Deshalb seien alle sieben Kinder auf Pflegeplätze verteilt worden, und die Mutter müsse jetzt arbeiten gehen. Renate erwähnte auch, dass sie nächsten Sonntag unsere Mutter besuche, es sei zu Fuss etwa eine Stunde. Ich ging mit ihr mit, auch meine Brüder Edwin und Paul kamen. Wir trafen uns unten im Wald bei der Postautohaltestelle und liefen mehrheitlich durch den Wald steil bergabwärts. Dann gelangten wir zu einem kleineren, älteren Haus. Auf der rechten Seite floss ein Bach vorbei, ungefähr 150 Meter hinter dem Haus befand sich ein circa 15 Meter hoher Wasserfall. Das Haus stand direkt am Waldrand. Eine schmale Betontreppe führte zum Hauseingang. Renate klopfte und öffnete die Eingangstür. Jetzt sah ich also meine Mutter zum ersten

Mal – für mich ein sehr schwerer Schritt. Ich verspürte weniger Freude als vielmehr starken Respekt. Schliesslich wusste ich auch nicht, wie meine Mutter auf mich reagieren würde. Sie kannte ja nur die anderen, mich hingegen hatte sie seit der Geburt nie mehr gesehen. Zur Begrüssung schüttelte sie mir die Hand, der Schwester gab sie ein Küsschen. Ich wusste nicht so recht, was ich überhaupt zu ihr sagen sollte. So unterhielt sie sich hauptsächlich mit Renate und Paul. Es gab Guetzli und etwas zu trinken. Am Radio hörten wir das Wunschkonzert von Radio Luxemburg. Gegen 16 Uhr machten wir uns wieder auf den Heimweg. Ich bestaunte den Wasserfall und dachte mir: «Hier also hatten meine Geschwister mal gelebt.»

Mein erster Kollege Christoph

Christoph, der gleichaltrige Knabe vom grossen Bauernhof neben dem Schulhaus, und ich wurden sehr gute Freunde. Er musste auf dem Betrieb eigentlich nicht helfen – sie hätten Angestellte, die bei ihnen die Arbeiten machten, sagte er. Christoph konnte aber ab und zu schon mit dem Traktor fahren. Er fragte mich, ob ich am Sonntagnachmittag nicht zu ihm kommen könne. «Ich muss zuerst fragen», antwortete ich. Meine Pflegeeltern hatten nichts dagegen, und so erschien Christoph gegen 14 Uhr und holte mich ab. Er hatte für sich allein ein sehr grosses Zimmer mit unzähligen Spielsachen – sehr viele Traktoren mit Ladewagen und Anbaugeräten wie Pflug, Sämaschinen, Eggen und Jauchefässer. Vieles hatte Christoph mit dem Mecca-no-Baukasten selbst zusammengebaut, etwa einen grossen Kran, mit dem man kleine Lasten heben konnte. Mein Schulkamerad fragte mich, was ich für Spielsachen habe. Ich antwortete: «Gar keine.» «Ja warum denn nicht, hat dir zu Weihnachten niemand Spielsachen geschenkt?» «Nein, ich bekomme immer Kleider», erklärte ich. Danach schlug Christoph vor: «Lass uns doch heute Nachmittag mit dem Meccano einen grossen Wagen mit drei Achsen und Doppelbereifung bauen. Solche Anhänger werden für Holztransporte verwendet.» Also machten wir uns an die Arbeit. Seine Mutter Karin kam herein und sagte: «Das ist sehr lieb von dir, dass du zu Christoph kommst, so muss er nicht immer allein spielen.» Beim Zvieri – es gab Kuchen und Süssmost – lernte ich seine fünf Jahre ältere Schwester Vroni und den Vater Paul kennen. Auch Letzterer zeigte sich über meinen Besuch erfreut und fragte: «Hast du dich schon ein wenig eingelebt bei Gerbers? Wo schläfst du eigentlich?» «Im Gaden», antwortete ich. «Ach so, im Gaden oben, dort gibt es doch keine Heizung, oder?», fragte er. «Nein, heizen kann man nicht», bestätigte ich. Er sagte mir, dass ich ihn und seine Frau mit Du ansprechen dürfe. Nach dem Zvieri gingen Christoph und ich wieder ins Zimmer und stellten den Anhänger fertig, der am grössten Traktor angekuppelt werden konnte. Um 17 Uhr ging ich nach Hause und machte mich eine halbe Stunde später an meine kleinen Arbeiten. Am Abend im Bett sah ich wieder die unzähligen schönen Spielsachen vor mir, trotzdem schlief ich zufrieden ein.

Viele neue Arbeiten

An einem Samstagmorgen stellte mein Pflegevater fest, dass die Jauchegrube bis an den Rand voll war. «Heute müssen wir die Jauche ausbringen», sagte er. Zum ersten Feld hinter der Weide wurde eine circa 150 Meter lange Transportleitung aus Blechrohren gelegt. Diese 5 Meter langen Rohre konnten zusammengeschraubt werden, und am Ende der Leitung wurde ein 15 Meter langer Schlauch mit einem Verteiler befestigt. Hansruedi nahm die Laden bei der Jauchegrube weg. Eine dicke und stinkige Schicht von Kuhfladen kam zum Vorschein. Die Jauchepumpe und ein Elektromotor wurden montiert. «So, jetzt muss ich alles gut umrühren, komm nicht zu nahe, diese Gase sind sehr giftig, wenn man zu viel davon einatmet, fällt man in Ohnmacht», erklärte mir Hansruedi. Als alles gerührt war, startete Hansruedi den Motor, und nach ein paar Minuten sah ich, wie sich der Schlauch füllte. Grösu begann, die Jauche auf einer Fläche von circa 40 × 40 Meter zu verteilen. Danach musste ich zu Hansruedi und ihm mitteilen, dass er den Motor abstellen muss. Grösu nahm vier Rohre von der Leitung weg und montierte wieder den Schlauch. Ich rannte erneut zu Hansruedi und rief: «Du kannst wieder starten!» So wurde die Jauche Fläche um Fläche verteilt. Auch das Auffangbecken unter dem Miststock war voll und wurde nun in die leere Jauchegrube gepumpt.

Die Tage wurden länger, an den Bäumen sprossen die ersten Blätter und das Gras wuchs. Daher wurde es Zeit, den Weidezaun zu reparieren. Ausgerüstet mit Nägeln, Beisszange, Hammer und neuen Pfählen, gingen wir zur Weide hinter dem Haus. Ich trug den Kessel mit dem Werkzeug. Grösu testete bei jedem Zaunpfahl, ob dieser noch stabil war. Wenn nicht, reichte ich ihm die Beisszange, mit der er den Stacheldraht vom Pfahl lösen konnte. Dann wurde ein neuer in den Boden eingeschlagen und der Stacheldraht mit neuen

Agraffen wieder festgemacht. Ich war sehr gern mit dem Vater an der Arbeit. Er erklärte mir immer alles. Einige Tage später konnten die Rinder auf die Weide. Sie machten zuerst hohe Sprünge und rannten kreuz und quer über die Weide, bevor sie vom frischen Gras frassen. Als dieses stärker gewachsen war, sagte Hansruedi: «Ab Morgen gibt es kein Heu mehr für die Kühe, wir stellen auf Grasfütterung um.» Nach dem Zvieri nahm er Sense, Steinfass und Wetzstein, dann fuhren wir mit dem zweirädrigen Graswagen los. Schwung um Schwung mähte Hansruedi mit der Sense das Gras, das anschliessend auf den Karren geladen und in die Futtertenne transportiert wurde. Nach einigen Tagen Mähen waren wir unten am Feld angelangt. Da wir die Steigung mit dem Graskarren nicht mehr aus eigener Kraft schafften, wurde das Pferd Franz vorgespannt.

Am Sonntag konnte ich mich wieder waschen und frische Kleider anziehen. Nach dem Mittagessen fragte mich Hansruedi, ob ich ihn auf seinem Gang über die Weiden begleiten möchte. Ich bejahte und lief mit ihm und Bläss den angepflanzten Feldern entlang. Bei zwei grossen Flächen erklärte Hansruedi mir, dass auf der einen Winterweizen und auf der anderen Roggen angepflanzt sei. In einem weiteren Feld waren kleine Pflänzchen. «Das hier ist Sommergerste, die haben wir erst vor fünf Wochen gesät.» «Warum heisst es eigentlich Sommergerste und Winterweizen?», wollte ich wissen. «Das Getreide, das im Herbst ausgesät wird und während des Winters im Boden ist, nennt man Wintergetreide, und dasjenige, das im Frühjahr gepflanzt wird, Sommergetreide.» Interessiert hörte ich zu, während wir entlang von Hecken und weiteren Feldern bis zum Waldrand, der Grenze von Gerbers Land, marschierten. So lernte ich das ganze Heimwesen meiner Pflegefamilie kennen. Auf dem Rückweg kamen wir an den grossen Kirsch-, den Apfel- und den vielen Zwetschgenbäumen vorbei. Ich bewunderte die unendliche Blütenpracht, Hansruedi schaute sich jeden Baum aus nächster Nähe an und meinte: «Wenn es keinen Frost mehr gibt, können wir uns auf eine sehr gute Ernte freuen.» Als wir auf den Hof zurückkamen, wartete Christoph auf mich. Ich erwähnte, dass mich Hansruedi bei der Besichtigung unseres Heimwesens auf die riesigen, angrenzenden Felder von Christophs Eltern aufmerksam gemacht hatte. So ergab sich, dass ich an diesem Tag auch noch das Heimwesen von Hofers beging – es war sehr gross, das grösste in der Gemeinde. Als ich danach in den Stall wollte, um die Futterkrippe zu reinigen, kam Grösu vom Feldschiessen zurück. Er hatte einen roten Kranz mit einem Schweizerkreuz an seiner Weste angesteckt. «Hast du gut geschossen?», fragte ich. «Ja, ich bin zufrieden, für den Kranz hat es gereicht», erwiderte er. Hansruedi erschien, gab dem Vater die Hand und gratulierte ihm. Also gab auch ich Grösu die Hand und sagte: «Ich gratuliere dir ebenfalls.» «Danke», meinte er und lächelte mir in seiner verschmitzten Art zu.

Eines Tages folgte ich Hansruedi in den oberen Wagenschuppen, wo ich bis dahin noch nie gewesen war. Hier standen noch mehr Geräte und Maschinen, unter anderem ein Kartoffelgraber und eine Mähmaschine, beide mit Eisenrädern. Ich fragte deshalb: «Warum sind auch bei der Mähmaschine eiserne Räder montiert?» «Da der Boden beim Mähen immer feucht ist, würde ein Pneurad rutschen und das Messer würde sich deshalb zu langsam oder gar nicht bewegen.» Hansruedi erwähnte auch, dass mit dieser Maschine in circa einem Monat das Heugras gemäht werde. Dazu müsse man noch das Pferd vom Nachbar holen. «Ein Pferd von Christoph?», fragte ich. «Nein, wir holen das Pferd von Frauchigers. Die wohnen weiter unten und haben drei Kühe und auch nur ein Pferd.» So gab es für mich immer wieder etwas Neues zu entdecken, und die Tage gingen schnell vorbei. Auch in der Schule gefiel es mir. Hausaufgaben bekamen wir im Sommer eigentlich nie. Auf dem Hof erledigte ich meine Arbeiten pflichtbewusst, mit Freude und Stolz.

Schnell war es Ende Juni, der Heuet und drei Wochen Schulferien standen vor der Tür. Nach dem letzten Unterricht am Samstagmorgen ging ich nach Hause und sah bald darauf, wie Paul Hofer mit dem Traktor zum grossen Feld direkt neben unserem Haus fuhr. Christoph sass neben seinem Vater auf einer kleinen Sitzbank und winkte mir zu. Auf der rechten Seite des Traktors war ein Mähbalken, den Paul beim Feld auf den Boden senkte. Ich stiess natürlich sofort dazu, denn das war ja nun wirklich sehr interessant. Der Motor wurde lauter, beim Mähbalken ging das Messer mit hoher Geschwindigkeit hin und her und schnitt das hohe Gras. Es entstand ein kleiner Wall aus Gras, das vier Angestellte und Christophs Mutter mit Gabeln gleichmässig verteilten, damit es schnell trocknen konnte. Am Montagmorgen holten wir das Pferd Fanny bei Frauchigers ab und spannten es zusammen mit dem eigenen vor die Mähmaschine. Das Feld neben dem Kartoffelacker musste gemäht werden. Hansruedi nahm auf dem Blechsitz der Mähmaschine Platz und hielt die Leitseile der Pferde in der Hand. «Hüh, vorwärts», rief er. Beim Feld hielt Hansruedi kurz an, senkte den Mähbalken und schaltete das Messer ein. So entstand auch bei uns ein kleiner Wall mit gemähtem Gras. Bis zum Mittag war die Hälfte des Feldes gemäht. Nach dem Mittagessen musste das Gras «gezettet» werden. Grösu und Hansruedi begannen mit dieser aufwendigen Arbeit. Ich erhielt eine kleinere Gabel und versuchte es auch, und obschon ich noch nicht viel verrichten konnte, machte es mir Spass. Nachdem das Heu mehrere Tage an der Sonne getrocknet hatte und gewendet worden war, spannten wir das Pferd vor den Heuwagen. Ich hielt es am Halfter fest, Hansruedi hob das Heu mit einer Gabel von den Walmen auf den Heuwagen, wo es Grösu zu einem Fuder schichtete. Als die Walme beidseits des Wagens aufgeladen waren, konnte ich ein paar Meter vorwärtsfahren. Dabei rief ich Grösu «Halte dich fest» zu, damit er nicht vom Fuder fiel. Am Ende des Feldes kam Hansruedi und führte das Pferd zum Wenden. Dann ging es wieder zurück, und am Schluss war das Fuder circa drei Meter hoch. Das Heu brachten wir auf die Einfahrt. Hier entstand der Heustock, der sich direkt oberhalb des Kuhstalls befand. Während der nächsten zwei Wochen brachten wir Heu ein – es war eine harte, aufwendige Arbeit und sehr wetterabhängig.

An einem schönen Samstagabend war ich mit Grösu in der Tenne und gab den Kühen noch mal Gras in die Futterkrippe. Ich machte das mit blossen Händen, eine Gabel durfte ich dazu noch nicht benutzen. Hansruedi kam von der Käserei zurück, erledigte die Arbeiten bei den Schweinen, reinigte die Milchkanne und die Melkkessel. Mir fiel auf, dass der Arbeitsablauf anders war als sonst. Dann verschwand er im Haus. Nach einer Weile kam Hansruedi schön angezogen wieder hinaus und lief in den Wagenschopf. Ich folgte ihm. Er ging zum Motorrad, zog ein Paar Regenhosen über die schönen Hosen und setzte sich Helm und Brille auf. «Musst du noch weg?», fragte ich. «Ja», sagte er, startete die Maschine und fuhr los. Ich kehrte in den Stall zu Grösu zurück und sagte: «Hansruedi musste noch mit dem Motorrad weg.» «Ich weiss», meinte er. Mir schien, dass beim Abendessen eine schlechte Stimmung herrschte und es auch später eingenommen wurde als sonst. Vor dem Schlafengehen kontrollierte ich noch einmal, ob beim Hühnerhaus alles in Ordnung war, dann ging ich in mein Zimmer. Ich merkte nicht, wann Hansruedi heimkam, aber am Morgen war er wieder da.

Die Kartoffeln waren sehr schnell gewachsen, und die geraden, langen Reihen boten ein schönes Bild. Mit dem kleinen Pflug musste nun durch jede Furche gefahren werden, um mehr Erde zu den Stauden zu bringen und so den Kartoffeln mehr Platz zu verschaffen. Zudem waren die ersten Klaräpfel reif. Hansruedi sagte zu mir: «Davon kannst du so viele essen, wie du willst, diese Sorte lässt sich nicht lange lagern.» Sowieso sah man jetzt bei allen Bäumen die heranwachsenden Früchte, eine ertragreiche Ernte stand bevor. Am Abend war ich meistens sehr müde und schlief schnell ein. Mit den vielen Arbeiten gingen die Schulferien sehr schnell vorbei, und schon kam wieder der erste Schultag. Das bereitete mir eigentlich keine Sorgen, alle Kinder kannten ja bereits meine Geschwister, und so war es für die meisten nur am Anfang ungewohnt, dass es noch ein weiteres Verdingkind mit dem Namen Liniger gab. Ich begegnete aber auch Landwirten, die bei uns vorbei auf ihre Felder oder in die Käserei fuhren – einige grüssten freundlich, andere schauten geradeaus und beachteten mich nicht.

Als die Kirschen an den hohen Bäumen reif waren, beluden wir einen Brückenwagen mit vielen kleinen Kisten und stellten ihn neben den Bäumen ab. Grösu und Hansruedi lehnten zwei fünf Meter lange Leitern an einen dicken Ast eines Kirschbaums und banden sich einen «Chirschichratte» um. Auch ich erhielt einen Ledergurt mit einem kleinen Kratten. Mein Pflegevater sagte zu mir: «Du kannst bei den untersten Ästen Kirschen pflücken, die sind zum Verkauf. Du musst sie am Stiel anfassen und leicht nach oben oder zur Seite ziehen, so hast du sie samt Stiel.» Hansruedi und Grösu hatten den Kratten vor mir voll. Die gepflückten Kirschen wurden sachte in die kleinen Kisten geleert. Nach einer Weile kam die Mutter und kontrollierte die Kirschen, fehlerhafte warf sie in einen Blechkessel. Auch bei mir füllte sich der Kratten. Ich stieg immer weiter die Leiter hinauf, Höhenangst hatte ich keine. Am frühen Abend wurden die Kirschen bei der landwirtschaftlichen Genossenschaft für den Verkauf abgeliefert. Das Kirschenpflücken dauerte eine ganze Woche. Teilweise kamen auch Leute aus der Umgebung vorbei, um bei Gerbers Kirschen zu kaufen. Auch ich genoss es, Kirschen zu essen, doch Hansruedi warnte mich beim Zvieri: «Wenn du viele Kirschen gegessen hast, darfst du zwei Stunden kein kaltes Wasser trinken, sonst erkrankst du an Blinddarm.»

Am Sonntag war ich wieder einmal bei Christoph. Sein Vater Paul sagte zu mir, dass am nächsten Freitag der 1. August sei, und er für das 1.-August-Feuer mit dem Traktor Äste auf den Hügel transportiere. Christoph lud mich sofort zur Augustfeier ein. Ich war auch schon dort oben auf dieser Anhöhe gewesen, von wo aus sich die ganze Bergkette mit Eiger, Mönch und Jungfrau bewundern liess. Am Freitag ging bei Hansruedi wieder alles schneller vorwärts als sonst. Ich ahnte, dass er mit dem Motorrad wegfahren würde – und so kam es auch. Um 20.30 Uhr traf ich bei Christoph ein, zusammen stiegen wir den Hügel hinauf. Mein Schulfreund trug einen Papiersack mit sich, stellte ihn nach einigen Schritten ab und zeigte mir die vielen Feuerwerkskörper. Dann fragte er mich: «Hast du nichts zum Anzünden?» «Nein», sagte ich. «Das macht nichts, du kannst von meinen Sachen haben.» Kurz vor dem Eindunkeln erschienen Christophs Eltern und vier Angestellte. Bevor Christoph das Feuer anzündete, gab es Kuchen, Tee und Bier. Anschliessend brannten wir bengalische Zündhölzer ab, zündeten Zuckerstöcke und bewunderten die vielen Höhenfeuer und Feuerwerke rundherum. Zuletzt starteten wir die Raketen, die in luftiger Höhe heftig knallten oder mehrfarbige Sterne ausspuckten. Wir hatten grossen Spass. Doch als ich heimkam, sah ich den Hund in der Tenne in seinem Hundehaus. Bläss kam zu mir und zitterte, die Knallerei machte ihm Angst. Dann ging ich in die Wohnstube, um gute Nacht zu sagen. Grösu schlief auf dem Trittofen und wachte nicht auf, Martha las in einer Zeitschrift. «Guet Nacht», sagte sie nur. Im Bett hörte ich aus der Ferne immer noch Feuerwerke, doch das war nicht der Grund, warum ich nicht einschlafen konnte. Dass ich heute Abend keine Feuerwerke bei mir gehabt hatte, störte mich nicht. Wohl aber, dass Martha mich nicht einmal gefragt hatte, wie es gewesen sei. Ich hätte doch einiges erzählen wollen. Einmal mehr stellte ich die Beziehung zu meiner Pflegemutter infrage.

Immer wieder kamen neue Sachen auf mich zu, bei vielem konnte ich schon ein wenig mithelfen. So gingen Tage und Wochen vorbei – die Herbstschulferien begannen, fünf Wochen keine Schule. Mitte August stand die Getreideernte bevor. Als eine längere Schönwetterperiode vorhergesagt wurde, begann man überall mit Getreidemähen. Dabei bemerkte ich, wie Paul Hofer mit dem Traktor eine schwere Maschine zog, die in regelmässigen Abständen ein Bündel Garben ausspuckte. Hansruedi erklärte mir: «Das ist ein Bindemäher, eine ‹Liöse›. Morgen kommt er zu uns, dann kannst du beim Aufstellen der Garben helfen.» Und tatsächlich, kurz vor dem Mittag fuhr Paul bei uns vor. Mit dem Bindemäher wurden die Getreidehalme abgeschnitten, zu einem Bündel gebunden und in langen Reihen auf dem Boden deponiert. Zum Trocknen stellten wir je neun Garben aneinander und legten darauf eine Deckgarbe. Sollte Regen fallen, würde das Wasser seitlich ablaufen und die Weizenkerne trocken bleiben. Nach knapp zwei Wochen spannten wir das Pferd vor den Wagen, fuhren aufs Getreidefeld und luden die Garben auf. Auf Kommando – und zwar wirklich nur dann, das wusste ich bereits vom Heuaufladen – fuhr ich jeweils ein paar Meter vorwärts. Alle drei Brückenwagen wurden auf dem Feld be- und am Abend auf der Getreidebühne entladen. Am nächsten Tag gab es noch einmal mehrere Fuder, sodass sich die Bündel im Haus bis unter die Decke auftürmten.

Nun waren auch die Hauszwetschgen reif, an über 30 Bäumen warteten sie darauf, gepflückt zu werden. Martha sortierte die geernteten Früchte sofort – einen Teil lieferten wir bei der landwirtschaftlichen Genossenschaft ab, die restlichen Zwetschgen nahm ein Landwirt auf den Berner Gemüsemarkt mit. Ich konnte die heruntergefallenen Früchte in einem Blechkessel sammeln, den ich in ein grosses hölzernes Fass entleerte. Grösu erklärte mir, dass diese Früchte im Fass gären würden und im nächsten Jahr Schnaps daraus gemacht werde. Bald stand auch die Kartoffelernte bevor. Damit es genug Platz für den Kartoffelgraber gab, mussten wir mit einem Karst an der Seite des Feldes zwei Zeilen Kartoffeln ausgraben. Ich sammelte sie auf und legte sie in einen Korb. Am Folgetag bestaunte ich im Wagenschuppen den Kartoffelgraber, während Grösu Frauchigers Pferd holte. Mit dem Gespann begaben wir uns zum Feld und gruben Zeile um Zeile die Kartoffeln aus. Dann luden wir sie auf einen Wagen, brachten sie in den Wagenschuppen und sortierten den Grossteil davon für den Verkauf. Auch die Ernte der Rüben, die im Winter den Kühen verfüttert wurden, verlief problemlos. Grösu und Hansruedi zogen die Rüben am Laub aus der Erde, schnitten es mit einem scharfen, grossen Messer ab und warfen die Rüben in den «Britterwagen», um sie in den Keller des Bauernhauses zu bringen. Als alle Felder abgeerntet waren, standen zwei weitere Arbeiten an: Pflügen und Düngen. Der Mist, der als Dünger diente, musste mit Pferd und Wagen aufs Feld transportiert werden.

Ich führte wiederum das Pferd und hielt alle fünf Meter an, damit Grösu mit dem Karst einen kleinen Haufen vom Wagen nehmen konnte. Vor dem Pflügen wurden diese Haufen mit der Gabel gleichmässig verteilt. Den ganzen Tag den Pflug durch den Acker zu ziehen, war eine sehr anstrengende Arbeit für die alten Pferde. Am Abend waren sie nass vor Schweiss. Die Erde der umgepflügten Felder wurde mit der Egge verfeinert und für das Sähen von Wintergetreide vorbereitet.

So wurden die Tage immer kühler und kürzer, und auch die Schule hatte wieder angefangen. Eines Tages hörte ich ein seltsames, aber nicht ganz unbekanntes Motorengeräusch. Es war die Dreschkolonne: ein schwarzer Traktor, der die grosse Dreschmaschine zog, eine Strohpresse und ein Gerätewagen. Die Dreschkolonne fuhr zu einem anderen Landwirt im Dorf, doch nach rund zwei Wochen machte sie bei uns halt. Hansruedi unterstellte die Tenne mit mehreren dicken Holzpfählen, damit die Balken die schwere Last von Strohpresse, Traktor und Dreschmaschine tragen konnten. Die Arbeit war nicht nur unglaublich lärmig, sondern auch aufwendig, weshalb ein Angestellter von Hofers und ein anderer Landwirt aushalfen. Als ich an diesem Abend in meinen Gaden kam, sah ich, dass auf dem Bett und dem Tisch beim Fenster sehr viel Staub und viele Strohhalme waren. Ich blickte nach oben und bemerkte ziemlich breite Rillen, durch die man das Stroh sehen konnte. Am nächsten Morgen sagte ich das der Mutter. Sie antwortete: «Das kommt immer vor, wenn man das Stroh frisch aufschichtet. Es hört danach von selbst auf, ist kein Problem.»

Endlich war es Sonntag, ich konnte mich waschen und die total verschmutzten Kleider wechseln. Danach sah ich, wie die Mutter mit dem Besen in der Küche hantierte und im Kochherd früher als sonst Feuer entfachte. Dann fragte Grösu: «Wann kommen sie eigentlich?» «Mit dem Postauto, um 12.30 Uhr», lautete die Antwort. Ich war sehr gespannt, wer da kommen sollte. Von meinem Gaden aus beobachtete ich, wie eine Frau und ein Mann aus dem Postauto stiegen. Nun wusste ich nicht, was ich tun sollte: «Nach unten gehen ist doch blöd, ich kenne diese Leute ja gar nicht.» Es dauerte eine Weile, bis Hansruedi nach oben kam und mir mitteilte, dass das Mittagessen bereit sei. Zaghaft stieg ich die Treppe hinunter und ging in die Küche. Die Frau gab mir die Hand und sagte: «Ich bin Dora, die Schwester von Hansruedi, und das ist mein Mann Herbert.» Sie hatte einen ziemlich grossen Bauch, daher nahm ich an, dass sie ein Kind erwarten könnte. Herbert fragte mich: «Gefällt es dir hier, was machst du immer so allein?» «Jeden Abend reinige ich die Futterkrippe bei den Kühen, gebe den Hühnern Wasser, nehme die Eier aus dem Legekasten, streue Kerne und vor dem Schlafengehen mache ich den Schieber zu, damit die Hühner sicher sind vor dem Fuchs.» «Potztausend, da hast du aber schon recht viel zu tun», meinte er. Nach dem Essen ging ich mit dem Hund nach draussen, der Besuch fuhr um 16.45 Uhr wieder heim. Ich erfuhr von Grösu, dass seine Tochter und Herbert in der Nähe von Bern einen mittelgrossen Bauernbetrieb pachteten. Als der Herbst kam, färbten sich die Blätter langsam gelb, der Kastanienbaum vor dem Haus verlor die ersten Blätter und in den Tälern sah man Nebelfelder. Bei uns war selten Nebel, da wir auf einer Höhe von

800 Meter über Meer wohnten. Im November fiel bereits der erste Schnee. Vielerorts stellte man Holzwände entlang der Strassen auf, um sie vor Schneeverwehungen zu schützen. Die Hühner blieben im Haus und die Wasserleitung zum Brunnen musste entleert werden. An einem Sonntagnachmittag ging Martha schön gekleidet zu Fuss weg. Vom Vater erfuhr ich, dass sie im Winter ab und zu die Bibelstunde bei der Evangelischen Gesellschaft besuchte. In meinem Zimmer war es nun kalt. Die Bettwäsche wurde seit April zum ersten Mal gewechselt und das Bett mit «Barchet»-Leintüchern angezogen. Diese fühlten sich viel wärmer an. Nach einigen kalten Tagen war ich bei Grösu in der Wohnstube. Er lag auf dem warmen Sandsteintrittofen und fragte mich, ob ich warm genug habe. Ich sagte: «Geht so, es ist schon kalt», woraufhin er erwiderte: «Schau, oberhalb des Sandsteinofens kann ich eine kleine Holzklappe öffnen, so kommt ein wenig Wärme nach oben.» Dann gab er mir aus der Nische des Ofens einen kleinen Sack mit. Darin befanden sich aufgewärmte Kirschensteine. Ich ging hinauf in den Gaden, legte den Sack ins Bett und schob ihn langsam nach unten. So wurde es angenehm warm. Doch der Winter wurde immer strenger, langsam hatte ich Angst, dass ich aufgrund der Temperatur im Gaden krank werden könnte. Heim zu meiner leiblichen Mutter gingen wir nun auch nicht mehr. Es hätte ja auch nichts gebracht, wenn ich ihr etwas gesagt hätte.

An einem Sonntag wurde in der Wohnstube eine Kerze angezündet – zum Ersten Advent. An diesem Nachmittag verschwand der Vater in der Werkzeugkammer. Ich folgte ihm nach einer Weile und sah, wie er mehrere Messer bereit machte. «Du hast ja viele Messer, und einige sind ganz gross! Was machst du denn damit?» «Morgen schlachte ich bei einem Bauer ein Schwein, daraus mache ich Bratwürste, Schwartenwürste, Blut- und Leberwürste und noch vieles mehr.» «Ist denn das Schwein krank?», wollte ich wissen. «Nein, überhaupt nicht. Ich gehe ab jetzt zwei bis drei Mal pro Woche weg, immer wieder auf einen anderen Bauernhof, um ein Schwein zu schlachten. Ich habe ursprünglich Metzger gelernt. So verdiene ich noch ein wenig Geld im Winter, wo ja nicht so viel Arbeit anfällt bei uns auf dem Hof.» Er zeigte mir andere Sachen, die er dafür brauchte. «Was machst du denn mit diesem schwarzen Gerät?» Grösu nahm es in die Hand und erklärte mir: «Das ist der Bolzenschussapparat, damit wird das Schwein getötet.» «Verursacht das beim Schwein nicht Angst und Schmerzen?», fragte ich. «Nein, das Tier merkt nichts, es fällt einfach tot um.» Dann verstaute er die Werkzeuge in einer grossen «Hutte». Als ich am Montag von der Schule heimkam, war nur die Mutter da. «Hansruedi kommt auch bald, er geht jetzt Bäume schneiden und verdient so noch etwas Geld dazu.» So gingen die Tage vorbei. Der Monat Dezember brachte viel Schnee. Ich hatte mich langsam an die Kälte im Gaden gewöhnt, konnte aber deshalb vielfach nicht einschlafen. Dann gingen mir jeweils viele Gedanken durch den Kopf. Mehr und mehr hatte ich das Gefühl, dass die Beziehung zu meiner Pflegemutter nicht so war, wie sie sein sollte. Martha fand eigentlich nie ein nettes oder ein liebes Wort für mich, und wenn ich mich nach dem Abendessen noch in der warmen Wohnstube aufhielt, schickte sie mich schon nach kurzer Zeit ins Bett.

Weihnachten mit Neuigkeiten

Am Sonntag, als beim Adventskranz drei Kerzen brannten, sagte Hansruedi, ich müsse am Abend mit in die Käserei kommen. «Warum denn?», fragte ich. «Überraschung», war die Antwort. Den ganzen Nachmittag liess mir das keine Ruhe. Überraschung? Ich konnte es kaum erwarten, und doch war da ein komisches Gefühl vorhanden. Als es Abend geworden war, luden wir die Milchkanne auf den Käsereischlitten, zündeten die Petrollaterne an, spannten Bläss vor und gingen los in Richtung Käserei. Ich stand unten auf eine Kufe und konnte so mitfahren, wenn es flach war. An unserem Ziel angekommen, begrüsste mich der Käser und sagte: «Komm Christian, wir gehen schnell hinauf in die Wohnung.» Eine dunkelhaarige Frau kam auf mich zu, gab mir die Hand und stellte sich als Marlene vor. «Das ist meine Frau», vernahm ich vom Käser Fred. In der wunderschönen Stube standen zudem eine ältere, sehr gepflegte Dame und ein gross gewachsener Mann mit Brille und grauen Haaren. Die Frau gab mir die Hand und fuhr mit der anderen über meine Haare. «Ich bin deine Gotte, und mein Mann ist dein Götti. Wir haben diese Käserei während vieler Jahre geführt. Ich heisse Hanna und das ist Fred, er hat den gleichen Namen wie unser Sohn. Wir haben dir ein Weihnachtsgeschenk.» Sie übergab mir ein grosses Paket, auf das zwei Fünf-Franken-Stücke aufgeklebt waren. Ich bedankte mich ganz herzlich. Mein Götti fragte mich, ob es mir bei Gerbers gefalle. Ich bejahte. Sie wünschten mir eine schöne Weihnachtszeit, und Marlene gab mir noch ein paar Weihnachtsguetzli mit auf den Weg. Zu Hause angekommen, eilte ich mit dem Weihnachtsgeschenk zur Mutter. Sie sagte: «Das darfst du erst an Weihnachten öffnen!» Grösu stand daneben und meinte: «Wenn du es gerne aufmachen möchtest, kannst du das nach dem Abendessen.» «Nein, das fangen wir nicht an, unsere Kinder durften das auch nicht», war die unmissverständliche Antwort von Martha. Im Bett hatte ich wieder Zeit, um nachzudenken. «Warum lerne ich meinen Götti und meine Gotte nicht vorher kennen?» Die Sägerei, wo ich während vier Jahren wohnte, war ja nur ein Kilometer von der Käserei entfernt. Die ganze Familie Wenger – Götti, Gotte, der Käsermeister Fred und seine Frau Marlene – wirkte sehr nett und lieb. Ich fühlte noch immer die Hand von Hanna auf meinem Kopf. «Da sind ja noch die zwei Fünf-Franken-Stücke auf dem Paket. Was mach ich nun damit? Wo bewahre ich sie sicher auf?», mit diesen Gedanken schlief ich ein.

Am Sonntag vor Weihnachten sagte Hansruedi zu mir: «Komm mit in den Wald, wir holen einen Weihnachtsbaum.» Und so gingen wir zu Fuss, in Begleitung von Bläss, in den nahe gelegenen Wald. «Dieses Waldstück gehört uns, hier suchen wir uns nun einen Baum aus.» Bei einer Tanne von einem Meter Höhe hielt er inne. «Die nehmen wir, es hat sowieso nur wenig Platz.» Da der Baum auf der einen Seite fast keine Äste hatte, sägten wir bei anderen Tannen einige ab. Dann machten wir uns auf den Heimweg. In der Werkstatt bohrte Hansruedi auf der unschönen Seite des Baumes einige Löcher in den Stamm. Die mitgebrachten Äste wurden mit einem Messer zugespitzt, mit Leim bestrichen und in die vorbereiteten Löcher gesteckt. So sah der Baum rundum gleichmässig aus.

Am Weihnachtsabend durfte nur der Vater nach dem Nachtessen in die Wohnstube, ich folgte Hansruedi in den Stall. Danach gingen wir in die Küche zurück, bis uns die Mutter in die Stube rief. Endlich durften wir eintreten. Der kleine Tannenbaum war schön geschmückt und mit vielen brennenden Kerzen bestückt. Unter dem Baum hatte es einige Geschenkpakete. Martha legte auf dem alten Plattenspieler, der noch mit einer Handkurbel aufgezogen werden musste, eine Platte auf. «Stille Nacht» ertönte. Es war mucksmäuschenstill in der Stube. Auf einem Teller hatte es Weihnachtsgebäck, von dem man sich bedienen konnte. Nach einer Weile holte Hansruedi zwei in Weihnachtspapier eingewickelte Flaschen hervor und überreichte sie dem Vater. Dieser riss das Papier weg und bedankte sich für den Wein. Der Mutter gab er eine Schachtel Schokolade und eine Decke. Die Eltern schenkten Hansruedi einen schönen Winterpullover. Ich hatte noch nichts erhalten, aber es lagen ja noch zwei Geschenke unter dem Baum. Und tatsächlich: Die Mutter holte das kleinere hervor und gab es mir. Eine Tafel Schokolade und zwei Paar wollene Socken kamen zum Vorschein. Jetzt war nur noch ein ziemlich grosses, längliches Geschenk ungeöffnet. Dieses wurde von Hansruedi geholt und mir überreicht. Ich öffnete es und entdeckte darin einen hölzernen Lastwagen mit Anhänger der Marke Wisa. Ich verspürte eine riesige Freude – endlich etwas zum Spielen! Als ich am Boden kniete und den Anhänger am Lastwagen ankuppelte, sah ich auch noch das grosse Paket von meiner Gotte Hanna. Ich nahm es und entfernte die beiden Fünf-Franken-Stücke. Das Geld von meiner Gotte steckte ich in meine Hosentasche, doch wo sollte ich es nachher verstecken? Dann öffnete ich das Paket. Es kamen zwei grosse, verschiedenfarbige Stücke Stoff und ein Brief zum Vorschein. Die Mutter las mir vor: «Liebe Martha, ich habe hier Stoff zur Anfertigung von vier Hemden für Christian. Als gelernte Damenschneiderin ist das für dich ja sicher kein Problem. Schöne Festtage und liebe Grüsse, Hanna und Fred Wenger.» Meine Pflegemutter war also Damenschneiderin, wieder etwas Neues. Ich schaute die vielen Kerzen an, während mir wieder einmal viele Gedanken und Fragen durch den Kopf schwirrten: «Wie feiern wohl meine Geschwister Weihnachten? Warum sind wir nicht zusammen?»

«So, es wird langsam Zeit für dich», sagte die Mutter zu mir und fragte: «Wo hast du das Geld?» «Hier in der Hosentasche.» «So verlierst du es bestimmt, warte kurz.» Sie ging ins Schlafzimmer und holte aus der Tischschublade eine kleine hölzerne Truhe, in deren Mitte sich eine kleine Aussparung befand. «So, hier kannst du das Geld versorgen. Die Truhe ist immer in meinem Tisch im Schlafzimmer.» «Das ist doch eine gute Idee, dort ist das Geld sicher», dachte ich. Dann nahm ich das Auto mit in mein Zimmer und spielte damit. Doch plötzlich rief die Mutter in der Stube: «Geh jetzt endlich ins Bett, du kannst morgen spielen.» Ich stieg sofort ins eiskalte Bett. Ich hatte nicht daran gedacht, dass sie jeden Schritt, den ich machte, unten in der Stube hörte. Die Bettflasche hatte ich auch vergessen. Ich konnte lange nicht einschlafen, so kalt hatte ich. Als Hansruedi erschien, fragte ich ihn, ob er immer im Gaden geschlafen habe. Er sagte, wenn es so kalt gewesen sei, habe er unten im Wohnzimmer schlafen können. Am nächsten Tag spielte ich mit meinem neuen Geschenk. In der Werkzeugkammer lud ich Sägemehl und Holz auf. Am Nachmittag erschien Christoph, dem mein Lastwagen auch gefiel. Die Mutter erlaubte mir, zu Christoph zu gehen. Er führte mir all seine neuen Weihnachtsgeschenke vor, unter anderem einen grossen Baukasten von Meccano und einen neuen Traktor mit zwei Anhängern, die zusammengekuppelt werden konnten. So neigte sich das Jahr 1952 dem Ende zu.

Im Januar kam das erste Kälbchen zur Welt. Es erhielt einen Platz auf der gegenüberliegenden Seite der Kühe, in einem kleinen Abteil. Ich durfte ihm den Milcheimer hinhalten, aus dem es trank. Bis im Frühjahr kamen noch zwei weitere Kälber zur Welt. Eines davon war ein Kuhkalb. «Dieses behalten wir zur Aufzucht, die Stiere werden dem Metzger verkauft», erfuhr ich vom Vater.

Die Metzgete

An einem Abend hielt ich mich noch kurz in der Wohnstube auf. Grösu hatte es sich wie immer auf dem warmen Sandsteinofen bequem gemacht. Er sagte zu mir: «Morgen wird bei uns ein Schwein geschlachtet. Du kannst zuschauen, wie die Würste gemacht werden.» «Gerne, das habe ich noch nie gesehen», erwiderte ich. Als ich am folgenden Mittag von der Schule heimkam, stand vor dem Brunnentrog ein Metzgerschragen, auf dem ein in mehrere Teile zerlegtes Schwein lag. Die Fleischstücke wurden sortiert, heisses Wasser war vorbereitet und in einem Kessel hatte es Därme, die Grösu bereits entleert und gespült hatte. Nun musste noch die

Innenseite dieser Därme nach aussen gekehrt werden. Während ich Grösu dabei half, drehte Hansruedi Fleischstücke durch die Hackmaschine. Grösu mischte dem Wurstteig verschiedene Gewürze bei und probierte immer wieder die Masse. Zuletzt gab er auch mir einen kleinen Brocken. «Ist es gut so?», fragte er lächelnd. «Ja, ich denke schon», antwortete ich. Anschliessend befüllte der Vater die Wurstmaschine und presste den Teig in einen Darm, um daraus Fleisch- und Bratwürste zu machen.

In einem zugedeckten Becken befand sich Blut für die Herstellung der Blutwürste. Grösu hob den Deckel weg und streute verschiedene Gewürze und Salze in das Blut. «Da kommt viel Majoran und Thymian hinzu», erklärte er. Dann kostete er einen kleinen Schluck davon und fragte: «Willst du auch probieren?» «Ja», sagte ich, dachte aber eigentlich sofort «nein». Grösu bot mir mit der Kelle ein wenig Blut an, und als ich zögerte, sagte er: «Probier nur, das ist fein.» Ich setzte die Kelle an den Mund und trank einen kleinen Schluck. «Bravo, das hast du gut gemacht. Was meinst du dazu?», wollte er wissen. «Ich finde es sehr gut», antwortete ich. Grösu sah mich an und lächelte. Er füllte das Blut in die vorbereiteten Därme, band diese mit einer Schnur fest zu und legte die Würste ins heisse Wasser, um das Blut zum Gerinnen zu bringen. Als wir nach dem Stall über den Vorplatz zum Hauseingang liefen, nahm mich Grösu an der rechten Schulter, zog mich fest an sich und sagte: «Heute hast du viel Neues gesehen und gelernt.» «Ja, sehr viel», bestätigte ich und hatte das Gefühl, dass er mich sehr mochte. Am Tag darauf gab es frische Würste, und als die Mutter mir Blutwurst reichte, meinte Grösu: «So, jetzt kannst du das mit gestern vergleichen, du hast ja das Blut aus der Kelle getestet.» Wieder lächelte er, Martha schüttelte den Kopf.

Jöggu, das neue Pferd

Ende Januar wurde das bald 30-jährige Pferd Franz krank. Der Tierarzt konnte nicht mehr helfen. Als ich am nächsten Tag von der Schule zurückkehrte, war der Pferdestall leer – der liebe und gutmütige Franz war vom Pferdemetzger abgeholt worden. Traurig schaute ich in den leeren Stall. Ich fragte Hansruedi, ob er ein neues Pferd kaufen werde. Er antwortete: «Ja, wir suchen eines, aber wir lassen uns Zeit. Jetzt im Winter sind wir nicht unbedingt auf ein Pferd angewiesen.» Doch bereits nach ungefähr drei Wochen wurde der Stall für ein neues Pferd sauber gemacht, und am Mittag entdeckte ich das braune Tier. Hansruedi warnte mich: «Geh besser nicht zum Pferd, es beisst.» «Das gibt es doch nicht, ein Pferd, das zubeisst», dachte ich. Als wir uns Jöggu aber ganz langsam näherten und Hansruedi ihn streichelte, drehte das Pferd hastig den Kopf und wollte tatsächlich zuschnappen. «Das macht er immer, wenn man zu ihm kommt, danach nicht mehr», meinte Hansruedi. «Warum schnappt denn das Pferd immer zu? Kann man ihm das nicht abgewöhnen?», wollte ich wissen und erfuhr, dass das Pferd früher misshandelt worden war. Vermutlich habe man Jöggu mit der Hand heisse Kartoffeln gefüttert.

An einem Samstag im Februar kehrte ich von der Schule zurück und bemerkte eine besondere Stimmung im Haus. Das Mittagessen stand schon um 11.30 Uhr bereit, die Mutter war schön gekleidet. «Wir essen gleich, ich muss um 12.15 Uhr auf das Postauto», erfuhr ich von ihr. Mit einem kleinen Koffer verliess sie das Haus und sagte zu Grösu: «Bis Montag!» Als Martha weg war, fragte ich den Vater, wohin sie denn für zwei Tage gehe. Er erklärte: «Wir sind Grosseltern geworden, Dora hat einen Sohn geboren.» An diesem Samstagabend durfte ich sehr lange in der Wohnstube bei Grösu verweilen. Als ich müde war, ging ich ins Bett.

Es fand wieder mal eine Predigt im Schulhaus statt, und ich holte in der Küche ein Becken mit warmem Wasser, um mich in der ungeheizten Werkstatt zu waschen. Da kam die Mutter aus der Stube und sagte: «Ich habe ein neues Hemd für dich in Bearbeitung, wir müssen mal sehen, ob es passt.» Sie nahm noch einige Masse an mir und versprach, dass es bis zum nächsten Sonntag fertig sei. Und tatsächlich, am Sonntag darauf konnte ich das neue Hemd anziehen.

An einem Samstagnachmittag fuhren wir in den nahe gelegenen Wald. Jöggu wurde an den Wagen vorgespannt und das Fuhrwerk mit Sägen, Beilen, Seilen und Ketten beladen. Im Wald fällten wir eine grosse Buche, die die beiden Männer in immer kleinere Stücke zerlegten. Am Abend kehrten wir mit einem schweren Fuder Brennholz heim. Es folgten noch weitere Samstage mit Arbeiten im Wald. Wir fällten mehrere grosse Tannen und hoben sie mit einer Winde auf einen Holzschlitten, den Jöggu auf der schneebedeckten Strasse vorwärts zog. Den Besuch bei der Sägerei ersparte ich mir. Das Brennholz schichteten wir im

Holzschopf zum Trocknen auf. Als der Schnee langsam wegschmolz, begann Hansruedi, auch die Bäume in unserer Hofstatt zurückzuschneiden. Nach der Schule trug ich die kleinen Äste zu mehreren Haufen zusammen. Diese wurden anschliessend auf einen Wagen geladen und im Acker hinter dem Haus verbrannt. Es gab ein riesiges Feuer, fast wie am 1. August. Ich war froh, als es endlich wärmer wurde, und freute mich auf die bevorstehenden Arbeiten im Frühling, Sommer und Herbst. Auf den Feldern gab es nun viel zu erledigen: Mist ausführen, pflügen, eggen und sähen. Mittlerweile konnte ich auch bei immer mehr Arbeiten, wie etwa beim Laubrechen, schon mithelfen. Mit dem Pferd hatte ich aber etwas Mühe und musste immer sehr vorsichtig sein.

In der Sonntagsschule

Der Winter brachte wieder viel Schnee, aber es war nicht sehr kalt. Im Frühjahr 1953 begann für mich das zweite Schuljahr. Das Zeugnis vom ersten Schuljahr war in Ordnung, und die Mutter hatte nichts einzuwenden. Nun sass ich in der Schule neben dem gleichaltrigen Hermann Rohrer. Sein Vater betrieb unweit des Schulhauses einen mittelgrossen Bauernhof. Hans, der Bruder von Hermann, war zwei Jahre älter und sass auch im selben Schulzimmer.

Eines Tages meinte die Mutter zu mir, ich könnte doch am Sonntagmorgen die Sonntagsschule besuchen. Sie habe mit der Mutter von Christoph darüber gesprochen, er würde auch kommen. So gingen wir am nächsten Sonntag zusammen zum Lokal der Evangelischen Gesellschaft. Nach der Begrüssung durch die Sonntagsschullehrerin wurden Lieder gesungen. Dann erzählte sie aus der Bibel. Am Ende kam sie mit einem Kässeli vorbei. Auf dem Sockel stand die Figur eines schwarzen Mannes, und wenn man eine Münze einwarf, nickte dieser mit dem Kopf. Die Mutter hatte mir 20 Rappen fürs Missionskässeli mitgegeben. Es wurde noch ein Gebet gesprochen, und jedes Kind erhielt ein kleines vierseitiges Heft. Nach einer Stunde waren wir wieder auf dem Heimweg. «Hat es dir gefallen?», wollte Christoph wissen. «Ja, ich fand es schön», antwortete ich. Zu Hause fragte mich die Mutter: «Wie war es in der Sonntagsschule? Hast du die 20 Rappen ins Kässeli eingeworfen?» «Ja, das habe ich, und es hat mir gefallen.» Ich gab ihr das Heft ab und ging mit dem Hund über Land. Unterwegs hörte ich immer wieder Marthas Frage, «Hast du das Geld eingeworfen?», und dachte: «Was soll das eigentlich? Sie traut mir zu, dass ich stehle.» Ich war sehr traurig, denn ich hatte ja alles richtig gemacht.

In der Sonntagsschule erhielten alle einen Text zum Lernen, um ihn an der Weihnachtsfeier der Sonntagsschule vorzutragen. Einige Tage davor fragte mich die Mutter in vorwurfsvollem Ton: «Hast du den Text für die Sonntagsschulweihnachten gelernt? Ich will mich dort nicht auch noch schämen.» «Ja», bestätigte ich ihr, während mir durch den Kopf ging: «Auch noch schämen? Warum musste sie sich denn meinetwegen schämen?» Am Besuch der Sonntagsschule hatte ich jetzt überhaupt keine Freude mehr, am liebsten wäre ich nicht mehr gegangen. An der Weihnachtsfeier verlief alles gut.

Ab dem Frühjahr durfte ich am Abend mit dem Hund allein die Milch in die Käserei bringen. Ich war sehr stolz darauf, und Bläss gehorchte mir sehr gut. In der Käserei wurde die Milchkanne jeweils von einem Angestellten abgeladen, entleert und mit derselben Menge Molke wieder aufgeladen. Der Käsermeister, Fred Wenger, war immer sehr freundlich zu mir. Als ich an einem Samstag etwas später als üblich in der Käserei eintraf, hielt ein blauer Mercedes neben dem Haus an. Meine Gotte und mein Götti stiegen aus. Sie kamen zu mir und fragten, ob es mir gut gehe. Ich bejahte und erhielt dann vom Götti zwei Franken. Mit grosser Freude kehrte ich nach Hause zurück und erzählte von meinem Glück und dem Geld. Die Mutter ging in ihre Schlafstube und holte die kleine Holzschachtel, in die ich die zwei Franken legte. «Der kann dir problemlos zwei Franken schenken, der hat ja genügend Geld», meinte sie nur.

Mein Geburtstag

Ich sass schon auf der Schulbank, als Hermann eintraf und mir strahlend mitteilte: «Heute darf ich mir ein Lied wünschen, ich habe nämlich Geburtstag.» Auch mein Bruder Edwin hob die Hand, auch er habe am 1. April Geburtstag und dürfe sich ein Lied wünschen. Als ich am Mittag nach Hause kam, lag auf dem Küchentisch ein kleines Paket an meinem Platz. «Ist das für mich?», fragte ich die Mutter. «Für wen denn sonst, du hast ja heute Geburtstag», erwiderte sie. «Ich habe auch heute Geburtstag, so wie Hermann und mein Bruder Edwin? Daran habe ich überhaupt nicht gedacht. Ich wusste es ja gar nicht», ging mir durch den Kopf. Im Paket befanden sich zwei Paar Socken und eine Tafel Schokolade. Grösu und Hansruedi gratulierten mir zum Geburtstag, Martha nicht. Generell merkte ich mit der Zeit immer mehr, dass ich bei meiner Pflegemutter nicht willkommen war. Nie ein nettes Wort, im Gegenteil – sie kritisierte mich beispielsweise, wenn ich beim Tisch nicht ruhig dasass, sondern die Beine hin und her baumeln liess, oder wenn ich am Abend müde war und den Kopf aufstützte. Am nächsten Tag erwähnte ich in der Schule meinen verpassten Geburtstag nicht.

Auch diesen Sommer fuhr Hansruedi am Wochenende mit dem Motorrad weg. An den Sonntagen waren Christoph und ich immer öfters zusammen. Ab und zu besuchten wir Kinder an Sonntagen aber auch unsere leibliche Mutter. Eines Abends überreichte mir Martha zwei neue Hemden. «Diese habe ich vom Weihnachtsgeschenk deiner Gotte angefertigt, eines folgt noch», sagte sie. Ich bedankte mich freundlich und ging schlafen. Auf dem Betrieb konnte ich immer mehr mithelfen, zum Beispiel pflückte ich im Garten die Johannisbeeren oder wischte am Abend im Stall den Gang. So gingen der Sommer und der Herbst vorbei.

Der Winter brachte schon früh viel Schnee. An einem Samstag kam Christoph mit einem Schlitten zu mir und fragte, ob ich mit ihm schlitteln wolle. Um Erlaubnis gebeten, meinte die Mutter zu mir: «Wenn du einen Schlitten findest, kannst du mit.» Ich erinnerte mich, über der Werkstatt mal einen alten Schlitten gesehen zu haben, und wurde tatsächlich fündig. Als wir den steilen Hügel unweit des Hauses erklommen hatten, legte sich Christoph auf seinen Schlitten und fuhr los.

Mit meinem ging es zuerst nicht vorwärts, er hinterliess im Schnee braune Rostspuren. Nachdem diese aber weggemacht waren, konnte auch ich hinunterfahren. Nach einer Weile sah ich, wie Hansruedi nach Hause kam – Zeit für mich, die Futterkrippe zu reinigen. «So, jetzt muss ich in den Stall», sagte ich zu Christoph. Das Schlitteln hatte mir sehr gefallen. Im gleichen Winter begann Hansruedi, den gegenüberliegenden Gaden aufzuräumen und Gegenstände auf einem Wagen in der Einfahrt aufzustapeln. Ich fragte ihn, was er da mache. «Ich muss hier mal aufräumen», meinte er nur. Sämtliches Gerümpel – ein ganzer Wagen voll – wurde in der nahe gelegenen alten Kiesgrube im Wald deponiert. Bei jeder Gelegenheit hielt sich Hansruedi nun in dieser Stube auf. Er riss den Boden raus, auch eine andere Zimmertür wurde montiert. Später isolierte er die Seitenwände sowie die Decke und verkleidete sie mit neuem Holztäfer. Zudem wurde ein Loch in die Wand gemeisselt und ein Ofenrohr montiert, das direkt in den Kamin führte. Ich nahm an, dass hier für Hansruedi ein neues Zimmer entsteht.

Im Dezember fiel sehr viel Schnee. Mit drei neugeborenen Kälbern gab es im Stall Zuwachs. Bei einer der Geburten konnte ich sogar dabei sein. Es war für mich ein sehr grosses und eindrückliches Erlebnis. An Weihnachten gab es Pasteten zum Nachtessen. Anschliessend lief alles ab wie gewohnt: Weihnachtslieder wurden abgespielt. Grösu erhielt zwei Flaschen Wein und ich von Martha zwei Paar Socken und Unterwäsche. Doch dann gab mir Hansruedi ein grosses Paket, das ich neugierig öffnete. Ein Laubsägekasten, wie toll! Die Gotte und der Götti schenkten mir Stoff für vier

Hemden und zudem zehn Franken. Ich bedankte mich bei allen für die Geschenke, und als die Kerzen langsam erloschen, ging ich ins Bett. Am nächsten Tag sagte Hansruedi zu mir: «Hol mal den Laubsägekasten, ich helfe dir.» Wir setzten uns beide an den Küchentisch, an dem wir den kleinen Schraubstock befestigten und die Vorlagen einspannten. Er zeigte mir auch, wie man die kleinen Sägeblätter einspannte und wie man mit dem kleinen Bohrer umging. Nach einer Stunde sagte die Mutter, dass sie den Küchentisch jetzt für die Vorbereitung des Mittagessens benötige, und fragte: «Kann er nicht oben im Gaden spielen?» «Nein, das geht nicht, mit kalten Händen kann man nicht exakt arbeiten. Aber am Nachmittag ist ja der Tisch wieder frei, dann kann er hier weiterfahren», antwortete Hansruedi bestimmt.

Der Winter neigte sich langsam dem Ende entgegen, der Frühling brach an, und so näherte sich auch mein Geburtstag. Als ich in der Schule eintraf, sass Hermann schon an seinem Platz. Voller Freude teilte er mit, dass er und mein Bruder Edwin sich heute wieder ein Lied wünschen dürften. «Ich darf mir auch ein Lied wünschen», sagte ich zu Hermann. Er schüttelte den Kopf und sagte überzeugt: «Nein, darfst du nicht. Du hast heute gar nicht Geburtstag, letztes Jahr am 1. April hast du ja auch kein Lied gewünscht.» «Letztes Jahr habe ich nicht daran gedacht», erklärte ich ihm. «Hör doch auf mit solchem Blödsinn», entgegnete Hermann energisch. Als die Lehrerin eintrat, wurde es ruhig, wie immer standen alle auf zur Begrüssung. Dann sagte sie: «Heute ist ein ganz besonderer Tag – beim Erstellen der Schulberichte ist mir aufgefallen, dass wir gleich drei Geburtstagskinder haben. Es sind dies Edwin Liniger und sein Bruder Christian Liniger sowie Hermann Rohrer. Christian und Hermann sind auf den Tag gleich alt, Edwin ist genau ein Jahr älter als sein Bruder. Was sind das doch für schöne und lustige Zufälle.» In der Pause fragte mich Hermann, ob ich den letztjährigen Geburtstag wirklich vergessen hätte und warum denn mein Bruder Edwin nichts gesagt hätte, der wisse doch das bestimmt auch. «Mein Bruder hat halt auch nicht daran gedacht», antwortete ich. Mit einem längeren und ungläubigen Kopfschütteln von Hermann war das Thema zum Glück beendet.

Immer mehr Aufgaben

Eines Tages packte die Mutter den kleinen Koffer und fuhr für ein paar Tage nach Bern. Mit der Geburt von Söhnchen Anton wurden meine Pflegeeltern erneut Grosseltern. Wenn Martha ihre Tochter in Bern besuchte, durfte ich am Abend viel länger in der Wohnstube bleiben.

Der Sommer ging mit viel Arbeit vorüber. Im Herbst gab es viel weniger Kirschen und vor allem sehr wenig Zwetschgen – die Blüten waren im Frühling erfroren. Auch in diesem Jahr nahmen meine Arbeiten zu, beispielsweise half ich während der Kartoffelernte beim Auflesen voll mit. Schon bald bereiteten wir uns wieder auf den Winter vor. Gemüse, Früchte und Kartoffeln wurden im Keller gelagert. Anfang November fiel der erste Schnee und es wurde schnell sehr kalt. Die Bise wehte und wirbelte den Pulverschnee umher. Dadurch wurden die Strassen total zugeschneit, und für das Postauto musste die Schneemenge von nahezu einem Meter Höhe geräumt werden. Ausserdem arbeitete Hansruedi wieder ab und zu im anderen Gaden. Kurz vor Weihnachten erfuhr ich von ihm, dass er nun in das neue Zimmer einziehen werde. Schon bald darauf war ich allein im Gaden, und vor dem Einschlafen gingen mir viele Gedanken dazu durch den Kopf: «Wird mein Gaden nun auch mal ausgebaut? Warum ist Hansruedi hier ausgezogen? Ist es wegen mir, mag er mich auch nicht? Nein, das kann nicht sein, ich habe doch eine sehr gute Beziehung zu ihm und auch zu Grösu.» Ohne Antworten gefunden zu haben, schlief ich ein.

Christoph und ich gingen öfters schlitteln, meine leibliche Mutter besuchte ich im Winter nicht mehr. An einem Samstagnachmittag, kurz vor Weihnachten, fuhren wir mit Pferd und Schlitten in den Wald. Hansruedi und der Vater spalteten Buchenholz auf, und ich schleifte die Äste einer gefällten Buche zu einem Haufen. Mit einem schwer beladenen Schlitten voll Holz und einem kleinen Weihnachtsbaum fuhren wir am Abend durch die verschneite Winterlandschaft wieder heim. Am Sonntag vor Weihnachten durfte ich mit in die Käserei. Dort wurde ich wieder von meinem Götti und meiner Gotte empfangen, die mir ein Weihnachtsgeschenk überreichten – wieder Stoff für Hemden und zwei Fünf-Franken-Stücke. Gotte Hanna erkundigte sich, ob meine Pflegemutter die Hemden angefertigt habe. Ich sagte, dass ich nun alle vier Hemden erhalten habe. Dann wollte sie wissen, ob es mir gut gehe. Ich sagte lediglich: «Ja, es ist alles in Ordnung.» Zu Hause angekommen, überreichte ich das Geschenk meiner Pflegemutter, nahm aber die Fünf-Franken-Stücke weg. «Ah, wieder Stoff zum Nähen», sagte sie. Auch der Weihnachtsabend verlief ähnlich wie letztes Jahr. Von den Pflegeeltern erhielt ich Socken und Unterwäsche, von Hansruedi eine grosse Schachtel mit Farbstiften. Später im Bett hörte ich wieder die Frage von meiner Gotte: «Hast du es gut, ist alles in Ordnung?» Und so fragte ich mich selbst: «Ist eigentlich wirklich alles in Ordnung?» Ich wusste es nicht sicher.

In der Schule erhielten wir von der Lehrerin ein zugeklebtes Kuvert, in dem sich der Schulbericht befand. Einige öffneten es und lasen vor, was darin stand. Ich hingegen brachte den Brief nach Hause und gab ihn der Mutter. Sie nahm die Brille, öffnete das Kuvert, faltete den Brief nach einer Weile wieder zusammen und schob ihn zurück ins Kuvert. Ich fragte sie: «Was steht drin?» «Nichts Besonderes, es ist eigentlich alles in Ordnung», erwiderte sie. Am nächsten Morgen nahm ich das zugeklebte Kuvert wieder mit und überreichte es der Lehrerin. Dann erkundigte ich mich bei Edwin, ob er wisse, was in seinem Schulbericht stand. «Ja klar, ich konnte alles lesen, man muss doch wissen, ob die Lehrerin mit den geleisteten Arbeiten zufrieden ist.» Ich erzählte ihm, wie es bei mir abgelaufen war, bat ihn aber, es niemandem weiterzusagen, aus Angst, die Mutter könnte es erfahren – sie war schliesslich die Schwägerin von Edwins Pflegevater.

Die Tage wurden länger, und als es auch wärmer wurde und der Frühling nahte, war ich froh. Bald ging das zweite Schuljahr zu Ende, 1954 begann mein drittes. Am Anfang durfte ich neben meinem Bruder Edwin sitzen. Nach den Sommerferien teilte mir die Lehrerin jedoch mit, dass ich nun wieder neben Hermann sitzen werde – Edwin und ich hätten zu viel miteinander geschwatzt. Damit hatte sie recht, und für mich war es kein Problem, meine Schulbank wieder mit Hermann zu teilen.

An einem schönen Sonntag war irgendwie alles anders als sonst. Als ich mich in der Werkzeugkammer gewaschen hatte, wurde in der Küche bereits gearbeitet. Die Mutter bereitete Gemüse vor, Hansruedi holte Sauerkraut und Kartoffeln aus dem Keller. Ich wollte nicht im Weg stehen und ging mit Bläss über Land. Als ich zurückkam, war der Tisch in der Küche bereits gedeckt. Zwei Teller mehr als üblich. «Da kommt sicher jemand um 12.30 Uhr mit dem Postauto», dachte ich. Und tatsächlich machten Dora und ihr Mann Herbert mit ihrem kleinen Sohn Alfred einen Besuch. Ich kannte Dora und Herbert ja bereits – sehr nette Leute. Es gab ein sehr feines Essen mit Sauerkraut, verschiedenen Sorten Fleisch, Dörrbohnen und Kartoffeln. Nach dem Mittag holte mich Christoph zum Spielen ab. Als ich nach Hause kam, war der Besuch bereits weg.

Das Missgeschick mit dem Sonntagsschulheft

Christoph und ich besuchten wieder regelmässig die Sonntagsschule. An einem schönen Sonntag erhielten wir, wie immer zum Monatsende, das kleine, vierseitige Heft. Auf dem Heimweg faltete Christoph daraus einen Flieger und warf ihn in die Luft. Ich machte aus meinem Heft auch so einen Flieger, um zu schauen, welcher weiter fliegen konnte. Doch meiner überflog ein hohes Gehege und landete mitten in einem Ententeich. «So ein Pech», dachte ich und bekam sofort Angst, denn holen konnten wir das Ding nicht. Ausserdem stand der Name auf dem Heft, also konnten wir es auch nicht tauschen. «Was sollen wir jetzt tun? Ich muss das meiner Mutter abgeben», sagte ich zu Christoph. «Du musst gar nichts sagen, das merkt die doch nicht. Bei uns landet das Heft immer direkt im Altpapier», beruhigte er mich und warf sein Heft in den nächsten Abwasserschacht. Mir war es nicht so wohl bei der ganzen Sache, doch als ich zu Hause ankam, wurde ich nicht nach dem Heft gefragt und war sehr erleichtert. Am nächsten Mittag, nach der Schule, fragte mich die Mutter in einem sehr vorwurfsvollen Ton: «Wo hast du das Heft, das du gestern in der Sonntagsschule erhalten hast?» Ich merkte, wie mir das Blut zu Kopf stieg und sagte zu ihr: «Ich habe es nicht mehr, Christoph und ich haben …» Da schlug sie mir bereits mit der rechten Hand voll ins Gesicht und schrie: «Du hast es bei Fritz Stauffer in den Ententeich geworfen! Frau Stauffer hat es gefunden und mich angerufen! Man muss sich ja überall schämen wegen dir!» Fluchtartig und weinend verliess ich die Küche. Ich setzte mich neben dem Haus auf einen Stein und weinte. Den Kopf hatte ich in den verschränkten Armen versteckt, als ich plötzlich die warme und feuchte Schnauze von Bläss spürte. Er leckte mich am Kopf, als ob er gemerkt hätte, was passiert war. Ich umarmte den Hund und streichelte ihn, jetzt ging es mir schon besser. Dann kam Grösu um die Ecke und sagte zu mir: «Komm zum Essen.» «Ich habe keinen Hunger», erwiderte ich. Erst jetzt fiel ihm auf, dass ich geweint hatte. Er kam zurück und fragte: «Was ist los mit dir?» Ich erzählte ihm die ganze Geschichte mit dem Heft der Sonntagsschule und dem Anruf der Nachbarin. «Ah, Frau Stauffer, die geht mit der Mutter in die Bibelstunde. Komm jetzt, du musst trotzdem zum Essen kommen.» In der Küche sagte er zu Martha: «Wegen dieser Kleinigkeit besteht gar kein Grund für eine Ohrfeige, das ist total übertrieben.» «Du kannst dich ja überall schämen in Zukunft!», entgegnete sie heftig und sah mich böse an. Als wir am Tisch Platz genommen hatten, kam Hansruedi. Ich sass mit gesenktem Kopf am Tisch. «Was ist los?», fragte er. «Nichts», sagte die Mutter. Ich stocherte im Teller umher und hatte keinen Hunger. «Du sollst jetzt essen, und hör auf mit dem Theater!», wies sie mich an. Hansruedi schaute zur Mutter, dann zu Grösu und mir, sagte aber nichts. Ich würgte das Essen hinunter und war froh, als man vom Tisch ging und ich das Holz neben dem Herd auffüllen konnte. Am Abend konnte ich sehr lange nicht einschlafen. Ich begriff die ganze Angelegenheit mit der heftigen Ohrfeige überhaupt nicht. Es schien mir, dass die Pflegemutter schon lange nur auf einen solchen Moment gewartet hatte. Ich begann, sie richtig zu hassen. Das war jedoch nicht mein einziges Problem: Mir fiel seit längerer Zeit auf, dass Grösu immer in den Keller hinabstieg – während der Stallarbeiten sicher vier- bis fünfmal. Es schien mir, dass er danach nicht mehr sicher auf den Beinen stand und schwankte. Einmal wollte er dieselbe Kuh noch ein zweites Mal melken, dann schlug diese heftig aus. «Grösu, die hast du bereits gemolken», rief ich ihm zu. «Eh z'Donner», meinte er und ging zur nächsten Kuh. Beim Zvieri auf dem Feld gab er zuerst nur wenig Schnaps in den Kaffee, trank die Tasse halb leer und sagte: «Der Kaffee ist mir viel zu heiss.» Dann füllte er die Tasse mit Schnaps auf. Diese Beobachtungen machten mich sehr traurig, denn Grösu war immer sehr lieb zu mir, konnte sich aber gegen Martha nie durchsetzen. Am nächsten Schultag erzählte ich Christoph von den Folgen, die der Verlust des Sonntagsschulhefts nach sich zog. «Die spinnt doch», meinte er. Beim nächsten Besuch der Sonntagsschule nahm mich die Leiterin zur Seite und sagte, sie sei enttäuscht von mir – sie gebe das Sonntagsschulheft nicht ab, damit es dann in einen Ententeich geworfen werde. Ich entschuldigte mich. Das ganze Theater verstand ich aber nicht und hinterliess bei mir einen sehr negativen Eindruck. Ab sofort hatte ich auch keine Freude mehr, die Sonntagsschule zu besuchen.

Eines Tages gab es zum Mittagessen Krautstiele aus dem Garten – eine Neuheit für mich. Hansruedi schöpfte nur einen Löffel voll in seinen Teller, die Mutter gab mir hingegen drei volle Löffel. Ich kostete das Gemüse und konnte es nur mit grosser Überwindung essen. Hansruedi stocherte im Teller herum und ass nur ganz wenig davon, den Rest liess er im Teller. «Das ist nicht mein Gemüse», sagte er. Ich ass die Wurst und die Kartoffeln, immer wieder versuchte ich, auch ein kleines Stück von dem Gemüse zu essen, brachte es aber einfach nicht runter. «Die Krautstiele werden aufgegessen, vorher gehst du nicht vom Tisch!», schimpfte die Mutter mit mir. Ich sass noch eine Weile am Tisch – mir war richtig übel –, bis es hiess, ich solle an die Arbeit. Was für eine Erlösung! Zum Nachtessen gab es Zwetschgenkuchen mit Rahm, eine meiner Lieblingsspeisen. Ich hatte Hunger und fragte nach einem zweiten Stück, doch die Pflegemutter sagte: «Du hast am Mittag nicht aufgegessen, deshalb bekommst du jetzt kein zweites Stück Kuchen.» «Hör doch auf damit», sagte Grösu. «Der lernt es nur auf diese Weise», war die Antwort von Martha. «Hansruedi hat die Krautstiele ja auch nicht aufgegessen und isst jetzt ein Stück Kuchen nach dem anderen», dachte ich. Plötzlich konnte ich nicht mehr zusehen, stand auf und wollte vom Tisch. «Du bleibst sitzen, bis alle fertig sind!», befahl mir die Pflegemutter unmissverständlich.

Ich musste auch lernen, dass ich manchmal nicht zu den anderen Kindern gehörte und ich nicht einer von ihnen war. Beispielsweise spielten wir manchmal Völkerball, je sechs Personen wurden dafür ausgewählt. Wenn mein Name vorgeschlagen wurde, hiess es: «Den wollen wir nicht bei uns.» Ich trat dann still zur Seite und schaute zu, merkte mir aber diese Burschen sehr genau und wich ihnen entsprechend aus.

Die Erntezeiten gingen schnell vorüber, und es gefiel mir, dass ich immer mehr mithelfen konnte. So lief die Zeit sehr schnell und am Abend konnte ich gut einschlafen. Als das Laub von den Bäumen fiel, hatte auch der von der Gemeinde angestellte Strassenarbeiter viel zu tun. Wenn er beim Wald arbeitete, stellte er sein Fahrrad meistens bei uns neben dem Kastanienbaum ab und ging zu Fuss die steile Strasse in den Wald herunter. Eines Abends, als ich gerade die Futterkrippe gereinigt hatte, kam der Wegmeister und kontrollierte das Hinterrad seines Velos. Dann lehnte er es wieder an den Baum, kam zu mir, packte mich an der Schulter und zog mir mit voller Wucht an den Haaren. Ich begann zu schreien. Grösu trat aus dem Stall und fragte, was das solle. Der Gemeindearbeiter entfernte sich und rief: «Dieser Taugenichts soll mir nicht noch mal die Luft bei meinem Fahrradreifen rauslassen!» Grösu wandte sich zu mir: «Das hast du doch sicher nicht gemacht, oder?» «Nein, ich bin doch nicht blöd!» «Das ist die Hauptsache, dass du das nicht gemacht hast», sagte er noch und hatte das Thema damit abgeschlossen. Aber für mich war überhaupt nicht alles in Ordnung. Wieder eine ungerechte Strafe, und wieder löste sie eine sehr grosse Wut und Hass in mir aus. Bei der nächsten Gelegenheit erzählte ich Christoph vom Zwischenfall mit dem Strassenarbeiter. «Kannst du nichts dagegen machen?», wollte er von mir wissen. «Nein, ich kann nichts tun, und ich kann von niemandem Hilfe erwarten», erwiderte ich. «Das sollte der Wegmeister mal mit mir machen, dann bekäme er es mit meinen Eltern zu tun, und wie!», sagte Christoph mit drohender Stimme. «Warum hilft mir eigentlich niemand?», fragte ich mich.

Im Herbst gab es wie immer viel zu tun. Wie alle freute ich mich natürlich auf die langen Herbstferien, auf den Winter hingegen nicht – wegen der Kälte im Gaden. Der erste Schnee fiel, alles wurde viel ruhiger, Grösu ging wieder Schweine schlachten und Hansruedi Bäume schneiden. Eines Tages kam Christoph mit dem Schlitten, und wir sausten den steilen Hang herunter. Als wir eine Verschnaufpause einlegten, erzählte er mir: «Ich war letzte Woche mit meinem Vater im Nachbardorf. Während der Rückfahrt konnte ich beobachten, wie der Strassenarbeiter unweit der Postautohaltestelle seinen Rucksack von einem Tannenast abhängte und das Zvieri einnahm.» Dann schlug Christoph vor: «Lass uns die Strasse hinuntergehen, das Essen aus dem Rucksack nehmen und das Getränk ausleeren.»

«Das finde ich eine super Idee. Rache ist süss», sagte ich. Zwei Tage später war es so weit: Am frühen Nachmittag fuhren wir mit dem Schlitten den Hang herunter, versteckten unser Gefährt im Wald und machten uns zu Fuss auf den Weg in Richtung Postautohaltestelle. Um im Tiefschnee keine Spuren zu hinterlassen, liefen wir auf der Strasse. Begegnet war uns bis jetzt niemand. Vorsichtig hielten wir Ausschau nach dem Strassenarbeiter und sahen, wie er etwa 200 Meter weiter unten die Wasserabläufe vom Schnee freischaufelte. Eilig nahmen wir seinen Rucksack von der Tanne hinunter, steckten das Zvieri ein und schütteten den Kaffee aus. Anschliessend hängten wir den Rucksack wieder auf und machten uns auf den Heimweg. Brot und Käse deponierten wir für die Füchse, die Schokolade assen wir mit Vergnügen. Dabei stellten wir uns das Gesicht des Gemeindearbeiters vor, wie er den leeren Rucksack entdeckte. Am Abend im Bett verspürte ich ein kleines Angstgefühl wegen unseres Streichs, aber ich war auch glücklich, dass er uns gelungen war und ich dem Wegmeister damit etwas zurückzahlen konnte für seine völlig ungerechte Strafe mir gegenüber.

Weihnachten ging im gewohnten Rahmen vorbei. Von der Gotte erhielt ich das übliche Geschenk, von der Pflegemutter Unterwäsche und Socken und von Hansruedi Holzplatten zu den Laubsägen. Nach Neujahr fiel eine grosse Menge Schnee, es wurde minus 20 Grad. In meinem Gaden blieben die Fenster vollständig zugefroren, und der Schnee im Zimmer, bei der Eingangstür, blieb tagelang liegen. Auch meine Schuhe neben dem Nachttisch waren am Morgen zugefroren. Ich bekam heftige Halsschmerzen und konnte kaum noch sprechen. Martha gab mir Hundefett als Heilmittel – ich musste mich extrem überwinden, um das zu schlucken. Dann salbte ich den Hals ein, legte ein Tuch darum und ging ins Bett. Wegen der enormen Kälte konnte ich stundenlang nicht einschlafen, und ich befürchtete, ich könnte erfrieren oder schwer krank ins Spital eingeliefert werden. Am Morgen fragte niemand nach meinem Befinden. Einzig der Lehrerin fiel mein schlechter Gesundheitszustand auf. Sie sagte, ich könne nach Hause gehen, wenn es nicht gehe. Es ging tatsächlich fast nicht mehr, aber ich wagte es nicht, nach Hause zu gehen. So kämpfte ich mich zwei Wochen lang durch und hatte dabei den Eindruck, dass einzig der Hund und die kleinen Kälber merkten, dass es mir nicht gut ging.

Zwei neue Familienmitglieder

Die Märzsonne liess den Schnee langsam wegschmelzen, und es wurde endlich wieder wärmer. Ich freute mich sehr auf den Frühling. Mit dem Beginn des Schuljahrs 1955 kam ich in die vierte Klasse, das letzte Jahr der Unterschule. An einem Sonntag Anfang Mai stellte ich wieder eine gewisse Hektik in der Küche fest. Es wurde alles auffällig sauber gemacht, und schon früh bereitete Martha verschiedene Sachen vor. «Die Tochter Dora kommt sicher wieder mit ihrer Familie», dachte ich. Doch um 12.30 Uhr hielt das Postauto an und eine junge Frau stieg aus, sonst niemand. Hansruedi ging ihr entgegen und umarmte sie kurz, dann traten die beiden in die Küche und wurden von Grösu und Martha begrüsst. Die Frau gab auch mir die Hand und sagte sehr freundlich: «Ich bin Heidi, schön, dass ich dich endlich kennenlerne. Hansruedi hat mir schon so viel von dir erzählt. Geht es dir gut?» «Ja, es geht mir gut, danke», antwortete ich und fand Heidi auf Anhieb sehr sympathisch. Doch am Abend im Bett machte ich mir Gedanken über Hansruedi und seine Freundin: «Wie geht das nun weiter, werden sie bald heiraten und Kinder kriegen? Muss ich dann weg von hier, wenn es keinen Platz hat?»

Am nächsten Tag wollte Hansruedi von mir wissen, wie mir Heidi gefiel. «Sehr gut. Wirst du bald heiraten?», fragte ich. «Ja, in vier Wochen», war die Antwort. «Ende Mai also – das ist ja schon bald», dachte ich und freute mich, dass Heidi bald auch hier wohnen würde. Am letzten Samstag im Mai war es so weit. Bevor ich zur Schule ging, sagte Hansruedi zu mir: «Nach den Stallarbeiten gehen wir. Du kannst bei Hofers zu Mittag essen, aber vorher musst du noch schnell im Stall vorbeischauen und die Kuhfladen wegnehmen, sonst legen sich die Kühe drauf. Emil von Hofers kommt am Abend die Kühe melken und hilft beim Füttern und Misten. Du musst nur die Futterkrippe reinigen und mit der Milch in die Käserei.» Als ich beim Schulhaus eintraf, rief mir Christoph freudig zu: «Heute kommst du zu mir zum Mittagessen, das wird super!» Nach dem Unterricht kam er mit mir in den Stall und ich verrichtete meine Arbeit, bevor wir rüber zu Hofers gingen. Am Mittagstisch sagte Emil zu mir: «Heute erledigen wir zusammen die Arbeiten im Stall, ich komme kurz nach 17 Uhr.» «Ja, ich reinige die Futterkrippe und gehe in die Käserei», antwortete ich ihm. «Das ist gut so», meinte er. Nach dem Dessert – Zwetschgenkuchen mit Rahm – verliessen die vier Angestellten den Tisch. Sie hatten jetzt eine Stunde Ruhe.

Frau Hofer wandte sich an mich: «Hansruedi heiratet also heute seine Heidi, und du kannst nicht mit?» «Nein, jemand muss doch die Kuhfladen wegnehmen, die Arbeiten im Hühnerstall erledigen, und der Hund wäre ja sonst auch allein», war meine Antwort. Frau Hofer lachte. «Mit Heidi bekommt Hansruedi eine sehr fleissige und liebe Frau, sie war ein Jahr bei uns angestellt, so lernten die zwei sich kennen.» «Ja, Heidi war auch sehr gut zu mir», hörte ich nun von Christoph. Dann gingen wir in sein Zimmer und spielten noch einen Moment, bevor ich wieder nach Hause zurückkehrte. Bläss empfing mich liebevoll und blieb immer an meiner Seite – er kam mit zum Hühnerhaus und wartete vor der Tür, während ich die Eier holte. Am Abend erschien Emil und besorgte die Arbeiten im Stall, ich ging in die Käserei. Zum Abendessen standen in der Küche Brot, Käse und Kakao für mich bereit. Als es dunkel wurde, schaute ich noch einmal in den Stall und ging danach ins Bett. Ich war nicht traurig, dass ich beim Hochzeitsfest nicht dabei sein durfte, jemand musste ja zu Hause sein, zu Bläss schauen und die Arbeiten erledigen. Doch einschlafen konnte ich trotzdem lange nicht. Irgendwann in der Nacht erwachte ich und hörte, wie sich mehrere Leute verabschiedeten. Etwas später betrat Hansruedi den Gaden und erklärte: «Ich schlafe heute Nacht ausnahmsweise hier, eine Frau übernachtet bei Heidi im Zimmer.» Er stieg in sein altes Bett und ich schlief wieder ein. Am Morgen stand Hansruedi früh auf und ging in den Stall – ich folgte ihm. Beim anschliessenden Frühstück wunderte sich Martha, warum ich früher als sonst aufgestanden sei. «Ich konnte nicht mehr schlafen», antwortete ich. Dann gesellten sich Heidi und eine weitere Frau zu uns. Erstere erkundigte sich bei mir: «Hast du gut geschlafen?» Ich bejahte. Im weiteren Verlauf des Gesprächs fiel mir auf, dass Heidi ihre Schwiegereltern siezte, was sich auch später nicht änderte und mir sehr seltsam vorkam. Als ich am Abend mein Zimmer betrat, stellte ich fest, dass Heidi mein Bett in Ordnung gebracht hatte. Ich dankte ihr dafür, woraufhin sie meinte: «Das ist schon gut, ich mache dir das Bett von nun an immer.»

Die üblichen Frühlingsarbeiten standen an – zum Beispiel mussten die abgeschnittenen Zweige von den Bäumen eingesammelt und an den Waldrändern das Laub zusammengekehrt werden. Diese Tätigkeiten konnte ich nun mit Heidi erledigen, die mir dabei von ihrem elterlichen Landwirtschaftsbetrieb und ihren Geschwistern erzählte. Es war sehr angenehm mit ihr, auch wenn es immer viel zu tun gab und die Arbeiten anstrengend waren. Wir halfen Hansruedi und Grösu beim Pflügen, Vorbereiten und Bepflanzen der Felder, erstellten einen neuen Gemüsegarten und ernteten die Kirschen und die Zwetschgen. Auch beim Heuet konnte ich nun schon sehr gut mithelfen. Daneben hatte ich immer die mir anvertrauten Arbeiten zu erledigen. So verging die Zeit wie im Fluge, und ich freute mich auf die Herbstferien und die Kartoffelernte. Auch bei Letzterer kamen wir schneller vorwärts als früher. Sowohl beim Auflesen der Kartoffeln als auch bei der Getreideernte plauderte Heidi mit mir, wobei sie mir beispielsweise von ihrer Zeit bei Paul und Karin Hofer erzählte. So erfuhr ich immer wieder einige Neuigkeiten.

An einem Sonntag holte mich Christoph ab und berichtete aufgeregt: «Mein Vater hat von der Schmiede

Carbid heimgebracht, damit kann man kleine Explosionen verursachen. Man muss aber aufpassen, denn es ist nicht ungefährlich.» Er holte eine circa 15 Zentimeter hohe Blechbüchse, machte ungefähr 5 Zentimeter ab Boden ein kleines Löchlein rein und befüllte sie mit wenig Wasser und einem kleinen Stück Carbid. Es begann zu zischen. Christoph verschloss die Büchse und legte einige kleine Steine auf den Deckel, bevor er nach drei Minuten ein Zündholz anzündete und es mit gestrecktem Arm in die Nähe des Loches hielt. Schon knallte es – der Deckel flog samt den Steinen in die Luft. Paul Hofer schaute uns zu und warnte: «Passt aber auf mit dem Zeug!» «Ja, machen wir!», rief Christoph zurück. So knallte es noch einige Male an diesem Nachmittag. Als ich Hansruedi davon erzählte, lachte dieser nur und meinte: «Typisch Paul Hofer.»

Der Sommer und der Herbst neigten sich langsam dem Ende zu, und schon bald begann die eher unbeliebte Winterzeit. Als interessantes Ereignis stand im November das Getreidedreschen an. In meinem Gaden wurde es wieder bitterkalt. Ausserdem hörte ich eines Abends ein Raffeln an der Decke – rechts hinter dem hohen schwarzen Schrank. Ich nahm einen Schuh und schlug an der entsprechenden Stelle heftig an die Decke, danach hörte das Geräusch auf. Am Sonntagvormittag, als alle anderen die Predigt besuchten, schaute ich mal, was sich eigentlich in diesem Schrank befand. Alte Kleider wie Pullover, Hosen, Jacken und Hemden kamen zum Vorschein. Darunter fand ich zwei grosse, dunkle Bücher mit der Aufschrift «In den Schluchten des Balkan». Ich begann, im Bett zu lesen, hatte aber nicht genug Licht. Schliesslich holte ich in der Werkstatt in einer Schublade eine Taschenlampe und las manchmal so lange, bis die Uhr unten in der Stube zwölfmal schlug. Die Geschichte, geschrieben von Karl May, war sehr spannend und lenkte mich auch ein wenig von der Kälte im Zimmer ab. Nicht ignorieren konnte ich hingegen das Raffeln hinter dem Schrank, das ich immer wieder hörte. Als ich eines Morgens Hansruedi davon erzählte, meinte er: «Direkt über dem Gaden ist der Strohstock, da hat es immer Mäuse, und die sind halt in der Nacht nicht ruhig.» Mäuse wären ja das eine, aber beim Dreschen waren dort auch riesengrosse Ratten zum Vorschein gekommen, die Bläss eine nach der anderen totgebissen hatte. Mit der Zeit stand ich nicht mehr auf, um mit dem Schuh an die Decke zu schlagen, wenn ich das Raffeln vernahm. Eines Abends raschelte es dauernd, bis das Geräusch unvermittelt stoppte und ich merkte, dass gerade etwas hinuntergefallen war. Ich stieg blitzartig aus dem Bett, zündete mit der Taschenlampe in die Ecke beim Schrank und erblickte eine grosse schwarze Ratte, die mich anschaute und dann hinter dem Schrank verschwand. «Was machst du da oben? Sei jetzt ruhig und geh ins Bett!», rief die Mutter von unten energisch. Es war Samstag, Hansruedi und Heidi waren nicht da. «Was mache ich nun? Ich könnte Bläss holen, aber die Ratte ist jetzt hinter dem Schrank und ich soll mich doch ruhig verhalten», ging mir durch den Kopf. Danach fand ich lange keinen Schlaf – ich hasste Ratten, hatte grossen Respekt vor ihnen und wusste, dass ihre Bisse eine Blutvergiftung auslösen. Im Zimmer war es jetzt verdächtig ruhig. Ich zog mir schliesslich die Bettdecke über den Kopf und schlief irgendwann ein. Am Morgen stand ich viel früher auf als sonst und ging in den Stall. Dort wandte ich mich sofort an Hansruedi, der sich nach der Käserei mit mir und dem Hund zum Gaden aufmachte. Bläss schnupperte überall und näherte sich dem grossen Schrank, den Hansruedi hin und her zu bewegen versuchte. Plötzlich schnappte der Hund zu, schleuderte die Ratte ins Zimmer und biss nochmal zu, dann war sie tot. Ich holte einen Eimer und entsorgte das Tier im Wald. Nach dem Morgenessen nahm ich in der Werkstatt ein Stück Holz und verschloss damit das Loch in der Decke. Als ich Christoph von diesem Zwischenfall erzählte, befand er: «In diesem Zimmer würde ich nicht mehr schlafen.»

Während meines Besuchs bei Hofers entdeckte ich ein Paar Skier neben der Haustür. «Das sind die Skier meiner Schwester, jetzt gehören sie mir. Hat es für dich keine Skier?», wollte Christoph wissen. Wir gingen zu mir nach Hause und fragten Hansruedi. «In der Werkstatt liegen schon noch sehr alte Skier herum, aber die sind wohl nicht mehr fahrtüchtig, und passende Schuhe hast du ja auch nicht.» Nichtsdestotrotz stiegen Christoph und ich in der Werkstatt die Leiter hoch und fanden dort oben tatsächlich zwei Paar Ski samt Stöcken. Das eine war etwas kürzer und mit einer Bindung aus Lederriemen versehen, die wir ungefähr auf meine Winterschuhe einstellen konnten. So begaben wir uns zum Hang in der Nähe des Hauses. Anfangs war ich fast mehr am Boden als auf den Beinen, wie Christoph auch. Zudem konnte ich nur gerade hinunterfahren, lenken war nicht möglich. Nach einer Weile holten wir die Schlitten hervor und wechselten von da an zwischen Skifahren und Schlitteln ab.

An Weihnachten half Heidi der Mutter in der Küche. Es gab zuerst ein feines Essen, dann durften wir in die Stube. Hansruedi schenkte mir wieder Holz und Sägeblätter für meine Laubsäge, von Heidi erhielt ich einen schönen Winterpullover. Die Mutter überreichte mir Unterwäsche und ein weiteres Hemd, das sie aus dem Stoff von meiner Gotte angefertigt hatte. Als die Kerzen ausgelöscht waren, gab es dieses Jahr zum ersten Mal noch Kuchen und Tee.

Der Winter 1956 war sehr kalt, und so reichte der Holzstapel zum Heizen, den ich jeden Mittag auffüllte, nicht für den ganzen Tag. Deshalb schlug mir Heidi vor, neben dem Ofen neu jeweils zwei Stapel zu machen. Am nächsten Tag, als ich die zweite Beige zur Hälfte aufgefüllt hatte, kam die Mutter, warf sie um und schimpfte: «Ich will nur einen Stapel Holz, du kannst ja am Abend nochmal auffüllen, wenn es notwendig wird. Das Holz auf dem Küchenboden kannst du wieder in den Holzschopf zurücktragen.» Also füllte ich einen Korb mit dem Holz und ging in Richtung Schopf. Draussen begegnete mir Heidi, die wissen wollte, was ich mache. Ich klärte sie auf, Heidi schüttelte nur den Kopf.

Langsam neigte sich der sehr kalte und schneereiche Winter dem Ende entgegen. Ich war mehrmals erkältet und litt immer wieder unter Hals- und Schluckweh. Flüssiges Hundefett und Salbe versprachen Abhilfe, doch das dauerte jeweils einige Tage. Auch Heidi ging es im Frühjahr manchmal nicht gut – aber aus einem anderen Grund: Sie erwartete ein Kind. Als die Märzsonne strahlte, begannen auf dem Feld wieder die ersten Arbeiten. An meinem Geburtstag fiel noch einmal eine Menge Schnee, der aber nach zwei Wochen der Sonne weichen musste. Anfang April fing der Schulunterricht in der Oberschule an. Hier wurden fünf Klassen zusammen unterrichtet, daher war ich nun mit meinen Brüdern Edwin und Paul und mit meinen Schwestern Renate und Hanna im selben Schulzimmer.

An einem Samstag hielt Bauer Fritz Balmer bei uns an und sprach kurz mit Hansruedi, der am nächsten Tag im Wagenschuppen Platz freimachte. Als ich mich bei ihm nach dem Grund erkundigte, sagte Hansruedi: «Balmers haben einen neuen Motormäher gekauft, und ich darf den alten gratis haben.» Am Montagabend schaute ich Hansruedi neugierig dabei zu, wie er den sehr alten Motormäher vorsichtig startete, und liess mir von ihm alles erklären. Beim Feld angekommen, senkte Hansruedi den Mähbalken auf den Boden, schaltete das Mähmesser ein und los ging es. Das Gras liess sich sauber mähen und blieb in zwei kleinen Walmen liegen. Grösu zeigte sich erstaunt, als Hansruedi mit dem Mäher zum Wagenschopf zurückfuhr. «Schon fertig?», fragte Ersterer ungläubig. «Ja, das geht sehr schnell. Morgen kannst du mit dem Mäher mähen», meinte Hansruedi im Spass. «Dieses Gefährt werde ich nie berühren, das wird Christian eher begreifen als ich.» Hansruedi lachte und entgegnete: «Ja, dieses Gefühl habe ich auch.»

Im Mai war Heidi nun schon ein Jahr auf dem Hof. Ich mochte sie sehr, sie war wirklich sehr nett zu mir. Gleichzeitig fiel mir aber auf, dass ihr Verhältnis zu Martha und auch zu Grösu nicht besonders gut war.

Letzterer sprach wenig oder nie mit seiner Schwiegertochter, und sein Alkoholproblem hatte sich verschlimmert. Er trank sehr viel «Suure Moscht» – das 100-Liter-Fass im Keller war immer wieder leer. Auch Mutters Verhalten gegenüber Heidi fand ich eher bescheiden und kühl. Trotz ihrer fortschreitenden Schwangerschaft half Heidi überall mit und erledigte leichte Arbeiten. Hansruedi forderte sie ab und zu auf, es ruhiger angehen zu lassen und zu sich Sorge zu tragen. Am 30. Juli war es schliesslich so weit: Mit der Geburt von Tochter Marianne wurden sie glückliche Eltern. Nach ein paar Tagen konnte Heidi das Spital verlassen und mit Marianne nach Hause kommen. Heidi rief mich manchmal zu sich ins Zimmer, wenn ich daran vorbeiging, und so konnte ich die Kleine beobachten. Am Sonntag, zwei Wochen nach Mariannes Geburt, besuchten uns Heidis Eltern Emil und Anna. Heidi freute sich sehr darauf und ich mich ebenso, obschon ich die Gäste nicht kannte. Während des Essens sagte Emil zu mir: «Ich habe von Heidi erfahren, dass du schon sehr viel arbeitest auf dem Hof. Das ist sehr schön, solche Hilfe kann man immer gebrauchen.» Ich sah der Mutter an, dass sie das gar nicht gerne hörte, und genoss die Situation sehr.

Auch im Sommer zündeten Christoph und ich wieder Carbid an, das laut knallte und Paul ebenso erfreute wie uns zwei. Für den 1. August schenkte Hansruedi mir drei Franken. Damit konnte ich 20 Knaller und eine kleine Rakete kaufen. Zum ersten Mal musste ich nun nicht nur zuschauen, wie andere Feuerwerke zündeten, sondern konnte selbst auch mitmachen. Von den «Chracher» nahm ich noch einige mit nach Hause. Als Christoph und ich Tage später beim Waldrand an der Strassenböschung ein Wespennest entdeckten, zündeten wir einen nach dem anderen und warfen die Knaller direkt vor den Eingang. Das Wespennest ging uns auch danach nicht aus dem Sinn. An einem Samstag, als Grösu pflügen wollte, gingen Christoph und ich wieder zur Böschung und befestigten an einem Haselstrauchast eine lange Schnur. Dann steckten wir den Ast in das Wespennest und versteckten uns im Wald. Von dort hörten wir, wie Grösu mit dem Pferd Fanny schimpfte, weil sie auf der Strasse immer wieder stehen blieb und nicht mehr vorwärtsgehen wollte. Als sich die beiden unmittelbar neben dem Wespennest befanden, zogen wir heftig an der Schnur. Fanny schreckte auf und konnte von Grösu kaum mehr festgehalten werden. Er schrie: «Spinnst du heute total? Bis jetzt hast du ständig angehalten und jetzt plötzlich willst du ausbrechen.» Ich eilte durch die Hofstatt nach Hause und ging dann zu Grösu aufs Feld, der mich warnte: «Du musst aufpassen, Fanny spinnt total. In der Steigung hielt sie immer an, und als wir am Wald entlang gingen, schlug sie plötzlich ein horrendes Tempo an, sodass ich beinahe zu Fall kam.» Das Pferd wurde sicher von einigen Wespen gestochen, doch das sagte ich dem Vater nicht.

Im Herbst konnte Heidi bei der Zwetschgenernte wieder voll mithelfen. Auch ich war bei den meisten Arbeiten eine Hilfe, die Kartoffeln las ich mittlerweile sogar schon viel schneller auf als Grösu. Wenn er sah, dass er meinem Tempo nicht folgen konnte, sagte er: «Beeile dich doch nicht so, ich kann nicht ganz mithalten und die Kartoffeln werden uns ja nicht gestohlen.» Während wir Erntearbeiten ausführten, wurden die Tage kürzer und die kalten Tage machten sich bemerkbar – keine schöne Zeit für mich, in meinem Gaden fror ich wieder stark. Ausserdem waren meine Winterschuhe offensichtlich zu klein. Als ein Schuhverkäufer bei uns vorbeikam, erhielt ich neue. Hansruedi sagte der Mutter, dass sie für mich Schuhe kaufen solle, die sich auch zum Skifahren eignen würden. Das brachte ihm einen vorwurfsvollen Blick von Martha ein. Der Schuhverkäufer holte ein geeignetes Paar hervor, das aber mehr kostete. Ich probierte die Schuhe an, sie passten. Ich war froh um das neue Schuhwerk, weil ich mittlerweile auch im Winter mit der Milch in die Käserei ging. Am Hundeschlitten war eine Petrollampe montiert, die mir im Dunkeln etwas Sicht ermöglichte. Auf ebener Strecke und im Gefälle konnte ich auf einer Kufe stehend mitreiten, sonst musste ich den Weg zu Fuss zurücklegen.

Kurz vor Weihnachten erkrankte das Pferd Jöggu schwer. Es hatte den ganzen Tag nichts gefressen und nur sehr wenig getrunken. Als ich am Morgen zur Schule ging, fuhr der Tierarzt mit seinem Jeep vor. In der zweiten Pause sagte Christoph zu mir: «Was ist los bei euch? Schau, der Pferdemetzger ist vorgefahren.» Ich konnte mich nicht mehr auf den Unterricht konzentrieren, eilte nach der Schule nach Hause und fand einen leeren Pferdestall vor. Grösu bestätigte meine Befürchtung: «Jöggu ist tot – ich musste ihn erschiessen, er hatte eine Darmverwicklung.» Obwohl mich das Pferd einige Male heftig gekniffen hatte, war ich über diese Neuigkeit sehr traurig. Ausserdem bedrückte mich das Gespräch zwischen dem Vater und Hansruedi, die am Abend diskutierten, wie es nun weitergehen solle. Fanny, das Pferd von Frauchigers, sei ja nun schon sehr alt und schwach. Mit ihr könne man in Zukunft auch nicht mehr rechnen, und Beat Frauchiger wolle nach Fanny kein Pferd mehr anschaffen, weil es sich nicht lohne. Ich realisierte, dass damit für Hansruedi ein grosses Problem entstand, und machte mir im Bett Gedanken über die Zukunft.

Als wir im Winter von Gras- auf Heufütterung umstellten, erhielt ich eine weitere Arbeit zugeteilt. Neu musste ich das «Gläck», quasi die Vorspeise vor dem Heu, für die Kühe selbst zubereiten. Dafür brauchte es zwei Körbe Weizenkleie, vier Schaufeln Weizenmehl und zwei Körbe geschnetzelte Rüben. Letztere waren im Keller gelagert. Ich füllte jeweils circa 20 Kilogramm Rüben in einen Korb, trug diesen die Treppe hoch in die Tenne und gab immer zwei oder drei gleichzeitig in den Rübenschnitzler. Dann drehte ich mit aller Kraft an der Kurbel, durch die scharfen Messer wurden die Rüben in kleine Stücke geschnitten. Anschliessend vermischte ich alles und gab eine Kanne Wasser mit circa 300 Gramm Salz dazu. Immer um 17.30 Uhr füllte ich das «Gläck» mit einer Schaufel in die zuvor gereinigte Futterkrippe der Kühe. Als ich an einem Samstagmittag gerade einen Korb Rüben die Kellertreppe hochtrug, erschien Christoph mit den Skiern. «Kommst du auch Skifahren?», rief er mir zu. «Ich muss zuerst die Arbeit erledigen, danach gerne», antwortete ich. Mein Schulfreund lehnte seine Skier an die Hauswand und kam mit in den Keller. Wir befüllten den Korb mit Rüben und trugen ihn hinauf in das Tenn. Dort drehte ich mit voller Kraft die Kurbel und Christoph warf die Rüben in den Schnitzler. «Das ist aber eine sehr schwere Arbeit, musst du das jeden Tag machen?», wollte er wissen. «Ja, nur am Sonntag nicht, weil ich am Samstag die doppelte Menge vorbereite.» Als wir damit fertig waren, machten wir uns auf zum gegenüberliegenden Hang – immer öfter fuhren wir dort Ski oder Schlitten. Mit den neuen Schuhen stand ich viel sicherer auf den Skiern, und Hansruedi hatte mir beim Anpassen der Bindung geholfen. Zurück vom Skifahren schimpfte die Mutter am Abend mit mir: «Ich will nicht, dass Christoph mit dir in den Keller kommt, der hat dort nichts verloren!» «Er half mir doch nur, die Rüben hinaufzutragen», sagte ich leise. «Ich will das nicht. Das ist deine Arbeit und geht Christoph nichts an!», war ihre unmissverständliche Antwort.

Schon bald stand wieder Weihnachten vor der Tür. Alles verlief wie im Jahr zuvor, nur die kleine Marianne war das erste Mal dabei. Martha hatte ihr eine Mütze und Handschuhe gestrickt. Grösu wurde wieder mit Wein beschenkt. Hansruedi und Heidi überreichten mir ein Paar Sonntagshosen, die ich gleich anprobierte – sie passten gut. «Die sind nur für sonntags, für den Besuch der Sonntagsschule, aber nicht zum Spielen mit Christoph», sagte die Pflegemutter sehr bestimmt. Ich bejahte leise, bedankte mich zuerst bei Hansruedi und Heidi für das grosse Geschenk und danach auch noch bei Grösu und der Mutter für die Unterwäsche und die Schokolade. Im Bett hörte ich wieder Marthas Worte wegen der neuen Hosen. «Ich habe sie ja nicht einmal von ihr geschenkt bekommen», dachte ich betrübt.

Eines Morgens passierte mir ein Missgeschick in der Schule. Kurz nach 8 Uhr ging der Lehrer an mir vorbei, gerade als ich ein Heft aus dem Pult nehmen wollte. Dabei glitt mir der Pultdeckel aus den Händen, und es gab einen heftigen Knall. Der Lehrer erschrak enorm und schickte mich unverzüglich nach Hause. Ich verliess das Schulzimmer, begab mich zur Toilette und überlegte dort, wie ich nun dieses Problem lösen könnte. Schliesslich schlich ich mich durch die Hofstatt in die Einfahrt, kletterte auf den Heustock und wartete, bis am Mittag die anderen Schulkinder nach Hause gingen. In diesem Moment rutschte ich durch das Strohloch in den Kuhstall hinunter, nahm eine Gabel und entfernte die Kuhfladen. Grösu erschien in der Stalltür und rief mir zu: «Ah, du bist ja schon an der Arbeit.» Wie jeden Tag ging ich danach durch die Küche in den Gaden. Alles verlief so weit nach Plan. Am Nachmittag weihte ich Christoph ein, der mein Vorgehen sehr raffiniert fand. Wir hofften beide, dass der Lehrer meine Pflegemutter nicht informieren würde. Und für einmal stand das Glück tatsächlich auf meiner Seite: Martha erfuhr nichts von diesem Vorfall.

Als es langsam dem Frühling entgegenging, fuhr Hansruedi an einem Samstag mit dem Postauto weg und kam erst am Abend für die Stallarbeiten wieder heim. Wo er war, vernahm ich nicht, vermutete aber, dass er sich nach einem Pferd umgesehen hatte. Einige Tage später machte Hansruedi im Wagenschuppen Platz frei. Auf mein neugieriges Fragen hin erklärte er: «Wir benötigen einen Ersatz für Jöggu.» «Aber warum machst du hier Platz? Der Pferdestall ist ja leer, und hier hat es auch keine Futterkrippe», erkundigte ich mich verwirrt. «Nicht für ein Pferd, ich habe einen kleinen Traktor gekauft.» «So einen Traktor wie Hofers haben, einen Hürlimann?», bohrte ich nach. «Nein, nicht so einen grossen. Und sag es nicht weiter, das würde sicher zu reden geben», antwortete Hansruedi. Ende Februar entdeckte ich bei meiner Heimkehr von der Schule den neuen Traktor, einen orangefarbenen Fiat Piccola 18. «Das ist ein mageres Gefährt», befand Grösu. «Es wird reichen für uns, etwas anderes konnte ich mir nicht leisten», entgegnete Hansruedi. Am Samstag kam der Traktor zum ersten Mal zum Einsatz, als wir in den Wald fuhren und Holz heimführten. Ich beobachtete interessiert, wie Hansruedi den Traktor bediente, und staunte, wie schwer der Wagen beladen werden konnte. Ein Pferd hätte dieses Gewicht in den Steigungen nicht zu ziehen vermocht, doch der kleine Fiat schaffte es problemlos. Ich merkte, dass der Traktor nicht nur mich faszinierte, sondern auch Hansruedi Freude daran hatte. Sogar andere Leute blieben stehen oder schauten uns nach, und am Sonntag kamen Christoph und Paul Hofer vorbei, um sich die Neuanschaffung anzusehen. Mitte März schmolz der Schnee weg, und die Arbeiten auf dem Feld begannen. Ein Stück Land musste noch umgepflügt werden, um Sommergerste anpflanzen zu können. Hansruedi und ich rückten mit Traktor und Pflug aus. Ich fuhr mit dem Gefährt jeweils bis zum Ende des Felds, dort musste der Pflug von Hand gewendet werden. Trotzdem ging es flott vorwärts, und nach drei Stunden – doppelt so schnell wie mit den Pferden – war das Feld gepflügt. Als wir nach Hause kamen, sagte Hansruedi zu Grösu: «Ich fahre noch mit der Egge über das gepflügte Feld, in etwa einer Stunde bin ich damit fertig.» «Willst du nicht zuerst das ganze Feld umpflügen und morgen mit der Egge fahren?», fragte der Vater. Ich lachte. «Was gibts da zu lachen?», wollte er wissen. «Wir sind schon fertig mit Pflügen», sagte ich stolz, woraufhin sich Grösu erstaunt zeigte. Am nächsten Tag konnten wir bereits die Gerste säen. Nach einigen Wochen war Hansruedis Anschaffung schon weit herum bekannt. Einige Söhne von Landwirten mit Grossbetrieben spotteten, das sei doch kein Traktor, sondern eher ein Spielzeug. Sogar Landwirte, die noch gar keinen Traktor besassen, waren dieser Meinung. Ich reagierte aber gar nicht auf solche Aussagen.

Am 1. April 1957 war ich nun schon fünf Jahre bei Gerbers. Heidi und Hansruedi schenkten mir zum Geburtstag ein Überkleid. Die Mutter übergab mir wieder ein Hemd, angefertigt aus dem Stoff, den mir meine Gotte gekauft hatte.

An einem Samstag kam Christoph ganz aufgeregt zu mir. «Ich habe grosse Neuigkeiten, mein Vater hat ein Auto gekauft. Er kann es heute Nachmittag abholen, aber sag es nicht weiter.» Und tatsächlich sah ich einige Stunden später ein graues Auto langsam vorbeifahren. Hinter dem Lenkrad sass Paul Hofer. Am nächsten Vormittag besuchte ich Christoph, der mir das neue Auto der Marke Wolseley stolz präsentierte. Paul kam aus der Küche und sagte: «Steigt ein, wir fahren mal aus.» Ich nahm auf dem Rücksitz Platz und rutschte in die Mitte, damit ich alles überblicken konnte. Paul fuhr mit uns ins Nachbardorf, auf der Hauptstrasse erreichten wir eine Höchstgeschwindigkeit von knapp 100 Stundenkilometern – ein richtiges Erlebnis für uns zwei Knaben! Auf dem Rückweg fuhr Paul ganz langsam an unserem Haus vorbei und hupte kurz, als er Grösu sah. Dieser schaute uns ahnungslos nach. Als ich heimkam, sagte ich zum Vater: «Hast du Paul und uns mit dem Auto erkannt?» «Mit welchem Auto?», fragte er verwirrt. «Vor circa fünf Minuten, das graue Auto, Paul drückte doch auf die Hupe», erklärte ich. «Ah, das wart also ihr, seit wann hat er denn ein Auto?» Nach Käser Fred Wenger, dem Gemeindeschreiber und dem Posthalter war Paul Hofer der vierte Autobesitzer in der Gemeinde. Die Mutter und Hansruedi sagten nichts zu dieser Neuigkeit.

Dank dem neuen Traktor konnten wir jetzt alle Arbeiten viel schneller bewältigen als früher. Zudem war auch ich eine immer grössere Hilfe – beispielsweise unterstützte ich Hansruedi beim Aufladen des Mists, und auf dem Feld fuhr ich mit dem Traktor vorwärts, während er den Mist mit der Gabel ablud. Bald darauf stand der Heuet bevor, und die Sommerferien begannen. Bei den Arbeiten auf den Feldern half auch Heidi wieder mit. Dabei fiel mir auf, dass sich Grösu ihr gegenüber immer schlimmer verhielt – sehr schlimm sogar. Schon vor längerer Zeit hatte ich gemerkt, dass der Vater mit seiner Schwiegertochter nie ein Wort wechselte. Eines Abends kam er wieder einmal vom Keller hinauf und lief in Richtung Stall. Ich kam aus der Tenne und befand mich direkt hinter ihm. Heidi war beim Brunnen und reinigte die Milchkanne und die übrigen Kessel. Da schaute Grösu zu ihr hin und rief: «Verdammti Chöözimoore.» Heidi drehte den Kopf weg und machte weiter mit der Arbeit. Ich verstand die Welt überhaupt nicht mehr. Als ich nach dem

Nachtessen zu meinem Gaden ging, schaute ich noch kurz bei Heidi vorbei. Sie legte gerade Marianne in ihr Bettchen. Ich blickte Heidi traurig an, sagte aber nichts wegen Grösus Äusserungen. Im Bett fand ich lange Zeit keinen Schlaf. «Soll ich Hansruedi davon erzählen oder sagt Heidi etwas?», überlegte ich und entschloss dann, vorerst nichts zu tun. Leider blieb es aber nicht bei diesem einen Mal, weitere derartige Äusserungen folgten. Wenn Grösu Heidi begegnete, sagte er «Huss!» oder sogar «Huss, Soumoore!». Zu meinem Erstaunen zeigte Heidi nie eine Reaktion, obschon ich ganz sicher war, dass sie diese Beschimpfungen hörte. Das alles machte mich sehr traurig, denn Grösu war zu mir immer sehr lieb. Ich vermutete, dass der übermässige Alkoholkonsum der Grund für sein Verhalten war. So sah ich Grösu, als im Spätherbst die eingemachten Früchte zu Schnaps gebrannt wurden, mehrmals beim Schnapsbrenner degustieren. Am Abend half er nur eine Kuh melken, dann verschwand er. Beim Betreten der Küche hörte ich, wie die Mutter in der Stube mit ihrem Mann schimpfte. «Du hast kein Mass mit deiner Sauferei! Bleib auf dem Ofen sitzen, du kannst ja kaum noch stehen.» Grösu kam nicht zum Abendessen, niemand fragte nach dem Grund. Am anderen Mittag zügelte Hansruedi die Brennerei mit dem Traktor zu Hofers. Ausserdem wurden die zwei grossen Korbflaschen mit total 50 Litern Schnaps in der kleinen Vorratskammer neben Hansruedis Zimmer eingeschlossen.

In derselben Woche holte Hansruedi bei der landwirtschaftlichen Genossenschaft einige Säcke Saatkartoffeln aus den Niederlanden ab und lagerte sie im dunklen Keller. Ich erfuhr von Hansruedi, dass er zusammen mit über zehn Landwirten der Saatzuchtgenossenschaft beigetreten sei und wir im nächsten Frühling mindestens drei- oder viermal so viele Kartoffeln anpflanzen würden, um sie dann als Saatgut in die Niederlande zu exportieren. Zudem beabsichtigte er, im Winter einen zweitägigen Ausbildungskurs zum Kontrolleur zu besuchen. Seine Aufgabe sei es, in den Feldern krankhafte Kartoffelpflanzen frühzeitig zu erkennen und zu entfernen. «Das ist doch eine sehr gute Nachricht, so kann Hansruedi etwas dazuverdienen. Der Traktor hat sicher sehr viel Geld gekostet, und zwei Kühe sollen auch ersetzt werden», dachte ich.

Der Winter hielt wieder Einzug – mit viel Schnee und eisiger Kälte. Im Keller und auch im Hühnerhaus machten wir offene Stellen mit Stroh dicht. Christoph und ich fuhren ab und zu mit den Skiern oder dem Schlitten den Hang hinunter. Im Frühjahr, Anfang März, konnten wir schon einige warme Tage geniessen. Von der grossen Menge Schnee schmolz in wenigen Tagen fast alles weg. Da der Boden noch gefroren blieb, entstand unten am Hang ein ungefähr 40 Meter langer und ein Meter tiefer See. «Da könnten wir mit einem Boot hin- und herfahren», meinte Christoph begeistert. «Wir haben aber keins», erinnerte ich ihn, bevor ich in den Stall musste, um meine Arbeiten zu erledigen. Am Sonntagmorgen erschien Christoph und sah, wie ich das Waschbecken beim Miststock leerte. «Was machst du da?», wollte er wissen. «Ich habe mich gerade in der Werkzeugkammer gewaschen», erklärte ich. «Was? Da ist es doch kalt, habt ihr denn keine Badewanne?», fragte mein Schulfreund ungläubig. «Hier hat es kein Bad und auch keine Badewanne.» Christoph wechselte das Thema und erzählte aufgeregt: «Ich habe eine Idee. Auf dem Estrich vom alten Stöckli hat es eine sehr grosse alte Backmulde aus Holz. Darin hätten wir beide Platz und könnten auf dem See fahren.» Sein Vater gab uns die Erlaubnis, diese zu benutzen, und so zogen wir die Mulde an einem Seil über den Schnee zum See hinunter. Unser behelfsmässiges Schiff wackelte beim Einsteigen heftig, dann stiessen wir mit zwei Holzstangen vom Ufer ab und befanden uns schon bald in der Mitte des Sees. Wir mussten extrem aufpassen, dass die Mulde nicht kippte. Beim Nachtessen erzählte ich von unserer Fahrt, woraufhin die Mutter drohend-vorwurfsvoll meinte: «An Blödsinn mangelt es euch beiden nicht. Wehe, wenn du ins Wasser fällst, dann hörst du was von mir!» Grösu hingegen schaute mich an und grinste, auch Hansruedi machte nicht gerade eine ernste Miene. Am Mittwochnachmittag unternahmen Christoph und ich eine weitere Bootsfahrt. Alles verlief problemlos, und wenn Leute vorbeikamen, schauten sie uns zu und winkten. Christoph erzählte mir, dass auch seine Mutter nicht glücklich über unsere Idee war. Es sei gefährlich, bei dieser Kälte ins Wasser zu fallen. Nichtsdestotrotz trafen wir uns auch am Sonntag, um mit unserem Boot auf dem See zu fahren. Nach mehreren Fahrten passierte es: Beim Anschieben rutschte Christoph aus und fiel rückwärts ins Wasser. Er war total durchnässt und zitterte vor Kälte – kein Wunder bei einer Temperatur von circa drei Grad. Um nicht gesehen zu werden, liefen wir hinter den Häusern entlang auf Umwegen heim zu Christoph. Er holte in seinem Zimmer trockene Kleider, zog in der Waschküche die nassen aus und hängte sie an eine Wäscheleine, bevor wir in sein Zimmer zurückkehrten. Am Montagmorgen kam Christoph sehr erkältet und mit starkem Husten in die Schule. Die nächsten drei Tage fehlte er und lag mit Fieber im Bett. Die Freude darüber, dass zu Hause niemand sein Missgeschick bemerkt hatte, verging uns eine Woche später. Beim Zvieri fragte Karin nämlich unerwartet: «Christoph, was hast du mit deinen blauen Hosen gemacht? Das weisse Taschentuch war blau verfärbt und sah wie ein kleiner Klumpen aus.» Wir warfen uns betroffene Blicke zu und schwiegen beide, woraufhin seine Mutter nachhakte: «Ich erwarte eine ehrliche Antwort von dir, und vermutlich weiss auch Christian davon, oder?» «Ja, vielleicht schon», bestätigte ich ganz leise. Dann gab Christoph zu: «Es ist dumm gelaufen, ich bin letzten Sonntag beim Rudern ausgerutscht und ins Wasser gefallen.» «Das habe ich mir gedacht. Wie ging es dann weiter, nach dem Missgeschick?», fragte seine Mutter. Nachdem Karin die ganze Geschichte gehört hatte, meinte sie: «Ihr seid zwei richtige Lausbuben.» Paul grinste und schüttelte den Kopf. «Erfährt das meine Pflegemutter?», fragte ich leise. «Nein, sicher nicht, das bleibt unter uns», kam die erhoffte Antwort. Als die Tage länger und wärmer wurden, schmolz der Schnee weg und der See floss ab.

Am 1. April 1958 war ich nun schon sechs Jahre bei meiner vierten Pflegefamilie. Ich erhielt zum Geburtstag von Hansruedi und Heidi wieder ein Überkleid und von der Mutter zwei Hemden. In der Schule kam ich nun schon in die siebte Klasse. Die Schulzeugnisse waren immer in Ordnung. Auch zu Hause lief alles wie gewohnt, und es gab immer viel zu tun. Beispielsweise schnitt Hansruedi die Bäume, dann sammelten Heidi und ich die Äste zusammen. Als die Felder abgetrocknet hatten, begannen Hansruedi und ich mit dem Pflügen für den grossen Kartoffelacker. Anfang Mai pflanzten wir die holländischen Saatkartoffeln. Auch in den Sommerferien erwartete mich sehr viel Arbeit. Leider musste ich dabei immer wieder Grösus Schimpfworte gegen Heidi mitanhören. Das brachte mich in eine schwierige Situation: Ich mochte meinen Pflegevater sehr, er war wirklich lieb zu mir und schätzte meine Arbeiten sehr. Doch auch Heidi war sehr lieb zu mir und versuchte mich in ungerechten Situationen zu unterstützen, wenn auch vergeblich. Gleichzeitig konnte ich Heidi aber auch nicht helfen. Am liebsten hätte ich Grösu gesagt, dass er die Beschimpfungen sofort unterlassen solle, aber ich wollte ihn nicht verlieren und hatte den Mut nicht.

Eines Tages kam der Schuhverkäufer aus dem Nachbardorf vorbei. Da meine Gummistiefel viel zu klein waren, konnte ich nun endlich ein neues Paar auswählen. Und noch etwas kam an einem Sonntagvormittag in meinen Besitz: Als ich zusammen mit Christoph in der nahe gelegenen Kehrichtgrube im Wald nach Blechbüchsen suchte, um darin Carbid zu sprengen, sah ich ein noch fast komplettes Herrenfahrrad. Nur das Vorderrad fehlte. Wir schleppten das Velo nach Hause und führten es Hansruedi vor. «Das sieht wirklich noch sehr gut aus, das hat wohl jemand aus einem Nachbardorf weggeworfen», vermutete er. In der nächsten Woche holte Hansruedi ein Vorderrad und vier Bremsklötze, um mit mir zusammen das Fahrrad instand zu stellen.

Die erste Probefahrt verlief sehr gut, und ich hatte eine grosse Freude an meinem neuen Fortbewegungsmittel. Auch Grösu bestaunte das Velo und meinte: «Das sind sicher Leute aus der Stadt, die das weggeworfen haben.» Am nächsten Sonntag unternahmen Christoph und ich eine kleinere Velotour.

Den Sommer hindurch standen viele Arbeiten an. Die Genossenschaft hatte eine neue Motorspritze angeschafft, für die Hansruedi verantwortlich war. Er spritzte Bäume, Getreide und Kartoffelfelder bei den Landwirten. Zudem musste er als Kontrolleur die Saatkartoffeläcker überprüfen. Im Vergleich zu anderen Jahren fiel die Kirschenernte sehr gut aus. Ich kletterte häufig in den Bäumen von Ast zu Ast, um die Früchte zu pflücken. Nach dem 1. August, den ich wieder mit Hofers und ihren Angestellten verbrachte, ernteten wir schon die Saatkartoffeln. Hansruedi sammelte an verschiedenen Stellen einige ein, die er für eine Qualitätskontrolle nach Oerlikon schicken musste. Die Kartoffelernte fiel reichlich aus, und das Testergebnis war sehr positiv: alles erste Qualität, also Saatgutklasse A, für den Export nach Holland. Unmittelbar nach der Ernte wurden die Kartoffeln mittels einer Sortiermaschine in drei Grössenklassen eingeteilt. Dann musste jede einzelne Kartoffel auf einem speziellen Sortiertisch von Hand nochmals kontrolliert werden, bevor wir sie in Säcken à 50 Kilogramm verpackten. Diese Arbeit zog sich dahin, auch nach dem Nachtessen sortierten wir weiter Kartoffeln, manchmal bis 22 Uhr. Hansruedi und Heidi versuchten mehrmals, mich um 21 Uhr ins Bett zu schicken. Doch ich blieb und füllte den Sortiertisch immer mit Kartoffeln auf. Das Sortieren der Saatkartoffeln war noch nicht vollständig abgeschlossen, als schon die Getreideernte begann. Immerhin war zum Glück die Wetterlage stabil. So gab es in der sehr stressigen Zeit nicht noch Mehraufwände. Die Mutter brachte am Nachmittag jeweils die Verpflegung aufs Feld, und während der Zwetschgenernte legte sie beim Sortieren Hand an. Sonst half Martha auf dem Feld jedoch nur wenig oder nicht mit.

Meine Ausbildung zum Feldmäusefänger

An einem Sonntagvormittag sagte Grösu zu mir: «Ich gehe Mäusefallen richten, du kannst mitkommen und es lernen.» Auf dem Feld angelangt, suchte mein Pflegevater mit einem Stab nach unterirdischen Tunneln, in denen die Mäuse zirkulierten. Wenn er fündig wurde, öffnete Grösu den Gang und schob eine Mäusefalle rein. Dabei erklärte er mir: «Mäuse haben eine sehr gute Nase und merken sofort, wenn etwas nicht stimmt – man muss also immer zuerst die Hände mit Erde einreiben, sonst nützen die Fallen nichts.» Danach suchten wir in der näheren Umgebung weitere Gänge und richteten mehrere Fallen. Am Abend schauten wir vor den Stallarbeiten nach, ob eine Maus in eine Falle geraten war. Sorgfältig hob Grösu die Grasbüschel an, mit denen wir die Fallen zugedeckt hatten. Bei der zweiten wurde er fündig: «So, diese Maus hier macht von nun an keine Erdhaufen mehr», sagte Grösu zufrieden. Am Ende kehrten wir mit vier toten Mäusen zurück, und es gab ein Festmahl für die Katzen. Am anderen Morgen kontrollierten wir die Fallen erneut. Grösu mahnte mich, die Abdeckung zuerst nur wenig zu öffnen, damit keine Erde in den Gang fällt. «Wenn du siehst, dass die Falle noch offen ist, kannst du den Gang wieder abdecken. Nur wenn die Falle zu ist, wird die ganze Abdeckung weggenommen.» Nach einer Weile stiess ich auf eine geschlossene Falle mit einer grossen Feldmaus. «Grösu, schau, ich habe auch eine», rief ich. Mit aller Kraft presste ich die Falle zusammen und die Maus fiel auf den Boden. Der Vater half mir beim erneuten Richten der Falle. Ich benötigte all meine Kraft, um diese zu öffnen und den Ring dazwischenzuschieben. Stolz marschierten wir mit den gefangenen Mäusen nach Hause, wo die Katzen ihr Festmahl freudig in Empfang nahmen. Grösu legte mir eine Hand auf die Schulter und sagte: «Wir sind sehr froh, dass du die Mäuse fangen kannst. Hansruedi macht das gar nicht gerne, und ich bin auch nicht gerade der geborene Mausefänger.» «Ich finde es interessant – ich werde überall Fallen richten», versprach ich begeistert. «Super, für eine Maus bekommst du 20 Rappen und für eine Wühlmaus 50 Rappen. Letztere ist nur in Waldnähe und kann an einem Tag mehrere grosse Erdhaufen an die Oberfläche befördern. Wühlmäuse sind sehr schwierig zu fangen, weil sie immer Erde in die Falle stossen.» Auch Hansruedi nervte sich über die vielen Erdhaufen: «Was für eine Sauerei, ein richtiges Mäusejahr», schimpfte er. Und so rückte ich von Bläss begleitet regelmässig aus, um Mäuse zu fangen.

Eines Tages sah mich Christoph, als ich gerade mit meinem Kessel und den Fallen in Richtung Heckenweide lief. «Wo gehst du hin?», rief er. Als ich ihn über meine neue Aufgabe ins Bild gesetzt hatte, meinte er: «Warte, ich komme mit. Richtest du wirklich schon selbst Mäusefallen?» «Ja», sagte ich stolz, «das ist sehr interessant.» «Das könnte ich nicht, Mäuse ekeln mich an. Wir haben auch viele, der Melker richtet ab und zu Fallen, aber er hat nur wenig Erfolg», sagte Christoph und schaute mir zu, wie ich unterirdische Gänge suchte, die gespannten Fallen hineinschob und alles gut zudeckte. «Heute Abend kontrolliere ich sie, dann hat es sicher Mäuse in den Fallen.» «Da komme ich sicher nicht mit», war die Antwort von Christoph. Am Abend konnte ich drei tote Mäuse mit nach Hause nehmen. Dafür bekam ich von Grösu 60 Rappen, die ich der Mutter fürs Kässeli aushändigte. Später im Bett dachte ich über meine neue Arbeit nach. Ich erinnerte mich an einen Bibelvers aus der Sonntagsschule: «Du sollst nicht töten.» Doch dann überlegte ich: «Grösu schlachtet ja auch Schweine und ab und zu sogar eine Kuh. Mücken, Fliegen und Ameisen muss man ja auch töten, das sind Schädlinge wie Mäuse und Ratten auch.» Überzeugt, nichts Verbotenes zu machen, schlief ich ein.

Am Sonntag war ich bei Hofers, und Paul fragte mich, ob ich als Mäusefänger Erfolg habe. «Ja», antwortete ich stolz. «Ich habe schon zehn Stück ganz allein gefangen.» «Das ist ja grossartig! Wir haben dieses Jahr auch viele Mäuse – du kannst bei uns ebenfalls Fallen richten. Für eine Feldmaus zahle ich 20 Rappen, für eine Wühlmaus einen Franken. Wühlmäuse richten einen enormen Schaden an und sind sehr schwierig bis unmöglich zu fangen.» Als ich beim Abendessen meiner Pflegefamilie erzählte, dass ich nun auch bei Hofers Mäuse fangen dürfe, meinte Martha unmissverständlich: «Zuerst kommen die Arbeiten bei uns. Die Mäuse von Hofers gehen dich nichts an, das ist nicht dein Problem.» Traurig schaute ich zu Grösu, dann zu Hansruedi, doch die erhoffte Unterstützung blieb aus. Ich hatte auch überhaupt keinen Hunger mehr. Im Bett suchte ich lange nach einer Lösung: «Es ist ja Sommer, die Tage sind sehr lang. Ich könnte doch am Samstagabend bei Hofers Fallen richten und sie dann am Sonntag kontrollieren? Dafür bräuchte ich aber unbedingt mehr Fallen», überlegte ich. In der Schule erfuhr ich von Christoph, dass bei ihnen über 20 Mäusefallen vorhanden seien, die ich sicher für ihre Felder verwenden dürfte. Als ich ihm sagte, wie meine Pflegemutter auf diese Idee reagiert hatte, meinte er nur: «Von der ist ja nichts anderes zu erwarten.» Und so begaben Christoph und ich uns am Samstagabend auf das Feld von Hofers, das mit unzähligen Erdhaufen übersäht war, und richteten über 20 Fallen. Am Sonntagmorgen, noch vor meiner wöchentlichen Körperpflege in der Werkstatt, rückten Bläss und ich aufs Feld aus. Schon sechs Fallen hatten zugeschnappt! Ich legte die Mäuse in einen Kessel, den ich im Wagenschuppen versteckte und gut zudeckte, damit die toten Tiere vor den Katzen sicher waren. Am Abend fand ich weitere vier Mäuse und begab mich mit der gesamten Beute zu Hofers. Paul staunte: «Du bist ein richtiger Spezialist, ich weiss ja, wie schwierig das Mäusefangen ist!» Dann gab er mir zwei Franken und 20 Rappen. «Es waren aber nur zehn Mäuse, nicht elf», sagte ich dankend. Doch Christophs Vater meinte: «Sonntagsarbeit wird ein wenig besser bezahlt.» Beim Abendessen fragte mich Martha: «Gehst du nun noch am Sonntag Fallen richten? Muss das sein?» Leise erklärte ich: «Paul Hofer ist sehr froh darum, und er bezahlt mich ja auch dafür.» «Mach nur weiter so», ermunterte mich Grösu. Das Geld von Paul hatte ich der Mutter noch nicht abgegeben. Als am nächsten Sonntag Predigt war und ich allein zu Hause zurückblieb, nutzte ich die Gelegenheit und schlich ins Schlafzimmer meiner Pflegeeltern. Dort zählte ich das Geld in der Holzschachtel nach, die sich in der Schublade vom Stubentisch befand. Mit dem Geld von meiner Gotte und meinem Götti kam ich nun schon auf ein Vermögen von 71 Franken. Am Montag bat ich den Lehrer um ein kleines blaues Notizbüchlein aus dem Materialschrank. Stolz schrieb ich hinein: «Bestand 30. August 1958, Fr. 73.20.» Das Büchlein versteckte ich in meinem Nachttisch, nahm es aber regelmässig hervor, um jeden Rappen sorgfältig einzutragen. Das von Paul Hofer erhaltene Geld gab ich der Mutter vor dem Mittagessen. «Von wo hast du das?», fragte sie. «Das ist der Lohn von Paul Hofer für zehn gefangene Mäuse. Für Sonntagsarbeit gebe es 20 Rappen Zuschlag.» «So ein Blödsinn! Wir müssen ja auch jeden Sonntag arbeiten und haben keinen Zuschlag», sagte sie und ging mit dem Geld ins Schlafzimmer. Immer musste ich mir solche negativen Bemerkungen von meiner Pflegemutter anhören.

Bald konnten wir Zwetschgen ernten – es waren sehr viele. Die meisten wurden von Landwirt und Gemüseanbauer Ernst Kunz auf den Markt nach Bern mitgenommen, ein Teil der Ernte holten aber langjährige Kunden ab. Das Pflücken der Früchte gefiel mir sehr gut. Die Bäume waren nicht so hoch, und der Kratten füllte sich rasch. Ich versuchte immer, schneller zu sein als Grösu, was mir stets gelang. Dann war es schon wieder Zeit, das Wintergetreide zu säen. Hansruedi und ich luden einige Fuder Mist auf und fuhren zum abgeernteten Kartoffelacker. Ich durfte nun wieder häufig Traktorfahren, und Hansruedi erklärte mir die Bedienung des Fahrzeugs bis ins Detail. «Behandle ihn wie ein rohes Ei», mahnte mich Hansruedi. Nach den Herbstferien kehrte ich jeweils unverzüglich von der Schule nach Hause, ass Zvieri und zog dann eilig die Überkleider an, um überall mitzuhelfen. Im Keller lagerte zum Beispiel eine grosse Menge Kartoffeln, die aussortiert werden musste. Anfang November wurde das Getreide gedroschen – das war immer ein Höhepunkt vor dem Wintereinbruch.

Als ich an einem Samstag von der Schule heimkehrte, bemerkte ich, dass bei den Schweinestallungen gearbeitet wurde. Hansruedi hatte mir schon erzählt, dass er sie ausbauen wolle, um mehr Tiere halten zu können. Neugierig schaute ich nach, was vor sich ging. Ein älterer Mann mit grauen Haaren begrüsste mich sehr freundlich. Hansruedi sagte: «Das ist dein Grossvater. Er ist von Beruf Maurer und hilft mir beim Ausbau.» Mein Grossvater war bei uns zum Mittagessen eingeladen. Nach dem Essen füllte ich wie immer das Holz in der Küche auf. Dabei gingen mir wieder sehr viele und seltsame Gedanken durch den Kopf: «Das ist also nun mein Grossvater, der circa ein Kilometer neben meiner Mutter wohnt.» Wenn wir sie besuchten, führte der Weg 100 Meter an seinem Haus vorbei. Die Mutter hatte uns aber strikt verboten, mit den Grosseltern Kontakt aufzunehmen. Das sei genauso ein Lumpenpack wie unser Vater, sagte sie immer. Am Nachmittag schaute ich zu, wie die Mauern erstellt wurden, als Hansruedi meinte: «Du kannst deinem Grossvater die Steine reichen, ich rühre wieder Zement an.» Als der Grossvater sich am Abend von mir verabschiedete, sagte er: «Die Grossmutter wird sich freuen, wenn ich ihr erzähle, wie fleissig du schon warst. Wenn du wieder mal zu deiner Mutter gehst, kommst du vorbei, ich will dir etwas geben.» Meinen Geschwistern erzählte ich nichts von der Begegnung. Am nächsten Samstag war der Grossvater wieder da, und ich konnte erneut mithelfen. Am Abend versprach ich ihm, morgen vorbeizukommen. Um 13.30 Uhr traf ich meinen Bruder Edwin und machte mich mit ihm auf den Weg zu unserer Mutter. Kurz vor der Abzweigung, die zum Haus der Grosseltern führte, offenbarte ich Edwin, dass ich unserem Grossvater begegnet sei und nun etwas bei ihm abholen werde. «Die Mutter hat uns doch jeglichen Kontakt zu den Grosseltern und unserem Vater verboten», sagte Edwin besorgt. «Der Vater wohnt ja nicht bei den Grosseltern», war meine Antwort. Dann ging ich den steilen Weg hinauf und klopfte. Eine Frau mit ganz weissen Haaren öffnete die Tür. «Du bist also Christian – der fleissige Handlanger, wie dein Grossvater sagte. Komm herein. Das ist aber eine sehr schöne Überraschung, dass du bei uns vorbeikommst. Möchtest du etwas trinken?», fragte sie. «Nein danke, Grossmutter, Edwin wartet unten auf mich.» «Warum ist dein Bruder nicht mitgekommen?», fragte sie. «Ich weiss es nicht», antwortete ich. Der Grossvater überreichte mir ein Zwei-Franken-Stück und sagte: «Du hast uns mit deinem Besuch eine sehr grosse Freude gemacht.» Ich dankte ihm für das Geld und verabschiedete mich. «Komm wieder mal vorbei!», rief mir die Grossmutter noch nach. «Ja», rief ich zurück. Zurück bei der Abzweigung merkte ich, dass Edwin nicht wie abgemacht auf mich gewartet hatte. Ein ungutes

Gefühl machte sich in mir breit. «Was wird wohl passieren, wenn mein Bruder das der Mutter erzählt und noch eine von meinen älteren Schwestern anwesend ist?» Dass Renate nicht da war, wusste ich. Sie besuchte nun das Gymnasium, vom Lehrer finanziert. Schweren Herzens stieg ich die Treppe empor und hielt vor der Eingangstür einen Moment inne. Ich erkannte die Stimmen von Hanna und Nora, dann trat ich ein und grüsste. «Wo kommst du her?», fragte die Mutter vorwurfsvoll. «Der Grossvater hilft uns beim Bau der neuen Schweinestallungen und hat mir gesagt, ich solle doch mal vorbeikommen, er wolle mir was überreichen. Er gab mir zwei Franken», antwortete ich. Nora kam wütend auf mich zu und schlug mich voll ins Gesicht, während die Mutter schrie: «Ich will nicht, dass jemand von euch mit ihnen verkehrt. Das ist ein verlogenes Pack, merk dir das für immer.» Ich drehte mich um und lief Richtung Ausgang. Vergeblich versuchte mich die Mutter zurückzuhalten – ich riss mich los und verliess die Wohnung. Sehr traurig und schweren Herzens ging ich am Haus meiner Grosseltern vorbei heimwärts. Im Wald sass ich neben einem kleinen Bächlein auf einen Stein und weinte. Am liebsten hätte ich mich in ein Buchenblatt verwandelt und mich im Bächlein mit unbekanntem Ziel wegtragen lassen. Den steilen Weganstieg im Wald nahm ich nicht mehr wahr, und immer wieder setzte ich mich auf einen Stein oder einen Baumstrunk und versuchte zu verstehen. Bevor ich oben im Wald auf die Strasse einbog, hörte ich das Postauto runterfahren. Der «16.45 Uhr»-Kurs – eine Uhr hatte ich ja nicht. Kurz nach 17 Uhr traf ich zu Hause ein. Bläss rannte mir entgegen und begrüsste mich mit einer Pfote. «Wenn die Leute nur auch so wären zu mir wie der Hund», dachte ich traurig und machte mich im Stall an meine Arbeiten. So konnte ich den Vorfall bei meiner Mutter einen Moment lang vergessen. Doch beim Nachtessen sagte Heidi zu mir: «Du hast ja kaum etwas gegessen, nimm doch noch was.» «Ich habe keinen Hunger», entgegnete ich. «Es hat bei deiner Mutter sicher ein feines Zvieri gegeben», war die Bemerkung meiner Pflegemutter. Am Abend konnte ich sehr lange nicht einschlafen – die Kälte war nicht der Grund dafür. Ich konnte mit niemandem über diesen Vorfall sprechen und Rat holen. «Wie geht es nun weiter mit meiner Mutter? Was wird wohl Edwin dazu sagen? Meine Grosseltern haben mich doch sehr lieb empfangen. Warum hat die Mutter einen solchen Hass gegenüber meinen Grosseltern und meinem Vater?» Viele Fragen, keine Antworten. Ich hörte die Uhr unten in der Stube zweimal schlagen. Immer diese Fragen. «Warum? Wie nun weiter mit meinen Geschwistern und meiner Mutter?» Ich wusste, dass ich von keiner Person auf dieser Welt Hilfe erwarten konnte. Ich war total allein und hilflos.

Am nächsten Morgen stand ich auf und fror. Es ekelte mich schon nur an, dass ich meine Pflegemutter freundlich begrüssen musste. In der Schule kam Edwin auf mich zu: «Ich kann nichts dafür wegen gestern. Die Mutter fragte nach dir, und da habe ich ihr die Wahrheit sagen müssen. Sie schimpfte sofort und sagte, dass du was zu hören bekommen werdest. Dass dich Nora geschlagen hat, fand ich total daneben.» «Schon gut, warum hast du nicht auf mich gewartet?», sagte ich und wandte mich ab. Noch an zwei weiteren Samstagen erschien der Grossvater, dann waren die Stallungen fertig. Er verabschiedete sich von mir, richtete mir nochmals liebe Grüsse von der Grossmutter aus und bat mich, bald wieder bei ihnen vorbeizuschauen. An einem schönen Sonntag, kurz vor Weinachten, erfuhr ich von Edwin, dass er und Paul die Mutter besuchen werden. «Ich komme nicht mit, ich habe mit Christoph abgemacht», sagte ich. «Komm doch auch. In zwei Wochen ist Weihnachten, und wenn viel Schnee fällt, können wir vor Weihnachten nicht mehr heim zur Mutter. «Nein, ich habe abgemacht.» Nach ihrer heftigen Reaktion auf mein Treffen mit den Grosseltern verspürte ich kein Verlangen, die Mutter zu sehen. Wegen des massiven Schneefalls vor Weihnachten war ein Besuch bei der Mutter auch nicht mehr möglich.

An Weihnachten erhielt ich das übliche Geschenk von meiner Gotte und meinem Götti. Von der Pflegemutter gab es Schokolade und zwei Paar Socken, von Hansruedi und Heidi einen Rollkragenpullover und Schokolade. Das Geld von Hanna und Fred Wenger übergab ich der Mutter. Laut meiner Buchhaltung stiegen meine Ersparnisse nun schon auf über 90 Franken an.

Zu Jahresbeginn kamen vier Kälber zur Welt, denen ich jeweils Milch zum Trinken gab. Eines Abends fragte mich Grösu: «Willst du nicht auch versuchen, eine Kuh zu melken? Kraft hast du sicher genügend.» Ich war begeistert von der Idee, schliesslich kannte ich die Kühe sehr gut und hatte sie schon immer fürs Melken vorbereitet. «Die vorderste Kuh ist leicht zu melken, fang bei der an», riet er mir. Ich schnallte einen Melkstuhl um und setzte mich hin – alles verlief problemlos. «Kriegst du Schaum hin im Kessel?», fragte

Grösu. «Ja, sogar viel», war meine Antwort. «Dann machst du das gut», lobte mich mein Pflegevater, der bei der Kuh nebenan am Melken war.

Anfang Februar teilte mir Edwin mit, dass er und Paul am Sonntag die Mutter besuchen würden. Weil ich sehr erkältet war und unter Halsschmerzen litt, sagte ich ab. Es wurde Ende März, bis ich mit Paul und Edwin mal wieder meine Mutter besuchte. «Du bist lange nicht gekommen, jetzt habe ich halt kein Weihnachtsgeschenk mehr für dich», sagte sie in vorwurfsvollem Ton. «Das macht nichts, ich hatte Halsschmerzen und Husten», antwortete ich. Bald darauf, im Mai 1959, kam mein Bruder Paul aus der Schule. Er konnte bei seinen Pflegeeltern bleiben und trat im Nachbardorf eine Lehre als Huf- und Wagenschmied an. Für mich begann das achte Schuljahr. Ab sofort konnte man Französisch lernen, es bestand aber keine Pflicht. Beim Mittagessen erwähnte ich, dass ich den Französischunterricht besuchen möchte. Grösu meinte: «Was willst du denn mit Französisch, das versteht ja doch keiner.» Da sich sonst niemand äusserte, fügte Heidi zu: «Das machst du sehr gut. Es ist von grossem Vorteil, wenn man eine Fremdsprache beherrscht.» Nach Heidis Worten stellte ich bei der Mutter ein auffälliges, hämisches Lächeln fest. Jeden Freitag besuchte ich nun von 15.30 bis 16.30 Uhr den Französischunterricht. Es gefiel mir sehr gut, und ich lernte fleissig Wörter, oft mit der Taschenlampe im Bett. Ab dem achten Schuljahr war auch die Predigt in der Kirche des Nachbardorfs obligatorisch. Jeden zweiten Sonntag fuhren Christoph, Hermann und ich mit den Fahrrädern ins Tal hinunter. Auf den ersten zwei Kilometern war die steile Strasse noch nicht asphaltiert und sehr gefährlich. In der Kirche angekommen, mussten wir dem Sigrist einen Zettel mit unserem Namen abgeben. Auf dem Heimweg radelten Christoph und Hermann voraus zur nahe gelegenen Bäckerei. Als ich davor stehen blieb, rief Hermann: «Komm doch auch mit.» «Nein, ich habe kein Geld», antwortete ich. Beide kauften sich einen Nussgipfel, dann nahmen wir die 300 Höhenmeter, die es auf dem Rückweg zu bewältigen gab, in Angriff. Auf halber Strecke legten wir einen Verpflegungshalt ein. Christoph gab mir die Hälfte seines Gebäcks und sagte: «Die hätten dir auch wenigsten 50 Rappen geben können, du musst ja immer arbeiten.» «Ich hätte selbst 50 Rappen von meinem Geld mitnehmen können, habe aber gar nicht daran gedacht.» Beim Mittagessen hatte ich dann wirklich grossen Hunger. Die Mutter fragte: «Hat es dir in der Predigt gefallen?» «Ja», war meine ganze Antwort.

Im Mai verbrachten die zwei älteren Grosskinder aus Bern eine Woche Ferien auf dem Hof. Am Sonntag besuchte die Mutter mit den beiden Buben die Sonntagsschule. Dabei fiel mir auf, dass die Hemden von Alfred und Anton aus genau demselben Stoff waren wie meine, und sagte zu Heidi: «Hast du das auch bemerkt? So ein lustiger Zufall.» «Das finde ich aber nun wirklich nicht mehr witzig, ich wusste es ja bereits», sagte sie. Dann jedoch kam Hansruedi in die Küche, und das Gespräch wurde unterbrochen. Ich begriff die Aussage von Heidi nicht. Warum fand sie das mit den Hemden nicht lustig? Martha spielte mit ihren Enkeln, spazierte mit ihnen über die Felder und unternahm weitere Aktivitäten. Die zwei Knaben sahen mir aber auch bei meinen Arbeiten zu. An einem Abend fragte mich der sechsjährige Anton: «Musst du immer so viel arbeiten?» «Ja, es gibt immer viel zu tun», antwortete ich. Am Sonntag waren Herbert und Dora zum Essen eingeladen, ihr Töchterchen Lydia war nun auch dabei. Am Abend reiste die ganze Familie wieder heim nach Bern. Einige Zeit später, an einem Samstag, rechten Heidi und ich Laub. Unvermittelt griff sie das Thema Hemden wieder auf: «Ich habe dir doch geantwortet, dass ich das mit den Hemden der Grosskinder nicht lustig finde. Schon länger habe ich zusehen müssen, wie die Mutter vom Stoff, den dir deine Gotte zu Weihnachten schenkte, immer ein oder zwei Hemden für ihre Enkel anfertigte. Deine Hemden sind zu kurz, so spart sie Stoff. Du darfst das niemandem weitersagen. Ich will dich nicht traurig machen und kann dir leider auch nicht helfen.» Heidi fuhr mir übers Haar und drehte sich um. Dann unterhielten wir uns über die Schule, das Fangen der Mäuse und weiteres, zündeten das Laub an und verbrachten einen gemütlichen Nachmittag. Doch am Abend im Bett dachte ich über Heidis Aussagen nach. Es machte mich unglaublich traurig, dass meine Pflegemutter aus meinem Stoff Hemden für ihre Enkel anfertigte. Sie hatte mir sogar mal erklärt, der Stoff reiche bei meiner Grösse nur noch für zwei Hemden. Doch nicht nur von Martha war ich enttäuscht – es traf mich auch, dass Hansruedi nichts dazu sagte, er wusste es ja ebenfalls. So wurde mein Hass auf meine nur scheinbar fromme Pflegemutter immer grösser.

Eine gewagte Reparatur

Seit einigen Tagen gab es beim Starten des Traktors Probleme. Hansruedi schraubte eine der zwei Einspritzdüsen beim Motor raus, dann musste ich den Anlasser betätigen und es entstand beim Düsenende eine kleine gleichmässige Staubwolke. Als wir denselben Test mit der anderen Düse wiederholten, bildete sich ein kleiner Strahl – das war also die Ursache, warum der Motor nicht richtig startete. Während Hansruedi und die Eltern am Sonntag die Predigt im Schulhaus besuchten, begab ich mich, ohne viel zu überlegen, zum Traktor und schraubte die fehlerhafte Einspritzdüse aus. In der Werkstatt legte ich Zeitungspapier aus und begann, die Düse zu zerlegen. Es kamen einige ganz feine Blättchen zum Vorschein, die ich in exakter Reihenfolge hinlegte und mit einem weissen Tüchlein reinigte. Zwischen zwei Plättchen stellte ich eine ziemliche Ablagerung fest. Als ich die Düse bereits wieder am Montieren war, kam Hansruedi heim. «Was machst du denn da?», fragte er erstaunt. «Ich habe die Einspritzdüse gereinigt», erklärte ich. «Das kann man unmöglich selbst machen. Der Mechaniker hat mir gesagt, ich solle die Düsen am nächsten Montag bringen, er müsse sie nach Niederweningen in die Fabrik senden, um den Einspritzdruck genau einzustellen.» Hansruedi entfernte sich. Das hatte ich natürlich nicht gewusst. Bangen Mutes schraubte ich die zusammengebaute Düse wieder rein und versuchte, den Traktor zu starten. Völlig überraschend funktionierte das problemlos. Ich hörte Hansruedi gar nicht kommen, plötzlich stand er neben mir. «Ist das nur ein Zufall oder hast du das wirklich hingekriegt?», fragte er und schlug vor: «Stell den Motor ab, wir kontrollieren die reparierte Düse zur Sicherheit noch einmal.» Danach betätigte ich erneut den Anlasser – und wieder war die Einspritzung schön gleichmässig. Hansruedi schüttelte den Kopf und lachte, anschliessend rief er den Mechaniker an und sagte den Termin ab. Der war wirklich nicht mehr nötig, denn der Traktor funktionierte weiterhin problemlos. Vermutlich hatte ich dabei aber auch ein wenig Glück gehabt.

Abgesehen von Traktorreparaturen gab es auf dem Hof ständig etwas zu tun. Hansruedi kaufte bei Paul Hofer sechs kleine Schweine. Mit den neuen Stallungen hatte es jetzt ja Platz, doch als ein Mutterschwein zehn Ferkel zur Welt brachte, war bald alles belegt. Auch bei den Kühen half ich mit – zur Freude von Grösu und Hansruedi konnte ich nun schon zwei Kühe melken. Ich selbst war auch sehr stolz und erfreute mich an der Arbeit. In den Frühlingsferien führten Hansruedi und ich mehrere Fuder Mist aus und bereiteten zwei Felder für die Anpflanzung der Saatkartoffeln vor. Die Furchen wurden zum ersten Mal mit dem Traktor erstellt, Paul Hofer lieh Hansruedi ein spezielles Gerät dafür aus. Als das Feld vorbereitet war, legten wir die Saatkartoffeln ein. Ferner erstellten wir mit massiven Holzlatten und Pfählen eine Weide neben dem Hühnerhaus. Schon nach wenigen Tagen hatten die Schweine die Hälfte der Weide umgegraben. Die Tiere wälzten sich, und man sah, dass sie sich so richtig wohlfühlten. Kaum waren die Frühlingsferien vorbei, begannen schon die Sommerferien – oder Heuferien, wie die zwei Wochen auch genannt wurden. Wieder tauchten überall riesige Erdhaufen von Mäusen auf, wieder hatte ich also viel Arbeit. Besonders die Wühlmäuse waren schwierig zu fangen, und in den geschlossenen Fallen hatte es immer nur Erde und kein Tier. Ich suchte nach einer Lösung und fand sie, als mir bei meiner wöchentlichen Wäsche in der Werkstatt der grosse Holzbohrer ins Auge fiel. «Ich könnte doch damit direkt vor der Mäusefalle ein Loch machen. So würde die geschobene Erde in dieses Loch fallen und die Wühlmaus hätte keinen Schutz mehr», überlegte ich. Am Nachmittag lief ich zusammen mit Bläss in Richtung Heckenweide, suchte einen Gang der Wühlmäuse und bohrte vor den Fallen ein tiefes Loch. Mit einem gebogenen Suppenlöffel hob ich die Erde aus und platzierte dann die Fallen strategisch. Nach dem Nachtessen machte ich neugierig einen Kontrollgang: Von den Feldmäusen waren drei in den Fallen. Beim Waldrand, wo die Wühlmäuse waren, sah ich zuerst zwei offene Fallen, doch eine weitere war geschlossen. Vorsichtig entfernte ich die Deckung ganz, und was sah ich da? Eine Wühlmaus! Für mich stellte das einen sehr grossen Erfolg dar, entsprechend stolz führte ich Hansruedi und Grösu die gefangene Wühlmaus vor. «Das ist aber ein Riesenzufall, unter normalen Umständen ist es nicht möglich, diese zu fangen», sagte Grösu. Hansruedi teilte dessen Meinung. «Das kommt mich teuer zu stehen, für eine Wühlmaus haben wir ja 50 Rappen vereinbart», bemerkte der Vater.

Mein Sturz vom Getreidefuder

Als es schönes, sonniges Sommerwetter war, stand der Heuet an. Grösu sagte zu mir: «Komm auf den Wagen, du musst jetzt lernen, wie das Heu auf dem Wagen zu einem sicheren Fuder aufgeschichtet wird.» Hansruedi brachte jeweils das Heu, das ich anschliessend nach den Weisungen von Grösu aufschichtete. Am Ende reichte uns Hansruedi den «Bindboum» auf das circa 3,5 Meter hohe Heufuder. Als alles fachgerecht festgebunden war, fuhren wir auf dem Heuwagen nach Hause. Grösu war sehr stolz auf das schöne Fuder und meinte: «Von jetzt an kannst du selbst Fuder machen.» Hansruedi war sehr viel unterwegs, kontrollierte die Kartoffelfelder der Saatzüchter und war ihnen beim Entfernen von erkrankten Kartoffelstauden behilflich. So verging die Zeit schnell, und schon war es wieder so weit, zusammen mit Christoph Holz für das 1.-August-Feuer zu sammeln. Wie jedes Jahr traf man sich auf der Anhöhe oberhalb von Hofers Haus. Als es dunkel war, zündeten Christoph und ich den Holzstapel an – die Flammen erreichten eine Höhe von über vier Meter. Rundherum wurden Feuerwerke und Raketen gezündet. Ich hatte von Hansruedi drei Franken erhalten, kaufte mir aber nur für zwei Franken einige Kracher und eine billige Rakete, um einen Franken sparen zu können. In den Tagen danach begann die Kartoffelernte. Hansruedi war überzeugt, dass sie sehr gut ausfallen würde und er die Kartoffeln wieder als A-Klasse verkaufen könne. Der Test aus Zürich gab ihm recht, und es konnten sogar noch mehr Kartoffeln geerntet werden als letztes Jahr. Entsprechend waren wieder Spätschichten beim Sortieren nötig.

Nicht nur während des Heuets, sondern auch bei der Getreideernte erstellte ich nun die Fuder. Leider kam es dabei zu einem Zwischenfall: Als wieder ein hohes Fuder fertig war, steckte ich zuerst den «Bindboum» vorne beim «Fürgstütz» in die Halterung und wollte dann das Seil hinten befestigen. Doch dabei brach die Halterung – ich stürzte von circa 3,5 Meter herunter und schlug mit dem Gesäss am Boden auf. Sofort verspürte ich heftige Schmerzen, die erst nach ein paar

Stunden langsam nachliessen. Doch beim Sitzen verschlimmerten sie sich stark, und so musste ich stehend essen. Weil ich nach drei Tagen immer noch nicht sitzen konnte, schlug Heidi beim Mittagessen vor, einen Arzt zu konsultieren. «Nein, das wird von selbst wieder besser. Er kann ja gehen, gebrochen ist also sicher nichts», war Marthas Diagnose. Es dauerte einige weitere Tage, bis die Schmerzen endlich zurückgingen. Wenn ich aber lange sass, kamen sie immer wieder zurück, was mich hauptsächlich in der Schule störte. Als ich es vor Schmerzen nicht mehr aushalten konnte, rutschte ich mit der einen Gesässhälfte von der Sitzbank runter.

An einem Sonntag holte mich Christoph ab und erzählte begeistert, dass sein Vater und er am Vormittag aus einem Eisenrohr eine Carbidkanone gebaut hätten. «Vorne ist eine Zündkerze vom Motormäher eingeschraubt, an die sich der Elektrodraht vom Viehhüter anschliessen lässt. Die Kanone muss man mit ein wenig Wasser und Carbid befüllen und mit dem Holzzapfen gut verschliessen. Wenn wir den Viehhüter einschalten, entsteht ein Funke und es knallt.» Auch Paul hatte grosse Freude an seiner Erfindung, mahnte aber gleichzeitig: «Seid vorsichtig, es ist nicht ganz ungefährlich.» Davon unbeirrt marschierten wir in Richtung Heckenweide, wo Hofers Kühe weideten. Um sie nicht zu erschrecken, deponierten wir die Kanone auf der anderen Seite der grossen Hecke. Vom elektrischen Weidezaun zogen wir nun einen circa zehn Meter langen Draht durch die kompakte Hecke auf die andere Seite. Damit der Draht nicht mit dem Holz oder dem Boden in Berührung kam, mussten wir bei den Sträuchern einige Isolatoren einschrauben. Nun füllten wir Wasser und Carbid in das umfunktionierte Eisenrohr, schlugen mit dem Hammer den Zapfen satt hinein und legten die Kanone vorne leicht erhöht auf einen Stein, damit der Zapfen weit in die Luft fliegen konnte. Wir hörten, wie es in der Kanone vom Carbid zischte. Christoph schaltete den Viehhüter aus, schloss den Draht am Weidezaun an und setzte den Viehhüter nach circa fünf Minuten wieder unter Strom. Es gab einen Riesenknall, und der Holzzapfen flog mindestens 20 Meter in die Höhe. So knallte es noch ein paar Mal an diesem Sonntagnachmittag. Am Abend im Stall fragte Hansruedi: «Was war das eigentlich für eine Knallerei heute Nachmittag?» Ich berichtete ihm und Grösu von Paul Hofers grosser Erfindung. Hansruedi meinte daraufhin: «Das ist wieder typisch Paul Hofer, der hat doch immer irgendwelche verrückten Ideen.» Die Mutter hörte seinen Kommentar und wollte wissen, worüber wir sprachen. Kurz erklärte ich, dass Hofers eine Carbidkanone hatten, mit der man schiessen konnte. «Es wäre sinnvoller, wenn Christoph Hofer endlich das Arbeiten beigebracht würde als immer nur Blödsinn», befand sie.

Meine Fussverletzung mit der Grasgabel

Es war ein regnerischer Samstag, als ich ein Fuder Gras ins Tenn fuhr. Ich war mit Abladen schon fast fertig, als Hansruedi zum Nachtessen rief. «Ich mache nur noch schnell fertig», antwortete ich ihm und beeilte mich, die restliche Arbeit so schnell wie möglich zu erledigen. Es kam, wie es kommen musste: Ich rutschte auf der nassen Holzbrücke des Wagens aus und stach mir mit der Gabel oberhalb der Sohle durch den neuen Stiefel in den linken Fuss. Trotzdem lud ich auch noch den Rest ab und ging dann in die Küche zu den anderen. Ich fühlte, wie es in meinem linken Stiefel immer wärmer wurde, und hatte nun zwei grosse Probleme: erstens das Loch im neuen Stiefel, zweitens meine Verletzung. Nach dem Essen leerte ich das Blut beim Brunnen und wusch Stiefel und Socke aus. Dann holte ich in meinem Gaden zwei Taschentücher, ging in den Keller und goss Schnaps über die Wunde. Auch eines der Taschentücher tränkte ich mit dem Alkohol und band es straff um den Fuss. Immerhin war das Loch im Stiefel kaum sichtbar, und mit einem Kleber aus dem Veloflickzeug konnte ich ihn reparieren. Nach drei Tagen war glücklicherweise auch mit meinem linken Fuss wieder alles in Ordnung.

Wir waren bei der Kartoffelernte, als plötzlich zwei Rehe aus dem Wald kamen und sehr nahe an uns vorbeirannten. Gleich darauf hörten wir die Jagdhunde, die ihnen folgten. Grösu nahm einen Karst und ich einen Rechen, gemeinsam trieben wir die Jagdhunde zurück in den Wald. Nach kurzer Zeit hielt ein schwarzer Citroën an, aus dem zwei Jäger ausstiegen. Der eine fragte: «Habt ihr zwei Hunde und ein Reh gesehen?» «Ja», antwortete Grösu. «Wann war denn das?», hakte der Mann nach. «Ich glaube vor ungefähr einem Jahr, aber nicht an einem Samstag, wenn ich mich richtig erinnere», sagte mein Pflegevater, der die Jäger gar nicht leiden konnte. «Typische Bauernintelligenz», riefen sie uns zu und stiegen wieder in das Auto.

Die Herbstferien waren vorbei, die Schule und auch der Besuch in der Kirche fingen wieder an. Auf dem

Weg zur Predigt im Nachbardorf hielt Christoph auf halber Strecke an. «Ich habe eine Idee. Wir geben dem Sigrist unsere Zettel ab und verlassen die Kirche gleich wieder durch den Hinterausgang. Das merkt niemand.» «Finde ich gut», meinte Hermann. Gesagt, getan – auch wenn mir dabei nicht so wohl war. Beim nächsten Besuch erzählten wir gleichaltrigen Schulkameraden davon, wiederholten das Ganze und fuhren erneut mit den Velos zum nahe gelegenen Flugplatz. Als wir bei der dritten Predigt dem Sigrist die Zettel abgeben wollten, machte er uns klar, dass er diese ab sofort erst nach dem Gottesdienst einsammeln werde. Ich war froh darüber, denn ich hatte enorme Angst gehabt, dass unser Schwindel auffliegen könnte. Was hätte wohl meine Pflegemutter dazu gesagt?

Die traurige Geschichte mit dem Sparkässeli

In der ersten Schulwoche teilte unser Lehrer mit, dass die Spar- und Leihkasse für fünf Franken ein kleines, verschliessbares Sparkässeli verkaufe. Bei einer späteren Kontoeröffnung werde dieser Betrag wieder zurückerstattet. Ich bestellte auch eine Kasse und erzählte diese Neuigkeit zu Hause beim Mittagessen. Daraufhin meinte Martha: «Du hast doch in der Stube bereits eine Kasse, für das wenige Geld genügt die sicher.» Nichtsdestotrotz gab ich das Mäusegeld ab sofort nicht mehr ab, damit ich die benötigten fünf Franken für den Kauf der Sparkasse bereit hatte. Nach circa vier Wochen wurde sie geliefert, und voller Freude führte ich das Kässeli aus Metall zu Hause vor. Doch die Mutter fand es einen unnötigen Blödsinn. Nach einigen Tagen fragte ich sie nach meinem Geld, um es in meine neue Kasse zu legen. Martha antwortete, sie habe Kleingeld aus meiner Kasse benötigt, um dem Bäcker die Brotlieferung zu bezahlen. Grösu schlief auf dem Ofen und reagierte nicht. Ich ging ins Bett. Nach dem Vorfall mit den Hemden traute ich meiner Pflegemutter überhaupt nicht mehr. «Was soll ich machen, wenn sie das Geld nicht mehr hat? Aber nein, das kann doch nicht sein», dachte ich und beruhigte mich wieder.

Zwei Wochen danach fand im Schulhaus wieder eine Predigt statt. Es war nun schon November geworden, und mit dem ersten Schneefall kündigte sich der Winter an. Heidi bereitete das Mittagessen vor, während ich mit Marianne spielte. Als Hansruedi und die Eltern heimkehrten, fragte ich die Mutter erneut nach meinem Geld. «Ich habe dir doch gesagt, dass ich Kleingeld für den Bäckermeister benötigt habe, du wirst wohl warten können», war ihre unmissverständliche Antwort. Doch ich begriff ihr Verhalten nicht und wunderte mich im Stillen: «Es handelt sich doch bestimmt nur um einen kleinen Betrag. Warum also fehlt dieses Geld immer noch? Warum sagen Hansruedi und Grösu nichts dazu?» Die ganze Angelegenheit beschäftigte mich sehr, und am Abend konnte ich lange nicht einschlafen.

Anfang Dezember hatte es bereits so viel Schnee, dass Christoph und ich Skifahren konnten. An Samstagen fuhr ich mit Grösu und Hansruedi in den Wald, um Buchen und Tannen zu fällen. Erstere wurden mit der Fräse zersägt, dann konnte ich sie mit dem Beil zu Brennholz aufspalten und im Holzschopf zum Trocknen aufschichten. Die Arbeiten gefielen mir sehr – natürlich war es nicht ganz ungefährlich. Am zweiten Samstag fiel Grösu ein: «Wir haben ja noch keinen Weihnachtsbaum. Komm mit, ich habe einen schönen gesehen.» Wir gingen einige Meter den Wald hinunter, wo junge Tannen viel zu nahe beieinanderstanden. Den grössten Baum konnte ich absägen und hinauftragen. Auf der einen Seite mussten Hansruedi und ich noch ein paar Äste einsetzen, dann sah der Weihnachtsbaum schön gleichmässig aus. An Weihnachten verlief alles ungefähr so, wie gewohnt. Marianne erhielt einige Geschenke – hauptsächlich Kleider und Spielsachen –, ich bekam von Gotte Hanna wie üblich Stoff für Hemden und zehn Franken. Das Geld gab ich meiner Pflegemutter nicht mehr, sondern versteckte es im Gaden.

Am 1. Januar 1960 wehte eine starke Bise. Es wurde sehr kalt und der Wind verursachte etliche hohe Schneeverwehungen. In meinem Gaden sank die Temperatur wieder auf die Nullgradgrenze, teilweise sogar darunter. Der Schnee an den Schuhen, die neben dem Nachttisch standen, schmolz über Nacht nicht, so kalt war es im Zimmer. Ende Januar war wieder Predigt im Schulhaus. Als Martha, Grösu und Hansruedi heimgekehrt waren, fragte ich die Mutter ein weiteres Mal nach meinem Geld und bekam die gleiche Antwort wie zuvor: «Ich habe dir doch nun schon mehrmals gesagt, dass ich Kleingeld benötigt habe, und bis jetzt hatte ich keine Gelegenheit, es zu ersetzen.» Doch dann hakte Hansruedi nach: «Was ist denn das Problem? Gib ihm doch endlich das Geld, das wird doch wohl möglich sein.» Auch Grösu wollte wissen, was das eigentlich für ein «Gstürm» sei. Schliesslich holte die Mutter die Holzschachtel aus der Schlafstube und gab sie mir. Im

Gaden nahm ich mein Kassabuch aus dem Versteck hervor und zählte dann das Bargeld. Auch nach zweimaligem Nachzählen kam ich auf einen Betrag von 125.50 Franken – gemäss meinen akribischen Eintragungen sollten es jedoch 145.50 Franken sein. Genau 20 Franken fehlten also. Noch einmal rechnete und zählte ich alles nach, doch am Resultat änderte sich nichts. Sehr aufgebracht und wütend ging ich hinunter in die Küche und sagte: «Der Geldbetrag stimmt nicht, es sind genau 20 Franken zu wenig. Ich habe in einem Büchlein immer alles genau aufgeschrieben.» Meine Pflegemutter stand sehr nahe vor mich hin und antwortete: «Was glaubst du eigentlich? Ich lasse mir von einem, wie du bist, nicht vorwerfen, ich hätte Geld gestohlen. Was bildest du dir eigentlich ein?! Vergiss das sofort und verschwinde mit deinem blöden Büchlein! Wenn es dir nicht passt, kannst du sofort verschwinden und selbst schauen, wo du übernachten willst oder wer dir zu essen gibt!» Sehr traurig ging ich hinauf, am Zimmer von Hansruedi und Heidi vorbei, die von dem Zwischenfall wohl nichts mitbekommen hatten, in meinen Gaden. «20 Franken sind enorm viel Geld. Um das wieder zu ersetzen, muss ich ja 100 Mäuse fangen», rechnete ich aus. Die Tränen kullerten, und ich wusste wieder einmal nicht weiter. «Soll ich mich an Hansruedi und Heidi wenden? Oder an Grösu? Nein, ich habe den Mut nicht, und sie drohte mir, dass sie mich fortjagen werde.» Niemand konnte mir helfen. Ein weiteres Mal musste ich eine absolute Ungerechtigkeit ertragen. Doch es gab für mich ein sehr wichtiges Wörtchen: irgendwann. «Irgendwann werde ich euch zeigen, dass ihr alle nicht recht hattet», schwor ich mir selbst.

Es wurde zum Mittagessen gerufen. Ich sass beim Tisch und sagte kein Wort – am liebsten wäre ich mit dem Hund spazieren gegangen, ohne zu essen. Heidi schaute mich mehrmals an, sie hatte gemerkt, dass etwas nicht stimmte. Und tatsächlich stieg mir bereits beim Anblick meiner Pflegemutter das Blut zu Kopf. Mein Hass auf sie war enorm und klang auch in den folgenden Tagen nicht ab. Anfang Februar nahm die Mutter an einer Bibelstunde teil, Hansruedi hatte eine Sitzung der Saatzuchtgenossenschaft im Restaurant Kreuz und Grösu schlief auf dem Sandsteinofen. Heidi und ich machten in der Küche währenddessen den Abwasch, und ganz unerwartet fragte sie: «Was war letzten Sonntag los mit dir?» «Das kann ich dir nicht sagen.» «Du weisst doch, dass du mir immer alles sagen kannst, leider kann ich dir nie oder nur selten helfen», meinte Heidi. «Du darfst es aber niemandem sagen, sonst wird mich die Mutter fortjagen», beschwor ich sie. «So einfach und schnell würde das dann aber auch nicht gehen», sagte Heidi erstaunt. «Sie hat von meinem Ersparten gestohlen, genau 20 Franken», offenbarte ich und erzählte ihr die ganze Geschichte. Sie schaute mich sehr traurig an und fuhr mir übers Haar. «Das gibt es doch einfach nicht. So viel Geld haben Hansruedi und ich momentan auch nicht, es tut mir sehr leid.» Auch ich wunderte mich, wie eine – scheinbar – fromme Frau mich nach dem Zwischenfall mit dem Stoff für die Hemden erneut hatte bestehlen können: «Was lernt die denn in der Bibelstunde?» Trotz allem musste ich zu meiner Pflegemutter immer freundlich sein, was für mich mittlerweile sehr schwierig war.

Ein sehr kalter Winter neigte sich dem Ende zu. Ich litt stark unter der enormen Kälte in meinem ungeheizten Gaden und freute mich daher wie immer auf den Frühling. Mit einigen Erkältungen und Halsschmerzen hatte ich einen weiteren Winter überstanden. Mit den wärmeren Temperaturen begannen die üblichen Frühlingsarbeiten: Im Hühnerhof zum Beispiel ersetzte ich einige morsche Pfähle und befestigte das Drahtgeflecht neu. Entlang der Waldränder entfernte ich das Laub und in der Hofstatt las ich Äste auf. Bei schönem Wetter war nun auch Marianne bei diesen Arbeiten dabei. Natürlich hatte ich auch als Mäusefänger wieder sehr viel zu tun. Und im Mai 1960 begann mein letztes Schuljahr.

An einem Sonntagvormittag Ende Juni kam Christoph zu mir und schlug vor: «Wir könnten doch mal den grossen Fuchsbau im Wald aufsuchen. Ich nehme Zündhölzer mit, bestimmt lassen sich die Füchse mit einem Feuer aus der Höhle treiben.» «Gute Idee», befand ich und schwang mich auf mein Fahrrad. Zuerst stieg der Weg an, dann fuhren wir in rasantem Tempo bergab in Richtung Wald. In der ersten, unübersichtlichen Kurve rannten plötzlich einige Hühner über die Strasse, und eines davon direkt ins Vorderrad von Christophs Velo. Er konnte zwar noch abbremsen, fiel aber seitlich zu Boden. Das Huhn hatte den Kopf bei der Vorderradgabel des Fahrrads eingeklemmt und war tot. Als wir es gerade befreiten, hörten wir ein Auto heranfahren und warfen das tote Tier sofort hinter die nächste Tanne. Den Autolenker kannten wir nicht. Christoph schlug vor, das Huhn den Füchsen zu bringen. «Die freuen sich bestimmt über das Sonntagsmenü.» «Nein, das können wir nicht machen», antwortete ich und schlug stattdessen vor: «Wir sagen doch einfach, das Auto, das gerade vorbeigefahren ist, habe es überfahren.» «Man sieht aber keine Pneuspuren beim Huhn», wandte Christoph ein. «Das kriegen wir hin.» Mit Wasser aus einer Pfütze und Erde strich ich dem Huhn den Hals und Kopf ein, dann trat ich mit dem rechten Fuss einige Male darauf – nun sah es eindeutig nach einem Autounfall aus. Mit dem toten Huhn in der Hand gingen wir zum nahe gelegenen Haus. «Du kannst den Vorfall erklären, ich sage kein Wort dazu», meinte Christoph zu mir. Ich klopfte an, Frau Nebicker öffnete die Tür und fragte verdattert: «Hallo ihr zwei, um Gotteswillen, was ist denn vorgefallen?» «Wir haben das Huhn soeben auf der Strasse im Wald gefunden, es ist von einem Auto überfahren worden», erklärte ich überzeugend und mit trauriger Stimme. Ihr Mann Fritz erschien und schaute sich das tote Tier an. «Ich habe vor ungefähr zehn Minuten ein Auto gehört. Wir müssen wohl doch einen Zaun anfertigen, die Hühner sind oft im Wald und auf der Strasse. Und die Füchse stellen ja auch eine Gefahr dar.» Als wir uns verabschieden wollten, bat uns Frau Nebicker, kurz zu warten, und erschien kurz darauf mit einer Tafel Nussschokolade. «Als kleine Belohnung, dass ihr aufmerksam wart und das Huhn gebracht habt.» Zurück bei den Fahrrädern lobte mich Christoph: «Das hast du super gemacht.» Dann fuhren wir weiter zu den Fuchsbauten, wo wir trockenes Holz sammelten und damit ein Feuer entfachten. Mit Tannenzweigen erzeugten wir Rauch, der nach einer Weile aus einem anderen Eingang des Fuchsbaus aufstieg. Doch Fuchs kam keiner raus, also genossen wir stattdessen die Nussschokolade und machten uns dann wieder auf den Heimweg. «Was sagen wir eigentlich zu Hause, was mit dem Huhn vorgefallen sei?», fragte ich Christoph, der mir riet: «Am besten gar nichts.» «Das geht nicht, meine Pflegemutter hat noch öfters Kontakt zu Nebickers. Wir erzählen ihnen auch, es sei das Auto gewesen», schlug ich vor. Christoph lachte: «Einverstanden, es ist ja eigentlich auch ungefähr die Wahrheit.» Trotzdem wusste ich zu Hause nicht so recht, wie ich mit der Situation umgehen sollte, und entschloss mich schliesslich, die Geschichte beim Abendessen zu erzählen. «Die Hühner habe ich auch schon mehrmals auf dem Waldweg angetroffen, die sind Autos halt nicht gewohnt», meinte Grösu.

Jeden Freitag fuhren wir mit den Fahrrädern ins Nachbardorf zum obligatorischen kirchlichen Unterricht. Heidi gab mir nun meistens 50 Rappen mit, damit auch ich mir einen Nussgipfel kaufen konnte. Während der Hin- und Rückfahrt diskutierten viele Schüler bereits, was sie nach dem Schulaustritt machen würden. Christoph und Hermann erwähnten beispielsweise, ihre Eltern würden für sie eine Lehrstelle auf einem Landwirtschaftsbetrieb suchen. «Was machst du eigentlich danach?», wollte Christoph von mir wissen. «Keine Ahnung.» Mein Bruder Edwin hatte nach der Schule im Nachbardorf eine Lehre als Zimmermann angetreten und konnte gratis bei seinen Pflegeeltern bleiben. Der Kontakt zu meinen Brüdern war aber nicht mehr intensiv. Ich hatte ja noch meine Schwester Renate, die nebenan beim Lehrer im Schulhaus wohnte und nach zwei Jahren Weiterbildung nun das Gymnasium in Bern besuchte. Ihr Pflegevater kam für alle Kosten auf.

Wie es bei mir nach der Schule weiterging, hatte ich bisher noch nicht überlegt. Andere hingegen hatten offensichtlich eine klare Vorstellung davon, was es aus mir gab – unter anderem der Vater von Verena Kunz, die mit mir die Schule besuchte und zwei Jahre jünger war als ich. Ab und zu fuhren wir zur selben Zeit mit der Milch in die Käserei und zurück. Ich half ihr zudem beim Ab- und Aufladen der Milchkannen. Eines Abends unterhielten wir uns bei der Abzweigung zu ihrem Hof, als ihr Bruder mit dem Fahrrad vorbeifuhr und Vreni zurief: «Es wäre besser, wenn du sofort heimkommen würdest.» Sie verabschiedete sich und ging nach Hause. Am nächsten Schultag fiel mir auf, dass mit Vreni etwas nicht stimmte. Am Abend wartete sie in der Käserei auf mich und sagte: «Mein Bruder hat den Eltern erzählt, dass ich mich mit dir unterhalten habe. Der Vater sagte zu mir, dass ich nicht mit dir sprechen dürfe. Aus dir gebe es sowieso nichts.» Mit gesenktem Kopf begab sie sich auf den Heimweg. Ich wartete einen Moment, sodass wir circa 100 Meter Distanz zueinander hatten, und wich Vreni von da an aus. Nach einigen Tagen fragte sie mich in der Pause: «Bist du jetzt böse auf mich? Ich kann doch nichts dafür.» «Nein, ich bin dir nicht böse, ich möchte dich nur nicht in Schwierigkeiten bringen», antwortete ich. Vergessen konnte ich den Zwischenfall aber nicht. Auf solche unangebrachten Äusserungen reagierte ich mittlerweile aggressiv. «Aus ‹dem›, aus mir, wird sowieso nichts – das also ist die Meinung der Leute», fuhr mir durch den Kopf. «Nein, diesen Gefallen mache ich euch nicht! Ich werde euch grossartigen und eingebildeten Herren zeigen, dass ich etwas erreiche. Ich hasse und verurteile euch.»

Maschinenlärm während der Predigt

Es war wieder mal Predigt im alten Schulhaus, und meine Pflegeeltern, Hansruedi sowie Christophs Eltern nahmen daran teil. Währenddessen verbrachte ich den Morgen mit Christoph, der zu mir sagte: «Morgen wollen wir mit der Brechmaschine Steine brechen, wir brauchen nämlich dringend Kies, um sämtliche Feld- und Waldwege instand zu stellen. Wenn die Maschine lange nicht benutzt wird, gibt es immer Probleme beim Starten des Motors. Komm, wir versuchen es doch mal.» Die Steinbrechmaschine stand vor dem Wagenschopf, mit freier Sicht auf das knapp 80 Meter entfernte Schulhaus. Wir füllten Benzin ein und trugen grosse Steine auf die Brücke der Maschine. Keiner von uns dachte daran, dass die Besucher der Predigt uns zuschauen konnten. Als alles bereit war, öffnete Christoph den Benzinhahn, und ich drehte mit aller Kraft an der Kurbel, doch der Motor sprang nicht an. «Wir müssen einige Umdrehungen machen, bis das Benzin die Zündkerze erreicht hat», sagte ich zu Christoph. Nun drehte er zwei bis drei Mal die Kurbel. Nach einer kurzen Verschnaufpause versuchte ich es wieder – und siehe da, der Motor sprang an und liess eine grosse Rauchwolke entstehen. Ausserdem machte er so viel Lärm, dass wir uns kaum noch verstehen konnten. Der Krach wurde noch lauter, als wir das Schwungrad zuschalteten und begannen, Steine zu brechen. Immer noch hatten wir keine Sekunde daran gedacht, dass im nahen Schulhaus Predigt war. Plötzlich gab mir Christoph einen Stoss und zeigte in Richtung Schulhaus. Dort stand der Lehrer auf der Laube und winkte mit beiden Armen ab. Sofort stellten wir die Brechmaschine aus und gingen ins Haus zurück. Mir war es nun mehr als mulmig zumute, durch den Lärm hatten die Leute sicher nicht mehr verstanden, was der Pfarrer sagte. Christoph lachte nur. «Mein Vater freut sich bestimmt, dass wir den Motor starten konnten, die Mutter vermutlich weniger, aber das gibt kein Problem.» «Für mich wird es aber mit meiner Pflegemutter ein riesiges geben, und auch der Lehrer hat sicher keine Freude», sagte ich zu Christoph.

Schweren Herzens ging ich kurz vor Mittag heim. Der Hund rannte mir entgegen und wollte mit mir spielen. «Wenn Bläss mir nur helfen könnte, er würde das sicher tun», dachte ich. Vor dem Eingang zur Küche hielt ich einen Moment inne, um festzustellen, wer sich gerade darin aufhielt. Ich hoffte sehr, dass alle anwesend sein würden. Als Hansruedi plötzlich aus der Küche kam, konnte ich nicht länger stehen bleiben und trat ein. Die Mutter kam auf mich zu, schlug mit beiden Händen gegen mein Gesicht und stiess mich mit voller Wucht gegen die Wand. «Ich will dir jetzt zeigen, wo es lang geht! Vor der ganzen Gemeinde müssen wir uns wegen dir schämen; aber eigentlich ist das ganz gut, so sehen alle Leute, was du für einer bist! Dummheiten anstellen, das ist alles, was ihr könnt!» Ich flüchtete aus der Küche und sah, dass Hansruedi beim Brunnen stand. Es schien mir, als hätte er dort gewartet, bis alles vorbei war. Als ich zum Tisch kam, meinte Grösu: «So ein Riesentheater wäre überhaupt nicht nötig gewesen. Das war ein Schulbubenstreich, wir haben in diesem Alter auch Dummheiten gemacht. Den Motor zu starten, wäre uns vermutlich nicht gelungen.» Er schaute mich mit einem lieblichen Lächeln an und legte die rechte Hand auf meinen Arm. «Das ist wohl noch nötig, diesen Dummkopf und Taugenichts zu unterstützen!», schimpfte Martha weiter. «So dumm wie du meinst, ist er gar nicht», entgegnete Grösu, dann blieb es ruhig. Nach dem Mittagessen verbot mir die Mutter einen weiteren Besuch bei Hofers. Ich nahm den Hund und wollte gerade in Richtung Heckenweide gehen, als Christoph erschien und mich nach der Reaktion der Mutter fragte. Ich erzählte ihm also, was vorgefallen war. «Meine Mutter fragte mich nur, ob wir denn nicht an die Predigt gedacht hätten. Es sei so laut geworden, dass kein Wort mehr zu verstehen war. Der Vater ergänzte, er habe von Anfang an alles beobachtet und nie gedacht, dass wir den Motor starten könnten. Er lachte, dass morgen dadurch schon ein kleines Problem gelöst sei», berichtete Christoph. Dann ging er wieder nach Hause, während ich mit Bläss umherlief und Zeit hatte, über die sehr vernichtenden Worte meiner Mutter nachzudenken. «Dummkopf, Taugenichts … aber zum Arbeiten bin ich gut genug», dachte ich bitter. Am Freitag nach dem Zwischenfall fuhren Christoph und ich wie immer ins Nachbardorf zum kirchlichen Unterricht. Als der Pfarrer eintrat, kam er direkt zu uns. «So ihr zwei Steinbrecher, geht es euch gut? Ihr habt uns letzten Sonntag einen schönen Schreck bereitet», lachte er verschmitzt. Im Unterricht stellte er uns mehrere Fragen, die wir alle richtig beantworteten. Bei der Verabschiedung meinte er: «Ihr kennt euch auch in der Religion recht gut aus, nicht nur mit Motoren.» Sofort musste ich an meine Pflegemutter denken, die das Ganze gar nicht lustig gefunden hatte. «Immerhin gab es ihr einmal mehr die Gelegenheit, zuzuschlagen», durchfuhr mich.

Eines Tages erhielt Hansruedi das Aufgebot von der Armee für einen dreiwöchigen Wiederholungskurs im Herbst. Beim Mittagessen wurde ausführlich darüber diskutiert und lange überlegt, ob Hansruedi den WK auf das Folgejahr verschieben sollte. Am Ende entschloss man sich dagegen – Grösu fand, sie hätten ja jetzt noch mich und ich könne Hansruedi problemlos vertreten. Im Bett dachte ich nochmals über das Gespräch nach, die Aussage meines Pflegevaters liess mir keine Ruhe. «Jetzt haben wir ja noch Christian, der kann Hansruedi gut vertreten», hörte ich ihn sagen. Ich wusste, dass ich Hansruedi gut vertreten konnte, er hatte mir ja alles erklärt. Motormäher und Traktor beherrschte ich, und auch im Stall wusste ich Bescheid. Ich würde es sogar schaffen, alle Kühe allein zu melken, sollte Grösu ausfallen. Mich beschäftigte eher die Andeutung, dass ich bei einem WK im nächsten Jahr nicht mehr da wäre, um Hansruedi zu vertreten. «Wo werde ich wohl im nächsten Sommer sein?», fragte ich mich und schlief mit diesem Gedanken ein.

Bald darauf war es Zeit, das Gras zu mähen. Hansruedi zeigte mir, wie die Messer des Motormähers mit der Schleifmaschine geschliffen werden. Das bereitete mir keine Schwierigkeiten, und als ich am Abend den Mäher einsetzte, lobte mich Hansruedi: «Das Messer ist sehr gut geschliffen, es gibt einen sauberen Schnitt.» Ich freute mich sehr über das Kompliment und war stolz auf mich, denn ganz so leicht war das Messerschleifen nicht. Ich hatte nun auch schon Kraft genug, um drei oder auch mehr Kühe zu melken, worüber Hansruedi und Grösu sehr froh waren. Daneben half ich wie gewohnt bei den weiteren Arbeiten auf dem

Hof mit. Die Felder trockneten rasch ab und konnten für das Säen des Sommergetreides und das Anpflanzen der Kartoffeln vorbereitet werden. Wegen des schönen Sommerwetters mähten wir schon früh das erste Heugras. Als in der Zeitung ein Heugebläse zum Verkauf ausgeschrieben war, rief Hansruedi sofort an und konnte es kaufen. Am nächsten Tag holte er das Gebläse, das wir gleich montierten. Das Heu liess sich nun vom Boden direkt ins Gebläse schieben, wurde durch ein Rohr nach oben geblasen und fiel vom Dachgewölbe hinunter auf den Heustock, wo wir es gleichmässig von Hand verteilten. Die Einrichtung ersparte uns viel mühevolle Arbeit. Trotzdem war die Bezeichnung «Heuferien» für die drei schulfreien Wochen mehr als unpassend. Die «Ferien» waren zwar eine schöne, aber sehr strenge Zeit für mich. So erstellte mittlerweile ich die meisten Heufuder und empfand immer Stolz, wenn mir die Aufgabe gut gelang. Auch Grösu erfreute sich an meinen hohen Heufuder, schliesslich hatte er mir das beigebracht. Auf den abgeernteten Feldern richtete ich immer wieder Mäusefallen. Zudem pflückte ich viele Kirschen, oft zuoberst in den rund sechs Meter hohen Bäumen, denn Heidi und Grösu mieden diese Höhe. Hansruedi war viel unterwegs und half den Landwirten bei der Kontrolle der Saatkartoffelfelder. Die drei Wochen Heuferien vergingen wie im Fluge, bis zu den Herbstferien hatten wir nur vormittags Schule, um am Nachmittag zu Hause helfen zu können. Wie im Jahr zuvor sammelten Christoph und ich im Wald Holz für den 1. August und transportierten es mit Traktor und Wagen auf die Anhöhe, wo wir einen circa vier Meter hohen Holzstapel aufschichteten. Dieses Jahr kamen Hansruedi und Heidi mit der kleinen Marianne auch mit zum Augustfeuer. Ich half ihr beim Anzünden ihres kleinen Zuckerstocks, später liessen Christoph und ich Raketen und Knallkörper steigen. Einige Tage später bereiteten wir die Boxen für die bevorstehende Kartoffelernte vor, nach 100 Tagen in der Erde hatten sie die ideale Grösse erreicht und mussten geerntet werden. Der Qualitätstest aus Oerlikon fiel wieder sehr gut aus, was uns alle freute. Bei schönem, trockenem Wetter ernteten wir während einer Woche Saatkartoffeln und lagerten sie in der Scheune. Kaum war diese strenge Arbeit fertig, begann die Getreideernte. Paul Hofer fuhr mit dem Bindemäher vor, und wir stellten die Garben in geraden Reihen auf. Nach circa zehn Tagen konnte das Getreide eingebracht werden. Ich freute mich sehr darauf, denn nun durfte ich sämtliche Fuder selbst erstellen. Grösu und Hansruedi reichten mir die Garben auf den Wagen, zu Hause schichteten wir sie dann auf der Getreidebühne auf. Wegen den Platzverhältnissen wurde das Entladen der Fuder eine sehr mühsame und anstrengende Aufgabe – der Stapel war riesig und sehr hoch.

Bevor Hansruedi in den Militärdienst einrücken musste, reichte es noch, die geernteten Kartoffeln nach Grösse – gross, mittel und klein – zu sortieren. Am Sonntag war die Stimmung dann bedrückt. Hansruedi und ich besprachen noch die Arbeiten, die in der nächsten Woche anstanden. Die Kartoffelsäcke für das Saatgut nach Holland waren soeben eingetroffen. Alle Kartoffeln mussten nun von Hand auf dem Sortiertisch kontrolliert und in 50-Kilogramm-Säcke abgefüllt werden. Am Montagmorgen verabschiedete sich Hansruedi und rief mir noch zu: «Mach es gut und schau gut zum Betrieb.» «Das werde ich», versprach ich und sah, wie Heidi mit Tränen in den Augen im Haus verschwand. Als die Arbeiten im Stall beendet waren, erschien sie wieder. «Wir sollten nun mit dem Sortieren der Kartoffeln beginnen», schlug sie vor. In der Scheune schaufelte ich Kartoffeln auf den Sortiertisch und half dann Heidi beim Sortieren. Wenn ein Sack voll war, stellte ich ihn auf die Waage und füllte auf genau 50,5 Kilogramm auf. Dann wurde der Sack mit einigen Stichen zugenäht, mit einer entsprechenden Etikette versehen und hinten in die Scheune gestellt. Am Mittag hatten wir bereits neun Säcke kontrolliert. Als ich beim Brunnen die Hände fürs Mittagessen wusch, sah ich, wie Grösu aus dem Keller auftauchte. Ich befürchtete, dass er wieder zu viel trinken und danach Heidi beschimpfen würde. Am Nachmittag fuhren Heidi und ich mit unserer Arbeit fort, bis ich um 17.15 Uhr in den Stall musste. Ich fuhr den Mist hinaus, molk Kühe und ging dann mit der Milch in die Käserei. Daraufhin reinigte Heidi das Milchgeschirr beim Brunnen, während ich nochmals die Futterkrippe bei den Kühen mit Gras auffüllte. Anschliessend mähte ich die nötige Menge Gras für den morgigen Tag, lud das Fuder zusammen mit Heidi auf und brachte es in die Tenne. Um 20 Uhr rief Heidi mich in die Küche. Als wir mit dem Abendessen fertig waren, brachte Heidi Marianne ins Bett, während ich wieder mit dem Sortieren der Kartoffeln begann. Nach einer Weile erschien auch Heidi, und gemeinsam arbeiteten wir bis ungefähr 22 Uhr. Wir hatten nun schon 24 Säcke sortiert. Ich schaute nochmals bei den Kühen vorbei, ging dann hinein und rief «Guet Nacht» in die Stube. Die Mutter antwortete, Grösu schlief vermutlich auf dem Sandsteinofen. Am Morgen, kurz nach 5 Uhr, läutete der Wecker, den ich von Hansruedi ausgeliehen hatte. Ich stand auf und machte mich an die Stallarbeiten: Futterkrippe reinigen, Kühe füttern, Streu sortieren, Misten und Melken. Kurz vor 6 Uhr erschien Grösu. Um 6.30 Uhr waren alle Kühe gemolken, und ich fuhr in die Käserei. So verging Tag um Tag, von morgens früh bis abends spät immer dasselbe Programm. Wir kamen gut voran, und auch mit Grösu lief es recht gut, obschon er praktisch nach jeder gemolkenen Kuh den Keller aufsuchte. Nach dem Nachtessen verschwand er immer in der Stube. Am Donnerstag erhielten wir einen Anruf von der Saatzuchtgenossenschaft, die wissen wollte, ob wir bis am Freitagabend 80 Säcke bereit hätten. «Das schaffen wir, sag zu», ermunterte ich Heidi zuversichtlich. Nachdem sie den Auftrag zugesagt und das Telefonat beendet hatte, fragte sie besorgt: «Schaffen wir das wirklich?» «Ja, es sind ja bereits 48 Säcke fertig, wir machen heute bis 60 Säcke», beruhigte ich Heidi. Am Abend, kurz nach 22 Uhr, erschien Paul Hofer unerwartet in der Scheune. «Ich habe in den letzten zwei Tagen am späten Abend immer Licht in der Scheune gesehen. So geht das doch nicht. Unser Melker könnte euch morgen nach den Stallarbeiten helfen.» «Nein Paul, danke. Wir schaffen die 80 Säcke bis morgen Abend, es fehlen nur noch 20. Wenn wir ein Problem haben, melden wir uns», sagte ich überzeugt. «Hoffentlich, ich habe das ja so mit Hansruedi abgemacht», meinte Christophs Vater und verabschiedete sich dann. Am Freitagabend um 17 Uhr wurden die 80 Säcke Saatkartoffeln abgeholt. Heidi war sichtlich froh und erleichtert.

Am Samstag, kurz nach dem Mittagessen, kam Hansruedi vom WK zurück. «Hallo, gehts gut?», fragte er. «Ja, wir haben schon 80 Säcke Normalsortierung abgeliefert», antwortete ich. «Ihr seid ja verrückt», sagte er erfreut. Beim Zvieri erzählte Hansruedi vom Militärdienst. Als ich vom Tisch aufstand, sagte er zu mir: «Du hast diese Woche genug gearbeitet, es reicht – von jetzt an hast du frei.» «Danke, aber in die Käserei kann ich doch?», fragte ich. «Meinetwegen, aber morgen schläfst du aus, ich gehe für dich in den Stall.» Also blieb ich am Sonntagmorgen im Bett, doch kurz vor 8 Uhr klopfte die Mutter an die Decke und rief: «Willst du auch Frühstück?» «Ich komme», antwortete ich und stand auf. Als ich draussen beim Brunnen stand und meine Hände wusch, fragte mich Hansruedi: «Warum bist du schon auf?» «Die Mutter hat mich zum Morgenessen geweckt.» Hansruedi schüttelte den Kopf, und als ich nach dem Richten der Mäusefallen auf den Hof zurückkehrte, sagte er erneut: «Du hast doch heute frei.» «Fallenstellen ist für mich keine Arbeit, das mache ich am Sonntag ja sonst auch meistens», entgegnete ich. Am späteren Nachmittag kontrollierte ich die Fallen und kam mit sieben Mäusen heim. «Ich bezahle dich gleich», sagte Hansruedi und überreichte mir drei Franken. «Das ist doch viel zu viel, es macht nur 1 Franken und 40 Rappen.» «Schon gut», sagte er. Am Sonntagabend musste Hansruedi wieder einrücken, und so stand ich am Montag erneut um 5.30 Uhr auf und begann mit den Arbeiten im Stall. Als ich beim Brunnen die Milchkanne holte, kam Grösu bereits die Kellertreppe empor. Nach dem Frühstück begannen Heidi und ich mit dem Sortieren der grossen Saatkartoffeln, Grösu beendete währenddessen die Arbeiten im Stall. Nach zwei Tagen hatten wir die 30 Säcke der Grosssortierung für den Export nach Italien fertig. Da die Zwetschgen der Sorte «Bühler» reif waren, wechselten wir den Arbeitsplatz in die Hofstatt. Bis am Samstag hatten wir zwei der fünf Bäume gepflückt. Die Mutter kontrollierte die Früchte und füllte über 20 kleine Kisten ab. Ungefähr 100 Kilogramm nahm Landwirt Ernst Kunz mit auf den Markt nach Bern. Die restlichen circa 350 Kilogramm transportierte ich mit Traktor und Wagen in die landwirtschaftliche Genossenschaft. Als Heidi beim Brunnen einige Zwetschgenkisten reinigte und ich am Melken war, ging Grösu wieder einmal in den Keller. Kurz darauf hörte ich, wie er zurückkam und Heidi zurief: «Verdammti Chöözimoore!» «Hör jetzt auf damit», sagte ich zu meinem Pflegevater. Mit gesenktem Kopf ging er an mir vorbei und begann, die nächste Kuh zu melken. Als ich von der Käserei zurück war, sagte Heidi zu mir: «Danke, dass du mich verteidigt hast. Ich reagiere schon gar nicht mehr auf die Beschimpfungen, vermutlich weiss er gar nicht, was er sagt.»

Als ich am Samstagabend am Grasmähen war, erschien Hansruedi, der bis am Sonntagabend Urlaub hatte. Er half mir, das Gras aufzuladen, und erzählte dabei von der vergangenen Woche im Militärdienst. «Es ist nicht streng, am Montagmorgen musste ich einen Hauptmann mit dem Motorrad nach Solothurn fahren und ihn am späteren Nachmittag wieder zurückführen. So geht das fast jeden Tag. Ich würde lieber euch helfen und bin froh, wenn der WK vorbei ist.» Danach entlud ich das Gras in der Tenne und brachte die Milch in die Käserei. Im Stall musste ich nicht helfen, daher ging ich Mäusefallen richten. Am späteren Sonntagabend rückte Hansruedi wieder in den Militärdienst ein. Am Montagmorgen pflückten Heidi und ich wieder Zwetschgen, am Dienstagabend waren wir damit fertig. Erneut nahm Ernst Kunz einen Teil der Früchte, die restlichen 500 Kilogramm transportierte ich zur landwirtschaftlichen Genossenschaft. Am Mittwoch begannen Heidi und ich mit dem Sortieren der restlichen Saatkartoffeln – die Kleinsortierung stand bevor, die für den Export nach Holland bestimmt war. Am Donnerstagabend hatten wir alle Saatkartoffeln sortiert, und die Säcke wurden am Freitag abgeholt. Am Samstagmittag war endlich auch der Militärdienst von Hansruedi vorbei. Wir waren alle froh darüber.

Am Sonntag beim Mittagessen sagte Hansruedi: «Morgen beginnen wir mit dem Ausführen von Mist auf den Kartoffelacker. Dann können wir ihn pflügen und für das Säen von Winterweizen bereit machen.» Entsprechend startete ich am Montagmorgen den Traktor und fuhr mit dem Mistwagen zum Miststock. Als wir gerade am Aufladen waren, hielt ein nobler Mercedes 280 SE an. «Hallo, wo kann ich parkieren?», fragte der Lenker. «Hallo, Marcel, fahr da auf die Matte», sagte Hansruedi. Marcel, ein Bekannter von Heidi, wohnte in Deutschland und war momentan in Bern bei seinem Bruder auf Besuch. Er wollte bei uns Äpfel, Kartoffeln und Zwetschgen holen. Ich fuhr damit fort, Mist aufzuladen, und entfernte gerade den heruntergefallenen Mist von der Strasse, als Gemeindepräsident Karl Tschumi mit seinem Mofa anhielt. «Darf ich mal den wunderschönen Mercedes näher anschauen?», fragte er und ging zu besagtem Auto. Hansruedi und ich folgten ihm, plötzlich fragte mich der Gemeindepräsident: «Was willst denn du hier?» «Auch das Auto anschauen», antwortete ich. Er lachte hämisch und sagte: «Für jemanden wie dich kommt ein Mercedes sowieso nie infrage. Geh und nimm den Mist von der Strasse, das passt besser zu dir.» Wütend antwortete ich: «Ich werde vor dir mit einem Mercedes hier vorbeifahren, das garantiere ich dir.» «Ein freches Maul hast du, das ist aber auch schon bald alles», rief er mir nach, als ich mich entfernte. Ich startete den Traktor und fuhr auf den Kartoffelacker. Hansruedi kam nach, er sagte nichts zu den negativen Äusserungen von Karl Tschumi. Am Abend im Bett hörte ich wieder die Worte des Gemeindepräsidenten. Ich war nicht traurig, sondern wütend auf ihn. «Irgendwie sollte ich ihn dafür bestrafen können. ‹Irgendwann› gilt auch für Tschumi», schwor ich mir.

Mitte Oktober war die Wetterlage stabil, und der grosse Herbstwäschetag stand bevor. Ich half Hansruedi, den grossen Wäscheofen zum Brunnen zu schleppen, füllte Wasser ein und machte Feuer. Hansruedi und Heidi spannten derweil in der Hofstatt von Baum zu Baum eine lange Wäscheleine. Während zwei Tagen wurde nun gewaschen. Vor den Stallarbeiten nahmen Hansruedi und Heidi die trockenen Leintücher und Bettanzüge von der Wäscheleine und falteten diese. Ich füllte gerade einen Korb voll Holz für den Wäscheofen, als mein Pflegevater vom Keller hinaufkam und auf dem Weg zum Stall unmissverständlich sagte: «So, jetzt kann sie chööze, die Soumoore.» In diesem Augenblick kam Hansruedi, ging auf Grösu zu und sagte: «Ich kann diese verdammten unangebrachten Äusserungen von dir nicht mehr hören, es reicht! Denk daran, diese ‹Soumoore› wäscht auch die schmutzige Wäsche von dir und der Mutter.» Ich war so froh, dass Hansruedi sich endlich zur Wehr setzte. Als ich etwas später vom Grasmähen zurückkam, stieg Grösu schon wieder die Kellertreppe hinunter.

Die Herbstferien gingen dem Ende zu, die Schule fing wieder an. Auf dem Hof gab es nun etwas weniger zu tun – wir verteilten Mist auf den Feldern, pflügten die Erde um und säten das Wintergetreide. An einem Sonntag kam Christoph zu mir und berichtete: «Mein Vater hat einen neuen Traktor gekauft, einen Hürlimann D 100. Und ich werde ab übernächstem Winter für drei Jahre eine landwirtschaftliche Schule besuchen, immer nur während der Wintermonaten. Man muss sich über ein Jahr im Voraus anmelden.» «Das sind aber tolle Neuigkeiten. Was macht ihr denn mit dem alten Traktor?», fragte ich. «Den behalten wir, dafür verkaufen wir zwei Pferde. Wir werden auch noch einige Maschinen für den neuen Traktor anschaffen.» Zu Hause erzählte ich nichts von Christophs Neuigkeiten, dachte aber lange über Christophs Zukunftspläne nach. «Sein Platz ist also bereits reserviert, und er weiss schon, wie es für ihn weitergeht.» Ich hingegen hatte immer noch keine Ahnung, was mit mir nach der Schule passieren würde.

An einem Samstagabend traf ich meinen Bruder Paul in der Käserei. Er fragte, ob ich am nächsten Tag auch zu unserer Mutter komme. Ich bejahte. Am Sonntag, kurz nach 13 Uhr, machte ich mich also auf den Weg. Als ich nach circa einer halben Stunde den Wald verliess und am Haus meiner Grosseltern vorbeikam, blieb ich hinter einer Hecke stehen. «Was würden sie wohl denken, wenn sie mich sehen und ich einfach so vorbeigehen würde? Sie sind doch so lieb zu mir gewesen, und ich habe versprochen, mal bei ihnen vorbeizuschauen», überlegte ich, bevor mir wieder das Verbot meiner Mutter in den Sinn kam. Nach einer Weile traf ich meine Entscheidung und lief zum Haus meiner Grosseltern, die sich über meinen Besuch sehr freuten und mich zur Begrüssung umarmten. Plötzlich kam noch eine Frau aus der Stube – Erna, die Schwester meines Vaters. «Schön, dass ich dich endlich kennenlernen kann. Meine Eltern haben mir schon viel von dir erzählt.» Nachdem ich mit ihnen etwas geplaudert und von meinem Alltag berichtet hatte, stellte Erna eine sehr heikle Frage: «Warum kommen eigentlich deine Geschwister nie bei uns zu Besuch?» Ich hielt einen Moment inne und sagte dann: «Die Mutter hat es uns verboten.» Ich musste einfach die Wahrheit sagen, ich war nicht mehr bereit, meine Grosseltern anzulügen. «Warum denn? Wir haben ihr doch keine Steine in den Weg gelegt», antwortete Erna. «Das hängt vermutlich mit der Scheidung zusammen», spekulierte der Grossvater. Nach circa einer halben Stunde verabschiedete ich mich. Der Grossvater gab mir zwei Franken mit auf den Weg. Als ich bei der Mutter eintraf, waren Edwin und Paul schon da. «Hallo», grüsste ich. Die Mutter gab mir die Hand und sagte: «Dich sieht man auch selten!» «Ja, ich weiss. Hansruedi war drei Wochen im Militärdienst, deshalb war ich für alles verantwortlich und hatte sehr viel zu tun.»

«Die hätten ja jemanden anstellen können für diese Zeit», fand die Mutter. Ich sagte nichts mehr und ging in die Wohnstube, wo wir mit der Mutter jassten. Um circa 16 Uhr machte ich mich auf den Rückweg. Glücklicherweise hatte ich nicht denselben Heimweg wie Edwin und Paul, denn erneut gingen mir viele Gedanken durch den Kopf, die ich zu ordnen hatte. «Meine Grossmutter schloss mich fest in ihre Arme, und die Mutter begrüsste mich mit durchgestrecktem Arm. Warum ist sie so zu mir und ähnlich auch zu Edwin und Paul?» Mir schien es, dass die Mutter mich von allen Geschwistern am wenigsten mochte. Sie sprach meistens mit allen anderen, was ich machte, interessierte sie nicht. «Bilde ich mir das nur ein? Lasse ich mich von meinen Gefühlen täuschen? Nein, das glaube ich einfach nicht. Meine Schwestern werden von ihr geküsst und in die Arme genommen, uns umarmt sie nie.» Nach knapp einer Stunde hatte ich die circa 300 Höhenmeter bewältigt und traf zu Hause ein. Der Hund kam mir entgegen und brachte mich auf andere Gedanken. Bläss begleitete mich sogar in den Gaden, was er sonst nicht machte – als merkte er, dass ich etwas nicht verarbeiten konnte.

«Nächsten Dienstag dreschen wir das Getreide», vernahm ich am Sonntagabend von Hansruedi. Und tatsächlich konnten wir vom Schulhaus aus beobachten, wie der Lanz Bulldog und die restliche Dreschkolonne am Dienstagmorgen in unsere Einfahrt fuhren. Nach dem Mittagessen war alles bereit, die Dreschmaschine wurde gestartet. Am Abend bestaunten Christoph und ich den grossen, alten Traktor mit den zwei grossen Schwungrädern auf der Seite, als der Maschinist Ernst

Binggeli zu uns kam und sagte: «Morgen Mittag sind wir fertig hier, dann zügeln wir zu dir, Christoph. Ihr zwei könntet nach dem Mittagessen versuchen, den Traktor zu starten.» Wir freuten uns über das super Angebot und hörten tags darauf aufmerksam den Anweisungen von Ernst Binggeli zu. «In der Mitte der Lenksäule befindet sich der Entriegelungshebel des Lenkrads. Dieses demontieren und beim linken Schwungrad montieren, dann den Petrolhahn öffnen. Wenn der Motor gestartet ist, von Petrol sofort wieder auf Diesel umstellen und den Petrolhahn gut zudrehen. Jetzt am Lenkrad zurückdrehen, bis es kaum noch weitergeht. Dann mit voller Wucht auf die andere Seite drehen – das benötigt sehr viel Kraft.» Ich nahm das Lenkrad in beide Hände, Christoph fasste es so gut es ging von der Seite und mit voller Wucht drehten wir es vorwärts. Christoph stürzte dabei zu Boden, ich konnte mich gerade noch am Vorderrad abfangen. Der Lanz Bulldog begann ganz langsam zu klopfen, woraufhin Ernst Binggeli erstaunt sagte: «Das hätte ich gar nicht erwartet, dass ihr den Traktor starten könnt.» Beim Verabschieden erzählte er Hansruedi von unserem erfolgreichen Versuch, den Traktor zu starten. «Mich verwundert das gar nicht», lachte Letzterer. Am Freitagvormittag erzählte mir Christoph in der Schule, dass die Dreschkolonne nach dem Mittagessen zügeln werde. «Binggeli hat mich gefragt, ob wir den Traktor wieder starten möchten.» Zuerst wusste ich nicht, wie reagieren – die Mutter konnte ich bestimmt nicht fragen, aber vielleicht Hansruedi. Ich sagte Christoph zu und bat Hansruedi um Erlaubnis, als ich von der Schule heimkam. «Ja, das ist kein Problem», meinte er grinsend. Doch beim Mittagessen ging es nicht vorwärts, ich wurde nervös und schaute immer wieder zur Wanduhr. Als der Zeiger auf kurz vor halb eins stand, hielt ich es nicht mehr aus und sagte leise zu Hansruedi: «Also, ich gehe schnell.» «Mach das», antwortete Hansruedi. «Wo will er hin?», fragte die Mutter. «Binggeli hat die zwei gefragt, ob sie den Bulldog heute Mittag starten möchten.» Ich war schon vom Tisch, als ich sie sagen hörte: «So ein Blödsinn.» Christoph hatte das Lenkrad bereits beim Schwungrad montiert, als ich eintraf. Dieses Mal hatten wir einige Zuschauer, unter anderem der Knecht des Gemeindepräsidenten, und einige von ihnen waren überzeugt, dass wir die Maschine nicht starten könnten. Doch wir öffneten unbeirrt den Petrolhahn, drehten das Lenkrad zuerst so weit es ging zurück und dann mit aller Kraft nach vorne. Der Start gelang. «Super habt ihr das gemacht», tönte es von einigen Leuten. Der Maschinist bedankte sich und klopfte uns lachend auf die Schultern. Ich ging sofort nach Hause, wo Hansruedi wissen wollte, ob wir erfolgreich gewesen waren. Ich bejahte, er lachte vor sich hin.

Im November kündigte sich der Winter mit einem plötzlichen Kälteeinbruch und einer kleinen Menge Schnee an. Am Tag zuvor hatten wir sämtliches Gemüse vom Garten und von der Pflanzung in den Keller gebracht. Von den Kühen waren vier trächtig und wurden nicht mehr gemolken. Mitte November blieb der Schnee liegen, und es wurde auf Heufütterung umgestellt. Entsprechend musste ich wieder das «Gläck» und neu auch das Heu vorbereiten. Grösu hatte mich mit dem Umgang der Heuschrote vertraut gemacht, sodass ich die Arbeit allein ausführen konnte. Anfang

Dezember waren die Strassen zum ersten Mal zugeschneit. Der hölzerne Schneepflug wurde jetzt nicht mehr von Pferden, sondern von zwei Traktoren gezogen, deren Antriebsräder mit Schneeketten ausgerüstet waren. Grösu ging wieder Schweineschlachten, und Hansruedi stellte sämtliche Fahrzeuge instand. An einem Sonntag fuhren Christoph und ich mit den Skiern zum steilen Hang in der Nähe von Hermann Rohrers Zuhause und trafen dort noch andere Schulkollegen. So ging es mit riesigen Schritten Weihnachten entgegen. Als ich circa zwei Wochen vor Weihnachten in die Käserei ging, stand das Auto meines Göttis vor der Garage und Käser Fred Wenger forderte mich auf: «Geh hinauf, sie erwarten dich.» In der Wohnung wurde ich von Götti Fred und Gotte Hanna sehr freundlich begrüsst. Sie wussten, dass ich während Hansruedis WK im Grunde genommen drei Wochen lang zusammen mit Heidi die Verantwortung für den Betrieb getragen hatte. «So eine Aufgabe kann man nicht jedem in deinem Alter zutrauen. Wir hoffen sehr, dass du dafür auch entsprechend belohnt wirst», sagte die Gotte. «Dieser Meinung schliesse ich mich an», meinte Fred und wollte dann wissen: «Wegen deinem Weihnachtsgeschenk … hast du eigentlich schon eine Armbanduhr?» Ich verneinte sehr erstaunt, woraufhin Götti Fred erklärte: «Wir kaufen dir eine sehr gute, schöne Armbanduhr. Bei den Arbeiten in der Käserei hat sich die Marke Certina bewährt – wir kaufen dir eine solche, wenn du damit einverstanden bist.» «Sicher bin ich damit einverstanden, danke vielmals», antwortete ich freundlich. «Am Samstag, 24. Dezember, kannst du sie hier abholen. Wir würden dich gerne zum Abendessen einladen», fuhr er fort. «Das wird sicher gehen, ich sage es meiner Pflegemutter.» Dann verabschiedete ich mich, wünschte einen schönen Abend und machte mich voller Freude auf den Heimweg. Beim Abendessen erzählte ich die Neuigkeit. Heidi antwortete: «Das freut mich für dich. Und sogar eine Einladung zum Nachtessen, das finde ich super!» Sonst sagte niemand ein Wort dazu.

Am 24. Dezember begann ich etwas früher mit den Stallarbeiten, um rechtzeitig in der Käserei zu sein. Pünktlich und im Hemd, das die Mutter aus dem letztjährigen Weihnachtsgeschenk von Gotte Hanna geschneidert hatte, traf ich bei Wengers ein. In der Stube warteten bereits die Gotte und der Götti und begrüssten mich freundlich. Hanna erkannte den Stoff meines Hemds sofort und lobte: «Das Hemd steht dir gut.» Marlene rief zum Essen – es gab Geschnetzeltes, Teigwaren und Salat, zum Dessert Torte. Danach erhielt ich mein Weihnachtsgeschenk. «Gefällt sie dir?», fragte der Götti. «Ja klar, das ist eine wunderschöne Uhr. Danke vielmals!» «Sie ist garantiert wasserdicht, damit kannst du also problemlos ins Wasser», erklärte er. Später musste ich viele Fragen zu meinen Tätigkeiten auf dem Hof beantworten. Gotte Hanna fand, dass ich viel zu viel arbeiten müsse. Auch Götti Fred war dieser Meinung und fügte hinzu, dass Verdingbuben immer wieder ausgenützt würden. Ich erzählte natürlich nichts vom entwendeten Hemdenstoff oder vom Geld, das mir die Pflegemutter gestohlen hatte. Um 21.30 Uhr machte ich mich bei Schneefall und Wind auf den Heimweg. Am linken Arm fühlte ich meine neue Uhr, deren Zeiger im Dunkeln leuchteten und es mir so ermöglichten, die Zeit mühelos abzulesen. Als ich zu Hause ankam, war die Eingangstür zur Küche abgeschlossen. Daher ging ich durchs Tenn, wo mich Bläss herzlich begrüsst. Ich umarmte den Hund und ging hinauf in den kalten Gaden. Da es in der Wohnstube schon dunkel war, verzichtete ich auf eine warme Bettflasche. Immer wieder schaute ich auf meine Uhr und schlief glücklich ein. Am Morgen präsentierte ich die Uhr. Hansruedi, Heidi und Grösu freuten sich mit mir, die Mutter schaute nur kurz. Als ich erklärte, dass die Uhr garantiert wasserdicht sei, meinte Grösu: «Das gibt es doch gar nicht, ich würde die Uhr nicht ins Wasser tauchen, die geht sicher kaputt.» «Doch, das gibt es heute. Teure Uhren sind wasserdicht», entgegnete Hansruedi. Am Morgen ging ich zu Christoph und zeigte ihm meine neue Uhr. «Die ist ja super, meine ist nicht wasserdicht», sagte er. Am Abend durfte nach dem Nachtessen wie immer niemand in die Stube, bis die Mutter die Kerzen am Weihnachtsbaum angezündet hatte. Hansruedi und Heidi schenkten mir einen Rollkragenpullover, die Mutter Socken und Unterwäsche. Heidi machte ein Foto von mir und Marianne vor dem Weihnachtsbaum. Es gab Kuchen und Tee, während im Radio Weihnachtslieder ertönten. Ich schaute die Kerzen an und dachte: «Wo werde ich wohl beim nächsten Weihnachtsfest sein? Sicher nicht mehr hier, aber wo dann?» Ich hatte keine Ahnung und konnte im Bett lange nicht einschlafen, weil mir meine ungewisse Zukunft mittlerweile Angst einflösste. Da hörte ich plötzlich, wie Grösu zur Mutter sagte: «Die 365 Franken Pflegegeld, die wir gestern erhalten haben, bekommt Christian für sein Kässeli. Schliesslich hätten wir ohne ihn im Herbst, als Hansruedi im Militärdienst war, jemanden anstellen müssen.» «Sicher nicht, überleg doch mal, was wir früher für Auslagen für den hatten. 365 Franken pro Jahr reichen bei Weitem nicht. Das Geld gehört uns, und aus dem gibt es sowieso nichts.» Ihre vernichtenden Worte machten mich mehr wütend als traurig. «Was ist das nur für eine Frau? In die Bibelstunde gehen, aber mich dann ohne jeglichen Grund dermassen verurteilen.» Zum Glück war ich mittlerweile schon an Ungerechtigkeiten gewöhnt, hauptsächlich von meiner Pflegemutter. Ich stieg aus dem Bett, hob den Schuh auf und liess ihn zu Boden fallen, um zu zeigen, dass ich mitgehört hatte. In der Stube blieb es still.

Bald darauf begann die Schule wieder – man schrieb nun bereits das Jahr 1961. Von Hermann Rohrer vernahm ich, dass er im Frühjahr in einem grossen Landwirtschaftsbetrieb in Hindelbank die Lehre als Landwirt beginnen werde. Er habe den Betrieb mit seinen Eltern besichtigen können, der Lehrvertrag sei bereits erstellt. Von meiner Klasse hatten nun alle eine Lehrstelle – alle ausser ich. Und so wurde meine Zukunft nach der Schule eine immer ungemütlichere Angelegenheit für mich. Ende Monat war wieder Predigt im Schulhaus, ich blieb mit Heidi und Marianne zurück. «Kann ich dich etwas fragen?», sprach ich Heidi an. «In rund drei Monaten komme ich aus der Schule. Weisst du, was dann mit mir passiert?» «Nein, nicht genau, aber ich habe vor einiger Zeit mitbekommen, dass die Mutter eine Stelle für dich in Aussicht habe. Auf einem grösseren Landwirtschaftsbetrieb im Welschland. Es sei vor Jahren schon mal jemand von unserer Gemeinde dort gewesen. Aber ob das nun sicher ist oder nicht, weiss ich nicht. Ich dürfte sicher auch nicht mit dir darüber sprechen. Rede doch mal mit der Mutter oder mit Hansruedi darüber.» Nun wusste ich also Bescheid – aber eigentlich doch nicht. «Danke für die Informationen», sagte ich zu Heidi und überlegte mir: «Jetzt ist schon mal sicher, dass ich im Frühling hier ausziehen muss, aber wohin? Ins Welschland? Zum Glück habe ich den freiwilligen Französischunterricht besucht.» Vor dem Einschlafen gingen mir viele unbeantwortete Fragen durch den Kopf. Mit jedem Tag wurde mir die ganze Angelegenheit unheimlicher und unverständlicher. «Wo ist eigentlich mein Vormund? Handelt meine Pflegemutter im Auftrag des Vormunds oder kann sie einfach über mich verfügen? Sie hat mich ja nicht einmal gefragt, was ich nach der Schulzeit machen möchte. Ob ich einen Beruf erlernen möchte wie meine Brüder Paul und Edwin, die nach der Schule bei ihren Pflegeeltern bleiben konnten, ohne Miete zu entrichten. Landmaschinenmechaniker würde mir sehr gefallen, aber ich habe ja ab Frühjahr kein Zuhause mehr und die Miete für ein Zimmer kann ich mir ohne Geld nicht leisten.» Ich regte mich derart auf, dass ich nicht einschlafen konnte. Ich kam mir vor wie ein Stück Vieh, das man irgendwohin abschob.

Die Tage wurden länger, und bald war der eisig-kalte Januar vorüber. Ich erkundigte mich bei Heidi, ob sie in Bezug auf meine Zukunft etwas Neues erfahren habe. «Nein, leider nicht. Hansruedi hat nur verlauten lassen, dass die Mutter auf die Antwort eines Landwirts aus Bière warte.» Als ich am nächsten Sonntag meine leibliche Mutter besuchte, fragte sie mich: «Was passiert eigentlich im Frühling mit dir? Bleibst du noch an deinem Pflegeplatz und machst eine Berufslehre?» «Nein, ich kann nicht bleiben, es hat keinen Platz für mich. Und unter diesen Umständen kann ich auch keine Berufslehre absolvieren. Vermutlich schicken sie mich ins Welschland zu einem Landwirt.» «Ah ja, und wohin weisst du noch nicht?», fragte sie. «Nein, das weiss ich noch nicht», bestätigte ich. Auf dem Nachhauseweg realisierte ich, dass es meine Mutter nicht gross zu kümmern schien, was mit mir im Frühling geschah. Unterstützung oder Hilfe konnte ich von ihr nicht erwarten. An einem Sonntag Anfang März sagte die Pflegemutter beim Mittagessen plötzlich zu mir: «Du weisst ja, dass du ab Frühling nicht mehr bei uns bleiben kannst. Wir haben gestern die Zusage von einem Landwirt aus Bière erhalten. Er benötigt jemanden, hauptsächlich als Traktorfahrer. Du kennst ja Karl Moser, er war vor circa 14 Jahren auch dort und es hat ihm gefallen.» Dann war es totenstill am Tisch. Ich wusste überhaupt nicht, was ich sagen sollte, konnte auch nicht mehr weiteressen. Nach einer Weile fragte ich Martha: «Kennst du denn diese Leute und hast du sie schon mal gesehen?» «Wie sollte ich sie denn kennen?», fragte sie in sehr bestimmtem Ton zurück. «Lerne ich sie vorgängig kennen?» «Nein, ich wüsste nicht, wozu und wie», war die Antwort. «Wann muss ich gehen?», erkundigte ich mich. «Das weiss ich auch noch nicht genau, du wirst voraussichtlich Ende April abgeholt.» Daraufhin sprach niemand mehr über die Angelegenheit, und am liebsten wäre ich sofort vom Tisch gegangen – ins Futtertenn zu Bläss oder in den Stall zu den kleinen Kälbchen. Ich kam mir vor wie ein Sklave. «Jetzt kannst du gehen, für dich hat es hier keinen Platz mehr», fuhr mir durch den Kopf.

Als ich vom Tisch ging, legte mir Grösu eine Hand auf die Schulter und sagte: «Das schaffst du sicher, du kannst ja sehr gut Traktor fahren.» Ich antwortete nicht und ging hinaus ins Tenn, wo wenigstens Bläss grosse Freude über meinen Besuch zeigte. Ich machte mit ihm einen längeren Spaziergang durch den Wald und ging dann direkt in meinen kalten Gaden, legte mich samt den Kleidern ins Bett und deckte mich zu. «Was bin ich eigentlich für ein Geschöpf auf dieser Welt? Habe ich denn gar keine Rechte? Kann man mit mir machen, was man will?» Nach langem Sinnieren kam ich zum Schluss, dass es leider wirklich so war – ich hatte gar keine Rechte, nur Pflichten. Ich konnte bei niemandem Hilfe holen und bekam praktisch nie ein liebes Wort. Das alles ging nicht spurlos an mir vorüber, und am Montag in der Schule sonderte ich mich ab. Ich hatte keine Lust, mit meinen Schulkameraden zu sprechen. Am Nachmittag fragte mich Christoph in der Pause: «Stimmt was nicht? Hattest du Streit mit der Pflegemutter?» «Nein, ich hatte keinen Streit, es geht», antwortete ich. Als wir am darauffolgenden Sonntag zusammen spielten, erkundigte er sich erneut, was ich im Frühling machen werde. Ich erzählte ihm nun die ganze Geschichte. «Was? Und du kannst nichts dazu sagen? Das gibt es doch nicht. Das darf deine Pflegemutter sicher nicht ohne dein Einverständnis. Wir fragen beim Zvieri meine Eltern.» Und tatsächlich gaben Paul und Karin Christoph Recht. «Eigentlich würde das gar nicht gehen. Aber in diesem Fall kann man vermutlich nichts machen.» «Warum denn nicht?», fragte Christoph lautstark, «das ist doch eine verdammte Sauerei.» «Weil er keine Eltern hat, die sich für ihn wehren könnten, und er eigentlich kein richtiges Zuhause hat. Dazu kommt noch, dass der Vormund mit Martha verschwägert ist und zu allem schweigt», erklärten Christophs Eltern. Ich dankte für Essen und Trinken und verabschiedete mich, da es schon Zeit für die Stallarbeiten war. Christoph schaute mir mit gesenktem Kopf hilflos nach.

Langsam wurden die Tage wärmer, und der Frühling meldete sich mit den ersten Blümchen an. In der Schule konnten Hermann Rohrer und ich am 1. April noch ein letztes Mal ein Lied wünschen. Es war auch für Lehrer Werner Sollberger das letzte Jahr, denn im Frühling ging er mit 65 Jahren in Pension. Zum Geburtstag erhielt ich von der Mutter ein Überkleid – «für später im Welschland», wie sie sagte. Hansruedi und Heidi schenkten mir ein schönes Hemd und Unterwäsche. An einem anderen Tag sagte Grösu zu mir: «Wie soll das bei uns weitergehen ohne dich? Ich kann mir das gar nicht vorstellen. Wer wird all deine Arbeiten erledigen?» «Das wird schon gehen», versicherte ich ihm. «Wir werden es dann sehen, letzten Herbst wäre es ohne dich jedenfalls überhaupt nicht gegangen», fand er. Und dann war es so weit: Anfang April hatte ich meinen letzten Schultag und das Examen. Für die bevorstehende Konfirmation kaufte mir Martha beim Handelsreisenden «Kleider Bärtschi» eine blaue Weste mit silbernen Knöpfen und eine graue Hose, zudem erhielt ich neue Halbschuhe. Zur Konfirmation in der Kirche wurde auch meine leibliche Mutter eingeladen. Heidi bereitete ein feines Mittagessen und ein reichliches Dessert vor. Schliesslich erfuhr ich am 21. April, dass mich mein neuer Meister am Samstag, 29. April 1961, kurz nach dem Mittagessen mit dem Auto abholen werde. Fürs Welschland erhielt ich neue Stiefel und etwas Unterwäsche, Taschentücher und Socken. Am Sonntag ging ich noch einmal zu Christoph. «Nächsten Samstag werde ich abgeholt», erzählte ich ihm. «So eine verdammte Scheisse, so eine Frechheit, geh doch einfach nicht», sagte er. «Ich muss gehen, ich habe keine andere Wahl.» Christoph war sehr traurig und machte sich grosse Sorgen um mich, seine Eltern wünschten mir viel Glück. Am Montag fuhr ich mit dem Velo ins Nachbardorf zur Spar- und Leihkasse, wo ich mit 100 Franken ein Sparkonto eröffnete. Mittlerweile hatte ich mich einigermassen mit meiner Situation abgefunden – ich sah ein, dass ich keine Wahl hatte und es keine andere Lösung gab. Am Samstagmorgen musste ich nicht mehr in den Stall, nur noch in die Käserei. Dort verabschiedete ich mich von Käser Fred Wenger und seiner Frau Marlene, auch meine Gotte und mein Götti liess ich herzlich grüssen. Nach dem Morgenessen packte ich meine Kleider in einen kleinen, alten Koffer. Nach dem Mittagessen zog ich Sonntagskleider an und wartete gespannt auf meine neuen Meistersleute. Ich hatte ein sehr mulmiges Gefühl.

Mein Jahr im Welschland

Kurz nach 14 Uhr hielt ein älterer, schwarzer VW-Käfer vor dem Haus an. Ein hagerer, circa 50 Jahre alter Mann mit Brille und eine etwas korpulente Frau mit grauen Haaren stiegen aus. Ich ging zum Auto und begrüsste die beiden. Sie stellten sich als Alda und André vor. Die Mutter lud sie zu einem Kaffee ein, dann war es Zeit, aufzubrechen. Da fragte André: «Ist der vereinbarte Monatslohn von 120 Franken immer noch in Ordnung?» Die Mutter antwortete überzeugt: «Ja, das ist schon gut.» Auch dazu hatte ich also gar nichts zu sagen, ich war nie danach gefragt worden und einen Vertrag gab es nicht. Ich nahm meinen Koffer, verstaute den Geldbeutel mit 20 Franken in der Seitentasche meiner Weste und verabschiedete mich von allen. Marianne fragte mich dabei, wann ich wieder zurückkomme. «Ich komme nicht mehr zurück», erklärte ich. Grösu gab mir die Hand und verschwand sofort im Tenn. Die Mutter verabschiedete mich mit den Worten: «Arbeite gut und sei fleissig. Es gibt kein Zurück für dich, vergiss das nicht.» Ohne zu antworten, lief ich in Begleitung von Bläss zum Auto und stieg ein. Beim Wegfahren schaute ich auf den Boden, winken mochte ich niemandem. Eine Fahrt ins absolut Ungewisse begann.

Auf dem Weg nach Bière hatte ich Zeit, über meine Situation nachzudenken. «So, nun bin ich abgeschoben – wie bei einem Sklavenhandel. Ich selbst konnte gar nichts dazu sagen. Warum hat sich mein Vormund nie gemeldet? Und nicht einmal meine eigene Mutter ist orientiert worden.» Einmal mehr wurde mir bewusst, dass ich als Mensch gar nichts galt. Es interessierte niemanden, was mit mir passierte. Eine unerwünschte Person auf Gottes Erdboden, der weniger Achtung entgegengebracht wurde als einem Tier. Nach einer Weile fragte Alda: «Geht es dir gut, Christian?» «Ja, es geht», antwortete ich. Um 17 Uhr trafen wir schliesslich in Bière ein. Beim Aussteigen kam uns ein Hund entgegen und bellte. «Das ist unser Bobbi, ein lieber Hund», erklärte Alda und betrat vor mir das Haus. In der Küche begrüsste ich den 12-jährigen Sohn Pierre und die 19-jährige Tochter Rosmarie. Anschliessend zeigte mir André mein Zimmer, das mit zwei Betten und einem Eskimoofen ausgestattet war. «Du darfst das Bett auswählen, in 14 Tagen kommt noch ein Italiener in das Zimmer», sagte er und zeigte mir danach die grosse Scheune neben dem Wohnhaus. Dort traf ich den Melker Gilbert, einen kleinen korpulenten Mann mit Hornbrille, der gerade dabei war, die 22 Kühe mit der Melkmaschine zu melken. Dann gingen wir zum Wagenschopf, wo zwei Traktoren – ein Renault mit 45 PS und ein MAN mit 55 PS – sowie weitere Maschinen und Geräte standen. Ich erfuhr zudem, dass im Wohnhaus, direkt unterhalb meines Zimmers, fünf Rinder untergebracht waren. Nach der kurzen Betriebsbesichtigung gingen wir in die Küche zurück, wo das Abendessen bereitstand. Es gab Braten, Kartoffeln und Salat. Rosmarie nahm neben mir Platz und sagte: «Du hast sicher Hunger nach der langen Autofahrt.» Ich bejahte und ergänzte dann: «Du sprichst gut Deutsch.» «Ich befinde mich in der Ausbildung zur Hôtesse in Lausanne und komme nur übers Wochenende heim», erfuhr ich von ihr. Nach dem Nachtessen schaute ich mir nochmals die neue Umgebung an. Als es dunkel wurde, ging ich in die Küche zurück. André sagte zu mir: «Du kannst morgen ausschlafen. Um circa 7.15 Uhr frühstücken wir.» Ich verabschiedete mich, ging in mein Zimmer und nutzte dann das kleine Badezimmer nebenan. In der Ecke befand sich eine kleine Dusche – für mich absolut modern, auch wenn es im Zimmer ein wenig nach Stall roch. Ich versorgte meine Kleider in einem Schrank und legte mich ins Bett. Einschlafen konnte ich jedoch lange nicht, immer wieder hörte ich die Worte meiner Pflegemutter. «‹Es gibt kein Zurück für dich› – das hätte sie mir nicht sagen müssen, das wusste ich auch so. Ja, was würde mit mir geschehen, wenn ich nicht hierbleiben könnte? Das Zimmer muss ich mit einem Italiener teilen, werden wir uns vertragen?» Immer wieder unbeantwortete Fragen, die mir den Start hier nicht erleichterten.

Am Morgen erwachte ich um 6 Uhr und freute mich, dass ich mich nun jeden Tag waschen konnte – nicht nur sonntags in der kalten Werkstatt und mit einem Becken Wasser. Kurz nach 7 Uhr traf ich in der Küche ein. Madame Alda gab mir die Hand und begrüsste mich sehr freundlich. «Schlafen gut, Christian?», fragte sie in gebrochenem Deutsch. Ich antwortete ihr auf Französisch, dann erschien André und gab mir ebenfalls die Hand. «Geht es gut, Christian?», fragte er auf Französisch. «Ja, es geht gut», bestätigte ich in derselben Sprache. Alda schlug vor, dass sie beide mit mir Französisch sprechen würden, wenn ich etwas nicht verstehe, solle ich das einfach sagen. Kurz darauf kam Gilbert von der Käserei zurück und setzte sich zu uns. Nach dem Morgenessen sagte André: «Du kannst dich noch etwas umsehen und danach einen Rundgang durchs Dorf machen, um 12 Uhr gibt es Mittagessen.»

Ich schaute mir die beiden Traktoren genauer an, spazierte durchs Dorf an Post und Käserei vorbei bis zum Bahnhof und ging dann wieder zum Hof zurück. Beim Mittagessen waren auch Pierre und Rosmarie anwesend, die wissen wollte, wie es mir gehe. Nach dem Essen legte ich mich aufs Bett. Meine Gedanken waren bei Grösu, Heidi, Marianne und Bläss. Als ich am Vormittag die Post gesehen hatte, hätte ich am liebsten Heidi angerufen, um ihr zu sagen, dass ich gut ankommen sei. Doch ich wusste, dass immer Martha das Telefon abnahm, und auf diese Stimme konnte ich sehr gut verzichten. Es würde sie ja auch sicher nicht interessieren. Nach einem Mittagsschlaf unternahm ich einen weiteren Spaziergang ins Dorf, in Richtung Kaserne, bevor ich um 17 Uhr zu Gilbert in den Stall ging. Er erklärte mir die Melkmaschine und teilte mir dann mit, dass ich immer am letzten Wochenende vom Monat seine Arbeiten im Stall übernehmen werde. Er habe dann Samstag und Sonntag frei. Ich schaute ihm bei seinen Arbeiten aufmerksam zu. Als alle Kühe gemolken waren, holte André den Renault, dann luden wir die drei Kannen Milch auf und befestigten sie mit einem Seil. Ab morgen werde es meine Aufgabe sein, die Milch in die Käserei zu bringen, erfuhr ich von ihm. Dort angekommen, wurde ich dem Käser vorgestellt. Mit Käsemilch für die Schweine in den Kannen fuhren wir zum Betrieb zurück, wo man mir das Füttern der Schweine erklärte. Beim Eingang stand ein 200-Liter-Fass mit Küchenabfällen, das ich ab sofort jeden Abend bei der Kaserne abholen würde. Beim Nachtessen besprach André mit Gilbert und mir das Arbeitsprogramm für den Folgetag. «Nach dem Frühstück gehst du mit Gilbert auf die nahe gelegene Alp

Sernie. Dort müssen die Weidezäune repariert werden, das nötige Material dafür ist bereits auf einen Wagen geladen. Christian, du fährst mit dem Traktor. Nimm den MAN, damit du dich schon mal an ihn gewöhnen kannst.»

Um 6 Uhr begann mein Arbeitstag mit dem Füttern der Rinder und dem Ausmisten der Ställe. Kurz nach 6.30 Uhr startete ich den Renault, lud die drei Milchkannen auf und fuhr zur Käserei. Dort füllte ich Käsemilch in die leeren Kannen und machte mich dann auf den Rückweg. Alles verlief problemlos, und auch mit dem Traktor kam ich sofort sehr gut zurecht. Als Nächstes fütterte ich die Schweine, reinigte die Milchkannen und traf die anderen zum Morgenessen. Danach erledigte ich die Arbeiten bei den Rindern. Als Gilbert im Stall fertig war, gingen wir in den Wagenschopf, wo ich mich auf den MAN setzte, die Kerzen vorglühte und den Motor startete. Ich kuppelte den mit Holzlatten und Eisenrohren beladenen Wagen an, dann fuhren wir los in Richtung Marchairuz. Auch mit dem grösseren Traktor bekundete ich keine Mühe. Nach circa 15 Minuten kamen wir bei einem aus Stein gebauten, alten Bauernhaus an. «Sobald genug Gras gewachsen ist, zügeln wir sämtliches Vieh auf diese Alp. Ich wohne dann hier und komme mit meinem Motorrad nur zum Essen nach unten», erklärte mir Gilbert. «Das ist aber sehr schön hier oben, sehr ruhig und eine tolle Fernsicht», sagte ich. Danach machten wir uns an die Arbeit. Alte oder morsche Pfähle wurden ersetzt und neue Absperrungen montiert. Am Nachmittag zeigte mir Gilbert den Alpbetrieb. Im Vorraum vor dem Stall befand sich ein Benzinmotor. Da es keine

Elektrizität gab, wurde damit Strom für Licht und Melkmaschine erzeugt. Es hatte eine Küche und zwei Zimmer, eines davon war für mich. «Wenn ich frei oder Sommerferien habe, wirst du hier meine Arbeiten übernehmen», erfuhr ich von Gilbert. Am Ende meines ersten Arbeitstages hatte ich ein gutes Gefühl, auch wenn mir sehr viele neue Aufgaben zugeteilt worden waren. Alle waren nett zu mir, auch Gilbert fand ich sympathisch, der mir auf der Alp alles mit einem gewissen Stolz erklärt hatte. Ich machte noch einen kleinen Spaziergang zum Bahnhof, kaufte beim Kiosk eine Postkarte und schrieb nach Hause, dass ich gut angekommen sei und viel zu tun habe. Um 21.30 Uhr machte ich mich im kleinen Badezimmer bettfertig, bevor ich mich in mein Zimmer begab. All die neuen Aufgaben gingen nochmals durch meinen Kopf, dann schlief ich ein. Nach ungefähr drei Wochen entschieden Gilbert und der Chef, ab dem nächsten Tag kein Heu mehr zu verfüttern, sondern auf Grünfütterung umzustellen. Daher wurde ich damit beauftragt, neben der Scheune die nötige Menge Gras für den Folgetag zu mähen. Etwas später sagte André zu mir: «Wir müssen noch den Küchenabfall bei den Militärkasernen abholen. Ich komme mit dir, du kannst mit dem kleineren Traktor fahren.» Beim Kaserneneingang stand ein Wachtposten, dem André einen Ausweis zeigte. Dann fuhren wir an mehreren Gebäuden vorbei zu einem Unterstand, in dem sich ein 200-Liter-Fass mit Küchenabfällen für die Schweine befand. «Über das Wochenende sind nur wenige Soldaten hier, daher holen wir das Fass nur von Montag bis Samstag ab. Das gehört nun zu deinen Aufgaben. Du schaltest und fährst übrigens gut mit dem Traktor», lobte mich der Chef.

Eines Abends erfuhren wir von André, dass er am Samstagnachmittag den Italiener Giuseppe am Bahnhof in Lausanne abholen werde. Kurz vor dem Nachtessen traf mein Chef mit einem leicht molligen, circa 40-jährigen Mann auf dem Hof ein. Giuseppe sprach nur Italienisch, und wir verständigten uns hauptsächlich mit Gesten mit ihm. Nach dem Abendessen zeigte ich ihm unser Zimmer, dann liess ich ihn seine Sachen auspacken und machte eine kleine Erkundungstour durchs Dorf. Bei der Post rief ein junger Bursche, den ich bereits in der Käserei gesehen hatte: «Hallo, bist du auch im Ausgang?» Ich bejahte und erfuhr dann: «Ich heisse Bernhard Läderach und bin seit einer Woche bei Landwirt Guenin, und bei wem bist du?» Ich stellte mich ebenfalls vor und sagte, wo ich untergebracht war. Bernhard erzählte, er komme aus Worb, sei für ein Jahr hier und absolviere das erste Lehrjahr als Landwirt. Nach circa einer Stunde ging ich wieder nach Hause, wünschte Giuseppe eine gute Nacht und legte mich ins Bett. Am Morgen standen wir um 6 Uhr auf. Ich hatte den Auftrag, Giuseppe mit seinen neuen Aufgaben vertraut zu machen. Nach zwei bis drei Tagen konnte er gewisse Arbeiten von mir übernehmen, sodass ich schon früh das Gras mähen, aufladen und ins Futtertenn fahren konnte.

An einem schönen Morgen Ende Mai fand ein kleiner Alpaufzug statt. Mit circa 30 Stück Vieh ging es durchs Dorf in Richtung Sernie am Fusse des Marchairuz. Die Kühe wurden auf die erste der drei Weiden geführt, wo einige zuerst wild umherrannten. Als sie sich beruhigt hatten, fuhren wir mit dem Auto wieder zurück auf den Hof. Nach dem Mittagessen machte sich Gilbert mit seinem Motorrad auf, um sich um die Kühe zu kümmern. Um 18.30 Uhr holte ich mit dem Traktor die Milch ab, brachte die Käsemilch nach Hause und transportierte die gereinigten Milchkannen wieder auf die Alp. Giuseppe fütterte währenddessen die Schweine, reinigte die Stallungen und erledigte weitere Arbeiten. Ab und zu kam Andrés Sohn Pierre mit auf die Alp, er war ein sehr anständiger Bursche.

An einem Samstag sagte der Chef zu mir: «Ich zeige dir heute Nachmittag, wo wir überall Land besitzen.» Mit dem VW fuhren wir zu all seinen Grundstücken – fünf Hektaren waren mit Winterweizen angepflanzt, daneben befanden sich drei Hektaren Wintergerste und ein grosses Feld zum Heuen. Nur allein schon die Fläche für das Getreide entsprach beinahe dem, was Gerbers auf ihrem kleinen Hof gesamthaft bewirtschafteten. Danach fuhren wir auf die andere Seite des Dorfes, wo André mir erklärte: «Auf dieses Feld müssen wir noch Mist ausführen, dann wird es gepflügt und Sommergerste gesät.» Und so holten wir am Mittwoch bei einem Landwirt einen Kran zum Mistaufladen, den sich André und vier weitere teilten. Nach einigen Startschwierigkeiten kam ich mit der Maschine gut zurecht, und bis am Freitag hatte ich die riesige Menge Mist auf dem Feld verteilt. Anschliessend reinigte ich die Maschinen und brachte den Kran zurück. Auf dem Heimweg holte ich in der landwirtschaftlichen Werkstätte Schmierfett und Öl. Als ich vom Traktor stieg, kam ein etwa 50-jähriger Mann auf mich zu und sprach mich auf Berndeutsch freundlich an: «Hallo, dem Traktor nach bist du der Neue bei André Monthoux. Ich bin Hans Bärtschi, und wie ist dein Name?» «Ich heisse

Christian und komme aus der Nähe von Bern.» «Ja, das hört man. Ich komme ursprünglich aus Burgdorf, bin aber schon seit 20 Jahren hier», erfuhr ich vom Schmiedemeister. Nach dem Verabschieden bestaunte ich noch kurz die neuen Maschinen und Traktoren auf dem Vorplatz. Am Samstagmorgen montierte ich den Pflug an der Hydraulik des MAN, um das Feld für das Ansäen vorzubereiten. Dabei fiel mir auf, dass die Spitzen des Pflugs sehr abgenutzt und stumpf waren. Es überraschte mich daher wenig, dass ich den Pflug nicht in den ausgetrockneten Boden senken konnte und er immer auf der Oberfläche blieb. Ich fuhr wieder nach Hause und orientierte meinen Chef, der mich anschrie: «Letzten Herbst war der Pflug noch in Ordnung, und seither ist nicht mehr gepflügt worden. Ich kann mir nicht vorstellen, dass es am Pflug liegt – du bist einfach nicht imstande, zu pflügen! Mir wurde gesagt, du seist ein versierter Traktorfahrer, aber anscheinend stimmt das alles nicht! Geh jetzt pflügen, und bevor das Feld gepflügt ist, will ich dich hier nicht mehr sehen!» Gilbert, Giuseppe und auch Alda hörten das Geschrei. Ich schaute nochmals die Pflugspitzen an und fuhr dann zum Schmied. «Hallo Christian, sehen wir uns schon wieder. Hast du ein Problem?», begrüsste er mich. «Ja, ich soll pflügen, aber mit den total stumpfen Spitzen kriege ich den Pflug unmöglich in den ausgetrockneten Boden», antwortete ich. «Logisch kann das so nicht gehen. Wir montieren zwei neue Pflugspitzen und in einer halben Stunde kannst du pflügen.» «Danke, ich bin sehr froh. André hat mich nämlich weggeschickt und behauptet, dass der Pflug in Ordnung sei, ich sei einfach unfähig, zu pflügen.» «Nimm das nicht ernst, ich kenne ihn sehr gut. Er hat keine grosse Ahnung von landwirtschaftlichen Maschinen», meinte Hans Bärtschi. Um 9.30 Uhr waren die Pflugspitzen ausgewechselt, und tatsächlich klappte nun das Pflügen mühelos. Kurz vor 13 Uhr erschien plötzlich Rosmarie. Ich erzählte ihr, was heute Morgen vorgefallen war, doch sie wusste bereits Bescheid. «Ich komme erst nach Hause, wenn ich hier fertig bin, genau wie es der Chef verlangt hat», sagte ich überzeugt und arbeitete weiter. Ungefähr eine Stunde später fuhr sie erneut mit dem VW vor und brachte mir etwas zu trinken und zu essen. Gleichzeitig entschuldigte sich Rosmarie für ihren Vater und erklärte mir, dass er vor ungefähr acht Jahren einen Unfall mit schwerer Kopfverletzung erlitten hatte. Sie teilte mir auch mit, dass sich ihr Vater bei mir vermutlich nicht entschuldigen werde. «Das ist kein Problem für mich, er muss sich nicht entschuldigen, aber niemand lässt sich gerne grundlos anschreien und Unfähigkeit vorwerfen. Der Fehler lag nicht bei mir, sondern beim unbrauchbaren Pflug, was der Schmied auch bestätigt hat.» «Ich bin froh, dass du Verständnis hast. Es ist für uns und hauptsächlich für Mama auch nicht leicht», sagte sie und verabschiedete sich dann. Um 17 Uhr war das Feld gepflügt. Ich fuhr nach Hause, wechselte MAN und Pflug gegen den kleinen Traktor aus und holte auf der Alp die Milch ab. Beim Nachtessen fragte mich André: «Bist du fertig mit Pflügen?» «Ja, das Feld ist gepflügt. Ich fuhr mit dem Pflug zum Schmied und liess neue Spitzen montieren», sagte ich. «Das ist in Ordnung», antwortete er.

Am Sonntag ging ich schon um 17 Uhr auf die Alp, damit mir Gilbert nochmals alles erklären konnte. Und am nächsten Wochenende war es so weit: Gilbert hatte sein freies Wochenende. Da es das erste Mal für mich war, kam André mit auf die Alp – die Bedienung der Geräte sei schliesslich nicht einfach. Um 16 Uhr fuhren wir in Richtung Sernie. Dort angekommen, rief ich den Kühen, die alle sofort von der Weide in den Stall liefen. Dann startete ich die Motoren und begann mit dem Melken, André half mir dabei. «Du schaffst ja alles problemlos», fand er. «Gilbert hat mir alles gut erklärt, und wenn die Geräte funktionieren, ist es eigentlich nicht schwierig», antwortete ich. Nachdem wir in die Käserei gefahren waren und das Abendessen eingenommen hatten, kehrte ich auf die Alp zurück, reinigte den Stall und machte noch einen Rundgang über die Weide. Der Zaun musste jeden Abend kontrolliert werden. Dann ging ich in mein Zimmer und genoss die totale Ruhe, die nur von dem Bimmeln der Kuhglocken durchbrochen wurde. Am Morgen stand ich kurz vor 5 Uhr auf und erledigte die anstehenden Arbeiten ohne Zwischenfälle oder Probleme. Um 6.30 Uhr fuhr ich mit vier Kannen Milch in Richtung Käserei und danach zum Frühstück nach Hause. «Gefällt es dir auf der Alp?», fragte Alda. «Ja, sehr», bestätigte ich. «Das freut uns, André hat sich Sorgen gemacht. Letztes Jahr gab es immer wieder Probleme, weil dein Vorgänger mit den Geräten nicht zurechtkam.» Nach dem Morgenessen erhielt ich Zopf, Käse, Aufschnitt und Tee zum Mitnehmen, dann fuhr ich wieder los. Als ich mit den Arbeiten im Stall fertig war, machte ich einen Spaziergang. Nach dem Mittagessen legte ich mich hin und hörte auf dem kleinen Radio Musik. Das erste Wochenende als Alphirt verlief problemlos, was mich sehr froh machte. Als ich am Sonntagabend von der Alp heimkehrte, sass Gilbert auf der Bank vor dem Haus und trank ein Bier. «Hallo Christian, ich habe schon gehört, dass du alles sehr gut gemacht hast», rief er mir zu. «Es hat mir auf der Alp sehr gut gefallen und klappte reibungslos, du hast mir ja auch alles sehr gut erklärt.» Anschliessend ging ich zum Bahnhof und kaufte Postkarten für meine Mutter und Christoph. Am Montag erhielt ich eine Postkarte von Heidi: «Danke für deine Karte, ich/wir sind froh, dass es dir gut geht. Du wirst sehr vermisst, hauptsächlich von mir und Grösu. Auch Marianne hat schon gefragt, wann du wiederkommst. Seit du weg bist, fällt auf, was du jeden Tag alles erledigt hast. Wir wünschen dir weiterhin alles Gute, liebe Grüsse von uns.» Nach zwei Wochen schrieb mir auch meine Mutter zurück und wünschte mir alles Gute. Auch von Christoph erhielt ich eine Postkarte mit vielen guten Wünschen und den Unterschriften seiner Eltern. So gingen Tage und Wochen vorbei. Am Wochenende traf ich mich häufig mit anderen Deutschschweizern beim Bahnhof, ab und zu besuchten wir das Kino. Wie Gilbert hatte ich jeden Monat ein Wochenende frei. Bei schönem Wetter nahm ich ein altes Fahrrad und fuhr irgendwo hin. Die meisten meiner Kollegen reisten regelmässig mit dem Zug für zwei Tage nach Hause. Ich hingegen blieb immer in Bière, ein Zuhause gab es ja für mich gar nicht mehr. Immer noch hörte ich die unmissverständlichen Worte meiner Pflegemutter: «Es gibt kein Zurück für dich, denk daran.» Immer am letzten Tag des Monats erhielt ich 120 Franken Lohn. Das Geld konnte ich unten im alten Kleiderschrank, im doppelten Boden, gut verstecken.

Anfang Sommer begann der Heuet. Mit dem Renault mähte ich riesige Flächen, und alle damit verbundenen

Arbeiten konnten maschinell ausgeführt werden. Mit der Heupresse formten wir Heuballen, die auf zwei Schienen direkt auf einen Wagen geschoben wurden. Auf die Wagenbrücke hatten wir zwei Balken gelegt, auf die wir die Heuballen aufschichteten. So konnten wir zu Hause zwei Drahtseile an den Balken befestigen und das ganze Fuder mit einem Aufzug in die Höhe ziehen und abladen. Ich dachte an den Heuet bei Gerbers zurück, an die vielen Arbeiten, die von Hand ausgeführt werden mussten: Nach dem Mähen das Gras mit den Gabeln gleichmässig verteilen, nach dem Abtrocknen das Heu mindestens zweimal umdrehen, dann Walmen zusammenrechen und zuletzt die Fuder beladen. Hier wurden diese Arbeiten maschinell erledigt. Nach dem Heuet führten wir die Gülle auf die abgeernteten Felder. Die Tage und Wochen gingen sehr schnell vorbei. Im Herbst, vor der Getreideernte, bezog Gilbert zwei Wochen Ferien. Während diesen 14 Tagen war ich immer bis zur Mittagszeit auf der Alp beschäftigt. An einem Sonntag fuhren André, Pierre und ich zu den grossen Getreidefeldern und kontrollierten die Härte der Weizenkerne. «Wenn das Wetter schön bleibt, beginnen wir nächste Woche mit Dreschen. Ich werde den Mähdrescher reservieren.» Das schöne Wetter hielt an, und so bereitete ich am Montag drei Anhänger für die Getreideernte vor. Als ich nach dem Mittagessen den letzten der drei Wagen neben den Weizenfeldern abgestellt hatte, wartete ich gespannt auf den Mähdrescher. Pünktlich um 13 Uhr traf er ein – eine Riesenmaschine mit einem 2,5 Meter breiten Mähbalken. Ernest, der Fahrer, erklärte mir den Ablauf und machte sich dann an die Arbeit. Die Ähren verschwanden in der Maschine, im Tank sammelten sich die ersten Weizenkerne an. Nach einer Runde war der Getreidetank mit einem Fassungsvermögen von 1000 Kilogramm mindestens halbvoll, daher fuhr Ernest mit dem Mähdrescher neben den Anhänger und klappte das Rohr seitlich aus, um den Tankinhalt zu leeren. Um circa 19 Uhr fuhr ich mit zwei gefüllten Anhängern nach Aubonne zur landwirtschaftlichen Genossenschaft und lieferte 12 Tonnen Getreide ab, das in einem riesigen Silo gelagert wurde. Ernest arbeitete noch bis 20.30 Uhr, und am nächsten Tag begannen wir um 10 Uhr wieder mit Dreschen. Auf der ersten Runde durfte ich mal den Mähdrescher bedienen – ein richtiges Erlebnis für mich. Am Abend war das Getreidefeld gedroschen, und ich fuhr wieder nach Aubonne. Während der nächsten Woche wurden auch die restlichen Getreidefelder gemäht, dann lockerten wir einen Teil der Felder mit einer Egge leicht auf, um sie für das Ansäen von Gras vorzubereiten. So war ich tagelang hauptsächlich am Traktorfahren, was mir sehr gefiel. Zu meinem Erstaunen wurden keine Kartoffeln angepflanzt – auf mein Nachfragen hin erklärte Gilbert, der steinige Boden hier eigne sich hauptsächlich für Getreide. Im Herbst kaufe man von einem Landwirt aus Aubonne die nötige Menge Speisekartoffeln.

Eines Tages fragte mich André, wann ich eigentlich meine Ferien beziehen möchte. Ich teilte ihm mit, dass ich auf die Ferien verzichte und dafür im Frühling 14 Tage früher heimfahren werde. Er zeigte sich mit diesem Vorschlag einverstanden – zum Glück, denn ich hätte nicht gewusst, wohin ich in den Ferien gehen sollte, ich hatte schliesslich kein Zuhause mehr. Und die Zeit ging für mich sehr schnell vorüber, auch an den Wochenenden war es mir nie langweilig. Denn mittlerweile waren wir vier Deutschschweizer, die sich regelmässig beim Bahnhof trafen und etwas unternahmen. Am 1. August waren wir beispielsweise alle beim Chef von Bernhard Läderach zum Grillieren eingeladen. Wir verbrachten einen geselligen Abend bei Bier und Wein. Meine Kollegen tranken alle mehr als zwei Flaschen Bier, ich jedoch hatte zuvor noch nie getrunken und stoppte schon nach einer Flasche. Da dachte ich an das Augustfeuer bei Christoph. Nach der Postkarte hatte ich von ihm nichts mehr gehört, auch von meinen Geschwistern und der Mutter nicht – aber ich meldete mich ja auch nicht. Ende August erhielt ich einen Brief von Heidi. «Hallo Christian, wie geht es dir? Hansruedi und ich sind stundenlang am Kartoffelsortieren. Wir hatten eine sehr gute Ernte. Hast du auch mal Ferien und kommst du bei uns vorbei? Du wirst sehr vermisst. Liebe Grüsse, Marianne, Hansruedi, Grösu und Heidi.» Ich schrieb zurück: «Danke für den Brief, mir geht es gut. Das Getreide wurde mit dem Mähdrescher gedroschen. Ich durfte auch mal damit fahren. Ich bin sehr viel am Traktorfahren, es gefällt mir sehr gut. Ferien werde ich keine nehmen, da ich nicht weiss, wohin ich ohne ein Zuhause oder eine Schlafgelegenheit gehen sollte. Ich nehme vermutlich über Weihnachten ein paar Tage frei, wenn ich bei meiner Mutter irgendwo schlafen kann. Liebe Grüsse, Christian.» Im September gab es auf Sernie viel zu tun, beispielsweise Sträucher zurückschneiden und Äste von Buchen absägen, und Mitte Oktober wurden die Kühe von der Alp geholt. Nun musste wieder jeden Tag Gras gemäht werden. Auf den Feldern war der zweite Schnitt Gras nachgewachsen, deshalb mähte ich es mit dem Traktor und brachte es mit dem Schwadenrechen in Walmen. Als das Gras weg war, wurde Mist auf die Felder gebracht. Danach pflügte ich die riesigen Flächen um – beim grössten Feld war eine Furche 400 Meter lang – und bereitete sie mit der Egge zum Säen von Wintergetreide vor.

An einem regnerischen Samstagabend traf ich mich mit meinen Kollegen wieder am Bahnhof. Wir beschlossen, ins Kino zu gehen und den Film von Edgar Wallace anzusehen. Doch als wir dort eintrafen, stand bei der Eingangstür «Film erst ab 18 Jahren». «So eine Scheisse, fast immer nur Filme erst ab 18 Jahren – ausser Heidi-Filme und die Sieben Zwerge, das nervt», polterte Peter. Wir versuchten trotzdem unser Glück, und da die Frau an der Kasse nicht nach unserem Alter fragte, nahmen wir zufrieden in der Nähe des Notausgangs Platz. Trotz der düsteren Beleuchtung erkannte ich in der Pause den Dorfpolizisten in Uniform, der sich langsam in unsere Richtung bewegte. Wir flüchteten durch den Notausgang, kletterten über den circa drei Meter hohen Maschendrahtzaun und suchten in der Dunkelheit das Weite. Der Polizist hatte uns höchstwahrscheinlich nicht erkannt, jedenfalls gab es am Montagabend, als wir uns erneut beim Bahnhof trafen, keine Neuigkeiten. Wie jeden Abend um diese Zeit stieg auch die Tochter des Dorfpolizisten aus dem Zug aus. Ein sehr hübsches Mädchen mit langen dunklen Haaren. Vor längerer Zeit hatte sie sich bei uns vorgestellt – sie hiess Chantal, besuchte eine Handelsschule in Morges und war froh, mit uns etwas Deutsch sprechen zu können. Sie wusste auch, bei welchen Landwirten wir arbeiteten. Am Mittwochabend reparierte ich den Weidezaun an der Strasse, als Chantal mit dem Hund vorbeikam und fragte: «Hallo Christian, wie geht es dir?» «Es geht mir gut, und dir?» «Auch gut, ich muss aber immer viel lernen für die Schule», erzählte sie und fragte dann: «Christian, warst du am letzten Samstag im Kino? Mein Vater machte Kontrolle, und die Frau an der Kasse sagte ihm, es seien drei Deutschschweizer gewesen, die über den Zaun geflüchtet seien.» Ich schwieg und wusste nicht, was ich ihr sagen sollte. Sie schaute mich mit ihren dunklen Augen treuherzig an und erklärte mir: «Mach dir keine Sorgen, ich habe bei meinem Vater ein gutes Wort für dich beziehungsweise euch eingelegt. Er weiss, dass ich euch kenne, und fragte mich nach euren Namen und euren Arbeitgebern. Ich wollte ihm zuerst keine Auskunft geben, als er aber sagte, dass er euch nur verwarnen werde, gab ich ihm deinen Namen an. Er hätte euch ja sicher auch sonst ausfindig gemacht. Du sollst dich bei Gelegenheit bei ihm auf dem Posten melden.» Unter der Woche ging das nicht so leicht, daher schlug ich Chantal den Samstagnachmittag vor. «Das ist gut, ich melde es dem Vater», antwortete sie. «Danke für deine Bemühungen bei deinem Vater», sagte ich und verabschiedete mich. Etwas später fuhr ich mit dem Fahrrad zu Bernhard und erzählte ihm die Geschichte. «Ich bin sehr froh, wenn du das so regeln kannst, aber ich finde das Ganze sehr kleinlich», meinte er.

Am Samstag, kurz nach 13 Uhr, hielt ich mit dem Traktor beim Polizeiposten an, bevor ich aufs Feld fuhr. Mit einem mulmigen Gefühl drückte ich die Klingel. Die Tür öffnete sich und Chantal empfing mich mit einem freundlichen Lächeln. Dann erschien ihr Vater und sagte mit ernster Miene: «Du gehörst also zu den Zaunkletterern vom letzten Samstag?» «Ja, leider. Da es regnete, entschlossen wir uns, ins Kino zu gehen. Als wir dort ankamen, sahen wir, dass der Film für uns nicht erlaubt wäre. Die Frau an der Kasse hat uns aber nicht nach dem Alter gefragt», erklärte ich. «Das hätte sie tun müssen, das war ein Fehler von ihr. Also, ich verzichte auf eine Busse und spreche euch eine Verwarnung aus. Das hat keine Folgen für euch, die Angelegenheit ist somit erledigt. Ich hoffe, dass ihr etwas daraus lernt und die Vorschriften in Zukunft respektieren werdet.» Ich bedankte mich freundlich beim Polizisten und bei Chantal und verabschiedete mich. Am Abend tranken wir drei Kollegen ein Bier auf unseren Freispruch. Am Sonntagabend wartete Chantal bei der Käserei auf mich und sagte: «Ich bin froh, dass die Angelegenheit erledigt werden konnte. Mein Vater ist ein sehr strenger Polizist. Er fand dich einen sehr netten und anständigen Burschen.» «Danke Chantal, ich fand deinen Vater auch nett. Er ist halt Hüter des Gesetzes und musste eingreifen. Auch meine Kollegen lassen danken und sind froh.» Ich wünschte ihr einen schönen Abend und fuhr davon. Am nächsten Freitag warteten wir drei beim Bahnhof auf Chantal, um uns bei ihr zu bedanken. Dabei fiel auf, dass sie hauptsächlich mit mir das Gespräch suchte. Als sie sich verabschiedete, wünschte sie gute Nacht und rief dann: «Tschüss Christian.» Ich rief ihr nach: «Tschüss Chantal.» «Die hat doch ein Auge auf dich geworfen, merkst du das nicht?», schmunzelte Bernhard. «Das glaube ich nicht», stritt ich ab, während Peter witzelte: «Hände weg von einer Polizistentochter, sonst steckst du mit einem Bein bereits im Gefängnis.» Im Bett dachte ich nochmals über alles nach, besonders Chantals sehr freundliches Benehmen mir gegenüber. Sie war eine sehr hübsche Frau und gefiel mir gut, doch ich mied jeglichen weiteren Kontakt zu ihr. Ich durfte nicht daran denken, was passieren würde, sollte sie mich nach meiner Kindheit und Jugend fragen. «Ich, ein Verdingbub – und meine Freundin, die Tochter eines Polizisten. Ich habe ja nicht einmal ein richtiges Zuhause. Nein, vergiss es», sagte ich mir selbst.

Die Tage wurden kürzer. Ich ging mit Gilbert noch einmal auf die Alp, um alles für den Winter dicht zu machen. Im Oktober fuhren Giuseppe und ich zweimal mit zwei riesigen Fudern Gras in die Grastrocknungsanlage nach Aubonne. Da alles von Hand abgeladen werden musste, kamen wir erst gegen Mitternacht wieder nach Hause. Von nun an war ich hauptsächlich mit Pflügen, Eggen, Düngern und Getreidesäen beschäftigt. Ich sass täglich meistens bis zu zehn Stunden und mehr auf dem Traktor – am Abend bestaunte ich jeweils die riesigen bearbeiteten Flächen. Eines Tages stellte ich fest, dass beim MAN das Motorenöl gewechselt werden sollte. Daher zog ich den Ölmessstab hinaus, entfernte unten am Motor die Ablassschraube und liess das Motorenöl in ein altes Becken fliessen. In diesem Moment kehrte André von einer Sitzung zurück und schrie: «Was machst du da?!» «Der Motorenölwechsel war fällig», antwortete ich ruhig. «Das kannst du nicht selbst machen, das ist die Aufgabe des Mechanikers! Wenn der Motor nicht mehr läuft, musst du bezahlen!», donnerte er und lief davon. Als ich die nötige Menge neues Öl eingefüllt hatte, erschien Rosmarie und fragte aufgeregt, was passiert sei. «Ich habe nur das Motorenöl beim Traktor gewechselt. Dein Vater meinte, dazu müsse man den Traktor zum Mechaniker bringen, aber das kann man gut selbst machen», erklärte ich. Als wir zum Abendessen in die Küche gingen, schüttelte Gilbert den Kopf und lachte, während sich der Chef nichts anmerken liess.

Anfang November kehrte Giuseppe nach Italien zurück, sodass ich all seine Aufgaben übernehmen musste. Zudem erhielt ich den Auftrag, sämtliche Maschinen zu reinigen, zu kontrollieren und instand zu stellen. Diese Arbeiten fand ich wahnsinnig interessant und liessen in mir Gedanken über meine Zukunft aufkommen. «Landmaschinenmechaniker, das wäre mein Traumberuf», gestand ich mir ein, wusste aber gleichzeitig, dass das für mich nicht infrage kam. Ich hatte kein Zuhause, und ein Zimmer konnte ich mir mit dem Lehrlingslohn nicht leisten. Plötzlich durchfuhr mich der Gedanke, Fred Wenger zu fragen, ob er im Frühjahr einen Käserlehrling anstellen würde. «Das wäre eigentlich auch ein schöner Beruf, und ich könnte vielleicht bei Wengers schlafen und essen», überlegte ich. Und so ging ich am nächsten Tag zum Bahnhof, um Fred anzurufen. Marlene nahm das Telefon ab und sagte: «Hallo Christian, welch schöne Überraschung! Wie geht es dir? Mein Mann hat sich ab und zu bei Hansruedi Gerber nach dir erkundigt. Er hat immer gesagt, man höre nicht viel von dir, es gehe dir gut. Auch dein Götti und deine Gotte interessieren sich, wie es dir geht.» «Es geht mir gut. Wir hatten sehr viel zu tun, jetzt ist es ein wenig ruhiger geworden», erzählte ich. «Wie lange bleibst du noch im Welschland?», fragte sie. «Ich habe einen Vertrag bis Ende April.» «Und was machst du danach?», erkundigte sich Marlene. «Ich würde gerne die Lehre als Emmentaler-Käser absolvieren. Stellt Fred im Frühling einen Lehrling an?», fragte ich und hoffte, eine positive Antwort zu erhalten. «Ja, im Mai. Soviel ich weiss, hat Fred die Lehrstelle noch nicht vergeben. Das würde uns und meine Schwiegereltern natürlich sehr freuen. Ich spreche mit Fred – ruf doch nächste Woche wieder an, dann wissen wir Bescheid.» «Das mache ich. Einen lieben Gruss an Fred, und auch an Gotte Hanna und Götti Fred», beendete ich das Gespräch. Plötzlich kamen Zweifel in mir auf, und ich wurde wegen meiner Herkunft und meiner Vergangenheit unsicher. «Stellt Fred Wenger wirklich einen Verdingbuben an? Und das in der Gemeinde, in der ich bis jetzt gar nichts galt und es schon immer hiess, aus dem werde sowieso nichts?» Doch dann sprach ich mir Mut zu, meine Gotte und mein Götti waren die Eltern von Fred und würden mir hoffentlich helfen. Mit gemischten Gefühlen rief ich eine Woche später bei Wengers an. Nachdem er mich gefragt hatte, wie es mir gehe, meinte Fred: «Du hast ja wegen einer Lehrstelle bei uns angerufen. Ich würde mich sehr freuen, dich im nächsten Frühling als Lehrling anzustellen. Das ist auch ganz im Sinne meiner Eltern. Wir wissen alle, dass du sehr fleissig und anständig bist. Du kommst ja sicher Ende Jahr mal heim, dann können wir den Lehrvertrag machen. Stimmt das so für dich?», fragte er. «Ja sicher – vielen Dank für deine Zusage, ich freue mich sehr», sagte ich Fred und schob nach: «Können wir das noch geheim halten? Ich möchte an Weihnachten meine Pflegeeltern damit überraschen.» «Ja klar», bestätigte Fred und richtete mir liebe Grüsse von seinen Eltern und Marlene aus, bevor er auflegte. Nach dieser positiven Nachricht fiel mir ein sehr schwerer Stein vom Herzen. Ich war sehr glücklich und zuversichtlich – und endlich sah ich eine Zukunft für mich. Ich war Fred auch dankbar für seine Geheimhaltung, denn meinen Vormund hatte ich nicht gefragt, und der war ja der Schwager von Martha. Ich traute ihr zu, sich einzumischen und mir diese Chance zu nehmen. Am Abend lud ich meine Kollegen zu einem Bier ein und erzählte stolz, ich könne im Frühling eine Lehre beginnen. «Das ist ja super, bestimmt als Landmaschinenmechaniker, oder?», vermutete Peter. «Nein, als Emmentaler-Käser», sagte ich. «Toll, das würde mir auch gefallen», meinte Bernhard. Am Sonntag beim Kaffee erzählte ich auch der Familie Monthoux und Gilbert davon, die sich alle mit mir freuten. Vor dem Einschlafen dachte ich nochmals über die positive und überraschende Nachricht nach. Und plötzlich kam ich mir nicht mehr wie ein hilfloser Verdingbub vor, der nichts selbst entscheiden konnte und über den immer andere Leute bestimmten. Zum ersten Mal in meinem Leben hatte ich selbst eine Entscheidung treffen können, zum ersten Mal lag die Zukunft in meiner eigenen Hand. «Jetzt bin ich endlich eine eigene Persönlichkeit», dachte ich erfreut.

Mit den ersten Schneeflocken kündigte sich der Winter an. Erstmals musste ich mir deswegen keine Sorgen machen, schliesslich hatte ich jetzt ein beheiztes, warmes Zimmer. Da ich von meiner Mutter schon über ein halbes Jahr nichts mehr gehört hatte, schrieb ich ihr eine Postkarte und fragte, ob ich über Weihnachten ein paar Tage zu ihr kommen dürfe. Eine Woche später erhielt ich ihre Antwort: Es sei in Ordnung, ich müsse aber in der Wohnstube auf einem Notbett schlafen. Das war für mich kein Problem – eine Alternative hatte ich ja auch nicht, denn zu Gerbers konnte ich nicht. Wenn Bernhard und Peter am Wochenende nach Hause fuhren, blieb ich jeweils in Bière zurück. An einem Freitag, als die beiden nicht da waren, wartete ich am Bahnhof auf Chantals Zug. «Hallo Christian, bist du allein?», fragte sie. «Ja, Bernhard und Peter sind nach Hause.» «Fährst du eigentlich nie zu deinen Eltern?», wollte Chantal wissen. «Nein, die Reise ist sehr kompliziert, das lohnt sich nicht», wich ich aus und erzählte ihr dann von meiner Lehrstelle. «Sehr schade, dass du weggehst. Ist in unserer Käserei denn keine Lehrstelle frei?» «Das weiss ich nicht, und mit der Berufsschule in französischer Sprache wäre es wohl sehr schwierig geworden», erklärte ich. Kurz vor ihrem Zuhause trennten sich unsere Wege, und wir wünschten uns ein schönes Wochenende. Zurück in meinem Zimmer machte ich Feuer im kleinen Ofen und las in der Berner Zeitung, die ich mir am Kiosk gekauft hatte. Glücklich legte ich mich ins Bett, hörte dem Knistern des Feuers zu und schlief ein.

Am Vormittag des 23. Dezember 1961 bestieg ich zum ersten Mal den Zug, um nach Hause zu kehren. Die Reise brachte mich über Morges nach Bern, wo ich in den Zug Richtung Thun umstieg. Es war schon dunkel, als ich den schmalen und steilen Weg hinauf zum Haus meiner Mutter unter die Füsse nahm. Schon aus einer Distanz von 100 Metern hörte ich das Rauschen des Wasserfalls, das mir wie eine leise Begrüssung vorkam. In der Wohnstube brannte Licht. Ich klopfte an, meine Mutter öffnete die Tür, gab mir die Hand und begrüsste mich freundlich. Meine älteste Schwester Nora war auch da. Sie arbeitete in einem Knabenerziehungsheim als Küchenangestellte, hatte aber über die Weihnachtszeit Urlaub. Wir hatten einander einiges zu erzählen, daneben spielten wir Karten- oder Brettspiele und halfen im Haushalt. Am Freitag gingen die Frauen einkaufen, was mir die Gelegenheit gab, mich in der Käserei telefonisch anzumelden. Marlene lud mich zum Mittagessen ein. Nach dem Telefonat unternahm ich einen längeren Spaziergang durch den nahe gelegenen, verschneiten Wald. Am Samstagmorgen machte ich mich bei Tagesanbruch auf den Weg zu meinen Pflegeeltern. Nach fast einer Stunde bergaufwärts hatte ich mein Ziel erreicht. Der Hund hatte mich schon bemerkt, und als ich ihm rief, bellte Bläss kurz, lief mir entgegen und sprang mich an. Dann rannte er zurück ins Tenn, um gleich darauf in vollem Tempo wieder zu mir zu laufen. Aus dem Tenn vernahm ich die Stimme Grösus, der rief: «Blässu, spinnst du eigentlich?» Erst als er zur Tür kam, sah er mich: «Ja Donnerwetter, wer kommt denn da?» Er begrüsste mich herzlich und sagte: «Ich bin gerade am Gläck vorbereiten – eine deiner früheren Arbeiten –, willst du damit weiterfahren?», fragte er lächelnd. «Das könnte ich, ich weiss ja noch, wie man das macht», antwortete ich, während Bläss nicht von mir abliess, immer an mir hochsprang oder übermütig umherrannte. Als wir die Küche betraten, kam die Mutter aus der Stube und gab mir die Hand. «Hast du ein paar Tage Urlaub?», wollte sie wissen. «Ja, über Weihnachten», antwortete ich. Dann stiessen Heidi und Marianne dazu, begrüssten mich ganz herzlich und fragten, wie es mir gehe. «Schön, dich wieder mal zu sehen! Leider ist Hansruedi gerade bei Paul Hofer am Bäume schneiden», sagte Heidi und lud mich zum Essen ein. «Danke, aber ich bin bereits bei Wengers zum Mittagessen eingeladen.» «Ach so, schade.» Marianne schaute mich mit grossen Augen an. «Du bist aber gross geworden», sagte ich zu ihr. Sie nickte. Währenddessen machte Heidi einen Tee und servierte Weihnachtsgebäck dazu. Grösu kühlte den Tee mit Schnaps ab. Er interessierte sich sehr dafür, wie es auf einem solch grossen Betrieb ablief, und kam nach meinem Erzählen nicht mehr aus dem Staunen heraus. «Donnerwetter, was du alles gelernt hast in dieser kurzen Zeit.» Kurz nach 11 Uhr erschien Hansruedi zum Mittagessen und freute sich sehr, mich wiederzusehen. Dann erwähnte er, dass gestern Christoph nach mir gefragt habe. Ich verabschiedete mich etwas später mit dem Versprechen, nach dem Mittagessen nochmals vorbeizuschauen. Als ich Grösu erklärte, dass ich in der Käserei zum Mittagessen eingeladen sei, warf die Mutter die Bemerkung ein: «Dort gibt es sicher etwas Besseres.» Ihren Kommentar ignorierend, sagte ich Tschüss und machte mich auf den Weg. Vor der Käserei stand der Mercedes meines Göttis – sie erwarteten mich also schon. Ich ging die Treppe hoch und wurde von Marlene herzlich empfangen. In der Küche bereitete die Köchin Margrit das Mittagessen vor, und der Küchentisch war für die Angestellten schon gedeckt. Marlene führte mich in die Stube, wo der Tisch ebenfalls schon gedeckt war und Götti Fred und Gotte Hanna mich begrüssten. «Wir haben uns sehr auf dich gefreut», sagten die beiden, bevor mein Götti nachdoppelte: «Und mich freut es sehr, dass du hier die Lehre als Käser absolvieren wirst.» Dann erschienen auch Fred, der sich über meine Anwesenheit sehr freute, und die Lehrlinge. Ich begrüsste Kurt und Werner, die ich bereits kannte, und Erich, der im Frühjahr die Lehre angefangen hatte. Die drei wussten, dass ich hier Gotte und Götti besuchte, nicht jedoch, dass ich im kommenden Frühjahr Kurt ersetzen werde. Alle interessierten sich, wie es für mich war, in einem Grossbetrieb zu arbeiten. Nachdem die Angestellten mit dem Essen fertig waren, wurden wir mit Kalbsbraten, Kartoffelstock und Gemüse verwöhnt und von der Köchin nett bedient. Nach dem Mittagessen holte Fred den Lehrvertrag, den ich aufmerksam durchlas: Im ersten Lehrjahr 120 Franken Monatslohn plus Kost und Logis, jeden Monat einen Tag frei, im Winter an zwei Nachmittagen pro Woche Besuch der Gewerbeschule in Thun. «Hast du noch Fragen?», wollte Fred wissen. «Nein, es ist alles klar», antwortete ich. «Der Lohn im zweiten Lehrjahr wird ungefähr 250 Franken sein», fügte Fred an. Ich unterschrieb den Lehrvertrag und erhielt ein unterzeichnetes Exemplar. Bei der Verabschiedung steckte mir Hanna mit den Worten «Das ist ein Beitrag an die Reisekosten» 50 Franken zu und wünschte mir weiterhin alles Gute. Von Wengers ging ich direkt zu Hofers, die sich alle über meinen Besuch freuten. Karin servierte Tee und Kuchen, und wir hatten uns viel zu erzählen. Im Laufe des Gesprächs fragte mich Christophs Mutter, wie lange ich noch in Bière bleiben werde und was ich danach mache. Ich antwortete, dass ich bis Ende April dort sei und etwas in Aussicht habe, aber noch nicht genau Bescheid wisse. Nach einer Weile verabschiedete ich mich und ging nochmals zum Hof von Gerbers. Heidi war mit Marianne oben im Gaden, und ich nutzte die Gelegenheit, um ihr meinen Lehrvertrag zu zeigen. «Was für eine

Riesenüberraschung», sagte Heidi strahlend. «Ich freue mich sehr, dich wieder in der Nähe zu haben. Dann muss ich das Milchgeschirr aber sehr gründlich reinigen, wenn du es kontrollierst», scherzte sie. «Ich habe mit Wengers abgemacht, dass es vorerst noch geheim bleibt. Hansruedi kannst du aber informieren», sagte ich ihr und verabschiedete mich dann von den beiden. «Gehst du jetzt wieder ganz weit weg und kommst lange nicht zurück?», fragte Marianne. Ich nickte, verliess das Zimmer und stieg die Treppe hinunter zu den Pflegeeltern. «Was machst du eigentlich im Frühling?», wollte Grösu wissen. «Ich bin auf der Suche nach einer Lehrstelle, aber ich habe ja noch einige Wochen Zeit», entgegnete ich – das war zwar nicht ganz korrekt, aber manchmal brauchte es kleine Notlügen, sagte ich mir. Kurz vor dem Einnachten traf ich wieder bei meiner Mutter ein.

An Weihnachten kamen meine Geschwister heim. Da ein Weihnachtsbaum in der kleinen Stube nicht Platz hatte, wurden die Geschenke einfach so verteilt. Von meiner Mutter erhielt ich ein schönes Hemd. Wir genossen zusammen ein Festessen mit Pastetli, Salat und ein Glas Rotwein, während wir uns angeregt unterhielten. Edwin erzählte, dass sie beim Gemeinderat ein Gesuch für den Einbau zweier Zimmer im Estrich gestellt hatten – als Zimmermann könnte er den Umbau selbst machen. Da Edwin und Paul nur bis zum Lehrabschluss bei ihren jeweiligen Pflegeeltern wohnen konnten, hofften wir auf einen positiven Entscheid. Nach den Feiertagen begab ich mich mit meinem Ersparten zur Bank, wo mir der Angestellte vorschlug, die 500 Franken in Kassascheinen zu einem Zins von fünf Prozent anzulegen. Ende Jahr werde dann der Zins auf mein Konto verbucht.

Froh, dass die Ferienwoche vorbei war, bestieg ich am 28. Dezember wieder den Zug nach Bière. Um 17 Uhr kam ich an, begrüsste zuerst Gilbert, der bereits im Stall war, und dann meine Meisterleute. André und Alda empfingen mich sehr freundlich und luden mich zum Nachtessen ein. Ich sagte dankend zu und bot an, in die Käserei zu gehen. «Ja, wenn du das willst … aber du hast ja noch frei», meinte der Chef. «Das ist kein Problem», versicherte ich. Als auch Rosmarie und Pierre da waren, teilte ich allen mit, dass ich am 1. Mai an meinem früheren Wohnort die Lehre als Emmentaler-Käser beginnen werde. «Das ist sicher ein guter Beruf für dich. Du verstehst schliesslich sehr viel von der Landwirtschaft, und das ist bestimmt ein Vorteil in diesem Beruf», erwähnte André.

Am Sonntag war Silvester. Nach dem Mittagessen fragte mich Rosmarie, ob ich schon Pläne für den Abend hätte. Als ich verneinte, ergänzte sie: «Im Restaurant Trois Sapin ist heute Abend Tanz. Das Orchester spielt hauptsächlich Cha-Cha-Cha. Kommst du mit?» «Ich kann gar nicht tanzen», wandte ich ein. «Das spielt überhaupt keine Rolle, ich bringe es dir bei. Komm doch bitte mit, Christian.» Ich sagte ihr zu, doch etwas später fragte ich mich, warum ich das getan hatte. «Rosmarie muss sich doch schämen mit mir. Ich passe überhaupt nicht zu einer so hübschen Dame, und tanzen kann ich auch nicht.» Trotzdem zog ich mein neues Hemd, das ich von der Mutter zu Weihnachten erhalten hatte, und die schönen Konfirmationskleider an. Auch Rosmarie hatte sich herausgeputzt – schon ohne Schminke war sie eine sehr schöne Frau, und nun mit roten Lippen sah sie hinreissend aus. Kurz nachdem wir beim Restaurant angekommen waren, trafen auch Bernhard und Peter ein und begrüssten uns. Rosmarie hatte einen Tisch reserviert und wollte nicht, dass ich den Eintritt bezahlte. Meine beiden Kollegen setzten sich in unserer Nähe hin und blickten immer wieder zu uns rüber. Beim zweiten Tanz begaben wir uns auf die Tanzbühne. Rosmarie zeigte mir die ersten Schritte, und schon bald kam ich einigermassen mit. «Das klappt doch schon recht gut, du hast ein Gefühl für Musik», lobte sie mich. Auch ich war erstaunt, wie gut ich nach einigen Tänzen schon mithalten konnte. Um Mitternacht lud ich Rosmarie zu einem Glas Champagner ein, und eine Stunde später machten wir uns auf den Heimweg. «Das war ein wunderschöner Silvester mit dir. Und Cha-Cha-Cha hast du auch gelernt», freute sich Rosmarie. «Es hat mir sehr gefallen, vielen Dank für die Einladung», entgegnete ich. Zu Hause wünschte mir Rosmarie eine gute Nacht und gab mir links und rechts ein Küsschen auf die Wange. Das waren die ersten Küsschen, die ich je von einer Frau erhalten hatte, und ich wusch das Gesicht nicht, um ihre Küsschen bei mir zu behalten. «Wenn Rosmarie wüsste, dass ich nur ein Verdingbub bin und immer noch einen Vormund habe, was würde sie wohl von mir halten?», durchfuhr mich. Heute Abend hatte ich mich wie eine andere Person gefühlt, und es merkte ja auch niemand, wer und was ich war. Mehr und mehr sah ich mich dank solchen Vorkommnissen und Interaktionen wie mit Rosmarie nicht mehr nur als Verdingbub. Doch die Vergangenheit war noch sehr nahe und hatte in mir tiefe, schmerzhafte Narben hinterlassen. «Ich muss lernen, kein Verdingbub, sondern ein ganz normaler Mensch zu sein», sagte ich mir und schlief überglücklich ein.

Am nächsten Tag sah ich Rosmarie beim Mittagessen wieder. «Hallo Christian, hast du gut geschlafen?», fragte sie. «Ja, sehr gut, aber nicht so lange», antwortete ich. «Christian ist schon ein guter Tänzer», liess sie verlauten. Am Abend traf ich meine Kollegen beim Bahnhof. «Du bist ein richtiges Schlitzohr! Du sagst uns, dass du an Silvester zu Hause bleibst, und kreuzt dann mit dieser schönen Frau auf – und erst noch die Tochter deines Chefs», rief Peter mir zu. «Rosmarie hat mich nach dem Mittagessen ganz unerwartet eingeladen», rechtfertigte ich mich. «Unglaublich, das sollte mir auch mal passieren», meinte Bernhard. Am Dienstag waren die Feiertage vorbei, und wir widmeten uns wieder den anfallenden Arbeiten. André hatte im nahe gelegenen Wald neun Ster Buchenholz gekauft, das wir mit zwei Anhängern heimtransportierten. Mit Fräse und Beil verkleinerten wir das Holz. Danach fuhren Gilbert und ich während zwei Wochen auf die Alp und nahmen Reparaturen am Haus und in den Stallungen vor. Im März wurde das Sommergetreide angepflanzt. Nun ging mein Jahr im Welschland schon dem Ende zu. Ich telefonierte daher meiner Mutter und fragte sie, ob ich am 27. und 28. April auf dem Notbett schlafen könne. Sie bejahte und wollte dann wissen: «Wo gehst du danach hin?» Als ich mein Geheimnis lüftete, war sie sehr erstaunt und fragte, warum ich ihr das nicht schon früher gesagt hätte. Ich antwortete, dass ich es selbst noch nicht lange wisse. Am Abend vor meiner Abreise trank ich noch ein Bier mit Peter und Bernhard. Am Freitag, 27. April 1962, verabschiedete ich mich in Bière von meinen Leuten. André stellte mir ein sehr gutes Arbeitszeugnis aus und wünschte mir alles Gute. Rosmarie gab mir zur Verabschiedung wieder zwei Küsschen auf die Wangen, die ich erwiderte. Um 14 Uhr bestieg ich in Bière den Zug in Richtung Morges–Lausanne–Bern. Die Fahrt gab mir Zeit, über die vergangenen Monate zu reflektieren. Ich nahm viele sehr positive Erfahrungen mit auf die Reise, hatte schöne Erinnerungen an Rosmarie und dachte auch an Chantal. Ich realisierte, dass ich langsam ein anderes Gefühl von mir selbst hatte. Erstmals in meinem Leben wurde ich von allen Personen sehr geschätzt. Überall fand ich Zuneigung. «Diese Menschen wissen halt nicht, dass ich nur ein Verdingbub war beziehungsweise bin. Wie viel einfacher wäre das Leben für mich ohne die Vorurteile mir gegenüber?», sinnierte ich. Es war mir bewusst, dass sich nun wieder alles ändern würde, denn ich kehrte zurück in die Gemeinde, in der ich als Verdingbub bekannt war. Die Einheimischen kannten mich alle, einige von ihnen hatten mich sehr verachtend und mies behandelt. Und solche Personen gehörten nun auch zu meiner Kundschaft in der Käserei. Wie oft hatte ich nach Tiefschlägen im Bett geweint und mich immer wieder selbst ermuntert, weiterzumachen. Wie oft hatte ich mir gesagt: «Ich werde euch allen beweisen, dass aus mir etwas wird und ihr nicht recht habt, ihr verdammten Halunken.» Nach drei Stunden marschierte ich gegen 17 Uhr mit meinem alten Koffer in der Hand zu meiner Mutter, die mir zur Begrüssung die Hand schüttelte und sagte: «Schön, dass du vorbeikommst. Es freut mich sehr, hast nun auch du eine Lehrstelle.» Am Abend kam Edwin auf einem älteren Mofa vorbei und erzählte mir, dass der Gemeinderat den Ausbau des Estrichs bewilligt habe und er bald damit beginnen werde. Das Material für die zwei Zimmer – eines sogar ein Zweierzimmer – werde von der Gemeinde bezahlt. Am Abend rief ich meine Pflegemutter an: «Ich bin aus Bière zurück und komme morgen vorbei.» «Ja, das ist gut, kommst du zum Mittagessen?», fragte sie. «Gerne, danke für die Einladung und bis morgen», antwortete ich, und schon war das Gespräch beendet. Am Samstag traf ich um 11 Uhr bei Gerbers ein. Bläss, der vor dem Stall an der Sonne lag, bemerkte mich als Erster und liess sich von mir streicheln. Kurz darauf rief mir Hansruedi zu: «Hallo Christian, der Hund kennt dich ja noch sehr gut.» «Hallo! Ja, das finde ich sehr schön», entgegnete ich. Während wir uns unterhielten, kamen auch Heidi, Marianne und Grösu und begrüssten mich sehr herzlich. Die Mutter erschien bei der Eingangstür und reichte mir die Hand. In der Küche kam mir der Duft von Sauerkraut entgegen, und ich freute mich sehr auf das feine Essen, denn im Welschland hatte es kein Sauerkraut gegeben. Beim Essen hatten wir viel zu erzählen. Marianne sagte: «Christian, die Mutter hat mir erzählt, dass du in der Käserei auch von unserer Milch Käse und Butter machen wirst.» «Das haben wir erst vor einer Woche erfahren, und zuerst glaubte ich es nicht. Aus dir gibt es sicher einen sehr guten Käser. Und ich bin sehr froh, dass du wieder da bist», meinte Grösu. Später ging ich zur Bank, die sich im Nachbardorf befand. Stolz überreichte ich dem Bankbeamten 400 Franken und erklärte, ich wolle vier Kassascheine à 100 Franken anlegen. Nun hatte ich schon 900 Franken auf meinem Sparkonto und erhielt 25 Franken Zins gutgeschrieben.

Meine Lehre zum Emmentaler-Käser

Am Sonntag, 29. April 1962, ging ich um 17 Uhr in der Käserei vorbei. Fred und Marlene empfingen mich sehr freundlich und luden mich zum Abendessen ein. Am Tisch sass ich neben meinen neuen Arbeitskollegen Erich und Werner. Kurt war schon weg, er hatte die Lehre vor zwei Wochen abgeschlossen. Nach dem Essen zeigten mir die beiden Lehrlinge unser Zimmer, dann trafen schon die ersten Landwirte mit der Milch ein. Während sich Erich und Werner an die Arbeit machten, sagte Fred zu mir: «Der 1. Mai ist erst am Dienstag. Wenn du möchtest, kannst du morgen das Zimmer beziehen und am Abend bereits bei der Milchannahme mithelfen. Du brauchst ja sicher etwas Zeit, um die Leute zu begrüssen und zu überraschen. Einige werden nicht mehr aus dem Staunen herauskommen», meinte er lachend. Ich stimmte ihm zu und machte mich dann auf den Weg zu meiner Mutter. Am Montag besuchte ich noch meine Grosseltern, die sich wie immer sehr darüber freuten. Ich orientierte sie über meine Lehrstelle und versprach ihnen, nun ab und zu vorbeizukommen. Etwas später am Nachmittag traf ich an meinem neuen Arbeitsplatz ein und brachte meine Habseligkeiten in das sehr grosse Zimmer, das ich mir mit Erich und Werner teilte. An drei Wänden stand ein Bett und an der vierten Wand direkt bei der Tür ein sehr grosser Schrank. Vor dem Eingang befanden sich das WC und eine Dusche. Direkt neben unserem Zimmer wohnte die Köchin Margrit. Nachdem ich meine Kleider verstaut hatte, luden mich Marlene und Fred zu Tee und Kuchen ein. Ich sagte zu Fred, dass ich bereits heute Abend bei der Milchannahme mithelfen werde. «Das finde ich super», meinte er und überreichte mir drei weisse Blusen und eine Schürze. Danach begaben wir uns nach unten in die Käserei. Fred erklärte mir, wie der Dampfkessel funktionierte, durch den jeden Morgen die circa 3000 Liter Milch in drei verschiedenen «Kupferchessi» aufgewärmt wurden. Dann gingen wir in den Milchgaden, wo sich die Buttermaschine befand. Dort wurde zudem die Abendmilch bis am folgenden Morgen gelagert und gekühlt. In drei Kellern mit verschiedenen Temperaturen wurden die Käselaibe zum Reifen gelagert. Nach der kleinen Besichtigungstour öffnete Werner um Punkt 18 Uhr die Eingangstür zur Käserei. Neben der Milchwaage war an der Wand eine schwarze Tafel befestigt, wo die Lieferantennummer von jedem Landwirt ersichtlich war. Etwas später traf der erste Landwirt mit der Milch ein. Es war der Lieferant mit der Nummer drei, Ueli Weber. «Hallo Christian, was machst denn du da?», fragte er erstaunt. Ich grüsste und teilte ihm mit, dass ich hier meine Berufslehre absolvieren werde. «Viel Erfolg», antwortete er und leerte die erste der beiden Kannen in den Waagkessel. 45 Kilogramm zeigte die Waage an. In der zweiten Kanne waren 21,5 Kilogramm. Die Milch leerten wir im Milchgaden in eine grosse Wanne mit einem Fassungsvermögen von circa 1200 Litern. Das Total von 66,5 Kilogramm notierte Werner bei der entsprechenden Lieferantennummer an die Wandtafel. Kindern und Frauen half ich beim Ab- und Aufladen der Milchkannen. Jeder Landwirt nahm dieselbe Menge Käsemilch zurück, wie er Milch geliefert hatte. Christoph erschien mit dem Traktor, hinten auf der Ladebrücke hatte er drei Kannen Milch geladen. «Es ist schön, dass du wieder zurück bist, ich habe dich sehr vermisst», sagte er. «Ich habe dich auch vermisst», antwortete ich. Bis um 19 Uhr hatten alle 41 Landwirte ihre Milch abgeliefert. Für viele war meine Anwesenheit eine grosse Überraschung, einige waren aber bereits orientiert. Hansruedi, Marianne und Christoph freuten sich sehr, dass ich nun in der Käserei arbeitete. Ich wurde eigentlich von den meisten Leuten sehr herzlich empfangen und erhielt mehrere Glückwünsche zu meinem neuen Beruf. Es gab aber auch andere Lieferanten, und diese kannte ich schon von meiner Schulzeit her. Nach der Milchannahme wurden der Boden und die Rampe mit dem Wasserschlauch gereinigt. Am Feierabend begaben wir uns ins Zimmer, wo wir uns über Gott und die Welt unterhielten.

Erich stellte den Wecker, und um 5.15 Uhr standen wir auf. Werner begab sich allein in den Käsekeller und pflegte einige fast 100 Kilogramm schwere Käselaibe. Erich und ich trafen die Vorbereitungen für die Milchannahme. Um 5.40 Uhr assen wir gemeinsam mit Fred Frühstück, und Punkt 6 Uhr öffnete ich die Eingangstür zur Käserei. Wie schon am gestrigen Abend kam Ueli Weber als Erster. Während Erich beim Dampfkessel Feuer machte, erklärte er mir, dass die meisten Lieferanten immer etwa zur gleichen Zeit erschienen. Der Letzte sei in der Regel ein alter Knecht, der mit einem Bockwagen die Milch von vier recht abgelegenen Höfen brachte. Die angelieferte Morgenmilch wurde direkt in die drei Kupferkessel verteilt. Ausserdem fügten wir die Abendmilch bei, die über Nacht im Milchgaden in zwei Wannen gelagert hatte. Eine bestimmte Menge Rahm hielten wir in den Wannen zurück, um den Fettgehalt der Milch von 4,5 auf 3,2 Prozent zu senken –

gerade richtig für die Käsefabrikation. Mithilfe des Dampfkessels wurde die Milch auf 41,5 Grad Réaumur, circa 53 Grad Celsius, aufgewärmt. Durch die Beigabe von Lab entwickelte sich die Milch in circa 30 Minuten zu einer festen Masse, die wir mit einer sogenannten Harfe, einem Gerät mit feinen Drähten, zu Weizenkern grossen Stücken schnitten. Nach ungefähr einer Stunde wickelten wir ein grosses Tuch um einen Metallbogen und zogen es über den Kesselboden. Nun befand sich die ganze Masse in diesem Tuch, das mit einem Flaschenzug mit vereinten Kräften angehoben und zum Presstisch gefahren wurde. Anschliessend verteilten wir die circa 100 Kilogramm Masse gleichmässig im bereitgestellten «Järb», einer Käseform zum Pressen. Vor dem Mittag wurden die frischen, circa 100 Kilogramm schweren Käselaibe von Hand zum ersten Mal gewendet. Das brauchte sehr viel Kraft und Geschick und gelang mir nicht auf Anhieb. Um 13.30 Uhr, 17 Uhr und 19 Uhr war wieder Käsewenden angesagt. Beim letzten «Chehre» schnitten wir die Ränder mit einem Messer rundum ab. Diese kleinen, fingerdicken Käsespäne waren nicht nur bei einigen Kindern beliebt, sondern auch bei den Hühnern. Am Morgen wurden die frischen Käselaibe mit dem Lift in den Keller transportiert und für 24 Stunden in ein Salzbad gelegt, bevor sie in den ersten Lagerkeller kamen. Nach einem Monat transportierten wir die Käselaibe in einen wärmeren Keller, in die Vorheizung. Nach weiteren 30 Tagen wechselten sie in den dritten Keller, in die Heizung, um bei einer Temperatur von knapp 40 Grad auszureifen. In Freds Kellern lagerten total 270 Emmentaler. Jeder wurde zweimal pro Woche gewaschen und gepflegt. Immer

Ende Monat wurden 90 Emmentaler von der Käsehandlung Zingg aus Bern abgeholt. Am Anfang erledigte ich die schweren Arbeiten zusammen mit Werner oder Erich. Nach drei Wochen schaffte ich es, die frischen Käselaibe auf dem Presstisch zu wenden, und war sehr stolz, dass ich bei diesem Arbeitsschritt nun voll mithelfen konnte. Daneben war ich sehr viel mit Reinigen beschäftigt, denn alles musste immer sehr sauber und steril sein.

Ende Mai hatte ich meinen ersten freien Tag. Als Hansruedi am Morgen in die Käserei kam, fragte ich ihn: «Von heute Nachmittag bis am Montagmorgen habe ich frei, hast du Arbeit für mich?» «Ich habe immer viel zu tun, aber du hast doch deinen freien Tag», erwiderte er. «Ich komme vorbei», versprach ich und fuhr um 14 Uhr mit dem Fahrrad zu meinem alten Pflegeplatz. Besonders Grösu freute sich, mich zu sehen. Hansruedi und ich fuhren mit Traktor und Wagen in den Wald, um das aufgespaltene Buchenholz heimzufahren. Während ich hinter dem Haus das Holz aufschichtete, begann Hansruedi mit den Arbeiten im Stall. Als die Kühe gemolken waren, brachte ich die Milch in die Käserei. Das war für mich eine sehr spezielle Situation – das letzte Mal fuhr ich noch als Verdingbub in die Käserei, heute jedoch als Käserlehrling. Als ich mit der Milch ankam, witzelte Erich: «Schaffst du das Abladen oder soll ich dir helfen?» Die umstehenden Leute lachten. Zurück bei Gerbers gab mir Heidi nach dem Abendessen ein Stück Zopf mit zum Frühstück. Hansruedi lud mich für den Sonntag zum Mittagessen ein und ergänzte dann: «Du kannst auch schon zum Morgenessen kommen. Du bist an deinen freien Tagen immer bei uns zum Essen eingeladen, auch wenn du mal nicht helfen kannst.» Ich bedankte mich, plauderte noch kurz mit Marianne und machte mich dann auf den Rückweg. Als ich die Treppe der Käserei hochstieg, begegnete ich Marlene. «Wenn du möchtest, kannst du morgen mit mir und den Kindern frühstücken», bot sie an. «Ja, sehr gerne. Ich habe zwar von Heidi ein Stück Zopf erhalten», sagte ich. «Das kannst du ja mitnehmen. Schlaf gut und bis morgen.» Während Werner und Erich mit dem Motorrad ins Kino fuhren, duschte ich und legte mich dann ins Bett. Viele Gedanken drehten sich in meinem Kopf. Meine beiden Mitlernenden kamen kurz nach Mitternacht heim und standen um 5.30 Uhr wieder auf. Ich schlief bis kurz vor 9 Uhr aus und ging dann zum Frühstück. Die Kinder Paul und Astrid freuten sich, dass ich dabei war, und schauten mich immer wieder aufmerksam an. Nach dem Frühstück ging ich zu Gerbers und unternahm mit Bläss einen kleinen Spaziergang. Auf der Heckenweide entdeckte ich einige nicht übersehbare Erdhaufen von Mäusen, weshalb ich Hansruedi beim Mittagessen versprach, Fallen zu richten. «Kommst du heute Abend zum Essen?», fragte mich Heidi. Doch bevor ich antworten konnte, meinte Grösu: «Sicher kommt er.» Ich nickte Heidi lachend zu und ging dann, wie vorgängig mit Edwin vereinbart, nach Hause zu unserer Mutter. «Wie eigenartig – ich bin nun an drei verschiedenen Orten daheim und habe aber eigentlich doch kein richtiges Zuhause», überlegte ich. Doch die Situation war nun halt einfach so, ich konnte sie nicht ändern. Kurz nach 16 Uhr machte ich mich wieder auf den Weg und marschierte bergaufwärts zu meinen Pflegeeltern. Wie am Tag zuvor ging ich mit der Milch in die Käserei, was Fred zur Frage veranlasste: «Du arbeitest aber morgen schon wieder bei mir, oder?» Ich lachte und bejahte. Beim Abendessen erkundigte sich Heidi nach der Zimmereinteilung in der Käserei. Ich erklärte ihr, dass wir Lehrlinge uns ein grosses Zimmer teilten. «Dann kannst du bestimmt nicht ruhig schlafen, und heute Morgen bist du sicher geweckt worden», vermutete sie richtig. «Das geht halt nicht anders», entgegnete ich. «Doch, das können wir problemlos ändern. Wir haben ja einen neuen Anbau, an deinem nächsten freien Wochenende kannst du dort schlafen.» Freudig bedankte ich mich bei Heidi für das nette Angebot. Nach dem Abendessen ging ich zu Hofers rüber, wo ich mich mit Christoph und seinen Eltern über die Arbeiten in der Käserei unterhielt. Paul und Karin zeigten sich sehr erfreut, dass ich nun eine Lehrstelle hatte. «Hat dir dein Vormund die Lehrstelle besorgt?», wollte Christophs Vater wissen. «Nein, das war allein meine Idee. Den Vormund habe ich nicht benachrichtigt, aber der ist mittlerweile sicher auch im Bild.» Um 21 Uhr traf ich in der Käserei ein und legte mich schlafen. Am Montagabend besuchten wir drei Lehrlinge Dora Bürki im kleinen Laden nebenan. Sie freute sich, dass wir vorbeischauten und ich jetzt ihr Nachbar war. Dora betrieb nebenbei eine Damen- und Trachtenschneiderei und hatte immer eine Lehrtochter in Ausbildung. Ihr Mann Ernst war Herrenschneider, Coiffeur und Landwirt. Pro Tag lieferte er zwischen 10 und 15 Liter Milch in die Käserei, mit seinen zwei Kühen war er unser kleinster Kunde.

An einem Samstag fragte mich Fred beim Mittagessen, ob ich zum nahe gelegenen Bienenhaus mitkommen möchte. Er hatte dort einige Arbeiten zu verrichten. Da mich Bienen schon immer sehr interessiert hatten, sagte ich zu. Bei den 24 Bienenvölkern wurde nun alles auf Frühling/Sommer umgestellt. Fred erklärte mir Vieles und fragte mich, ob ich das Betreuen der Bienen übernehmen möchte. Ich willigte sofort ein. Als wir um 17 Uhr zur Käserei zurückkehrten, fuhren Götti Fred und Gotte Hanna vor. «Wir kommen gerade vom Bienenhaus zurück. Christian wird sich ab sofort um die Bienen kümmern», berichtete Fred seinen Eltern. «Das kann er sicher sehr gut. Er ist weniger nervös als du», war die Antwort von Götti Fred. Meine Gotte fragte, ob ich nicht jeden zweiten Samstagnachmittag zu ihnen ins Nachbardorf kommen könnte, um einige Arbeiten ums Haus zu erledigen. «Das würde ich sehr gerne tun», antwortete ich und fuhr am nächsten Samstag mit dem Fahrrad zu ihnen nach Hause. Als ich eintraf, bekam ich zuerst Tee und Kuchen serviert. Dann machte ich mich an die Arbeit. Der Teich mit den Fischen musste gereinigt werden. Die Tiere fischte ich mit einem Netz raus und legte sie in eine mit Wasser befüllte Milchkanne. Anschliessend entleerte ich den Teich vollständig, um den Boden und die Seitenwände zu reinigen. Als ich damit fertig war, durften die Fische in den Teich zurückkehren. Als Nächstes mähte ich den Rasen. Danach fragte mich Fred: «Könntest du noch das Auto waschen und staubsaugen? Hier ist der Autoschlüssel, du schaffst es sicher, auf den Vorplatz zu fahren.» Ich setzte mich in den Mercedes und fuhr vorsichtig aus der Garage. Nach Erledigung der Arbeiten gab es noch einen kleinen Imbiss. Die Gotte überreichte mir zudem 10 Franken. So konnte ich jeden Monat 20 Franken zusätzlich verdienen. Auch die Betreuung der Bienen war für mich eine sehr schöne, interessante Aufgabe, die Abwechslung brachte.

In der Käserei gefiel es mir sehr gut – wir verstanden uns alle prächtig, ausserdem bildeten mich Erich und Werner sehr gut aus. So konnte ich nach drei Monaten überall voll mithelfen. Auch das Wenden und Pflegen der schweren Käselaibe schaffte ich allein. Anfang Sommer konnten Fred und ich im Bienenhaus den ersten Honig schleudern. Doch kaum an der Arbeit wurde er von zwei Bienen gestochen. «Du kannst allein weitermachen, du weisst ja jetzt, worauf man besonders achten muss. Ich komme dich gegen Abend abholen», sagte er und ging. Am selben Abend teilte mir Hansruedi beim Anliefern der Milch mit, dass er noch drei Fuder Heu abladen müsse. «Ich helfe dir», versprach ich. Im August half ich zwei Mal bis um 22 Uhr, Getreidefuder abzuladen. Im Winter fuhr ich an zwei Nachmittagen pro Woche mit dem Zug nach Thun und besuchte dort die Gewerbeschule. Nach dem ersten Lehrjahr erhielt ich von Fred ein sehr gutes Arbeitszeugnis, und auch die Noten von der Gewerbeschule fielen erfreulich aus. Erich legte die Prüfung ab und wurde durch einen neuen Lehrling, Hanspeter Henzer aus Albligen, ersetzt. Während meines ersten Lehrjahres konnte ich erneut 10 Kassascheine à 100 Franken anlegen, sodass ich nun schon ein sehr stolzes Vermögen von 1900 Franken besass. Der Zins betrug 47 Franken. 1963 begann mein zweites Lehrjahr, zudem wurde ich 18 Jahre alt und die Vormundschaft fiel weg, auch wenn darüber nie jemand ein Wort verloren hatte. Mit dem Start des zweiten Lehrjahrs erhielt ich neu einen Monatslohn von 250 Franken und durfte andere Aufgaben erledigen, beispielsweise konnte ich die angelieferte Milch wägen oder Kunden bedienen. Unter ihnen befand sich auch Margrit Heine, ein neun Jahre altes Mädchen mit blonden Haaren. Sie war das älteste von fünf Kindern und hatte einen deutschen Vater, der 1945 aus der russischen Gefangenschaft entlassen worden und als angelernter Molkerist in die Schweiz gekommen war. Ihre Mutter, von einem kleinen Bauernbetrieb aus unserem Dorf stammend, war mit 19 Jahren schwanger geworden und hatte dann geheiratet. In unserer Gemeinde mit kaum 500 Einwohnern, hauptsächlich Landwirten, hatte das damals zu riesigen Diskussionen und Vorurteilen geführt. Ausserdem war bekannt, dass das Geld kaum ausreichte. Die Kinder wurden sehr häufig verachtend behandelt und als «deutsche Armeepudel» oder «deutsches Pack» beschimpft. Die kleine Margrit kannte mich aus meiner Schulzeit – als ich die neunte Klasse besuchte, war sie in der ersten Klasse. Ich ahnte nicht, dass Margrit in meinem Leben noch eine sehr wichtige Rolle spielen würde.

An einem Samstag Ende Februar klingelte das Telefon. Marlene nahm den Anruf entgegen und rief mich an den Apparat. Tante Erna teilte mir mit, dass ihr Vater, also mein Grossvater, an einer Lungenentzündung gestorben sei. Zugleich fragte sie nach den Adressen meiner Schwestern, um sie ebenfalls zu informieren. Ich versprach, morgen auf dem Weg zu meiner Mutter die Adressen vorbeizubringen. Erna dankte mir und erwähnte dann, dass mein Vater da sein werde. «Das ist kein Problem für mich», war meine Antwort, auch wenn ich es eine sehr schwierige Situation fand. Einerseits war ich traurig über den Tod meines Grossvaters, andererseits traf ich völlig unerwartet auf meinen Vater, den ich nicht kannte und auch noch nie gesehen hatte. Als ich am nächsten Tag den Weg zu meiner Grossmutter hochlief, kam er mir unendlich steil vor. Kurz vor dem Haus kam mir ein Mann mit grauen Haaren entgegen – mein Vater. «Hallo Christian. Schön, dass wir uns endlich mal sehen», sagte er und reichte mir die Hand. «Ja, aber leider ist es ein trauriger Moment für uns alle», entgegnete ich. «Da hast du recht, aber das Treffen mit dir ist für mich ein grosser Lichtblick.» Bei Kaffee und Kuchen wurde ich mit Fragen gelöchert, und ich realisierte, dass meine Anwesenheit eine grosse Erleichterung in die Stube brachte. Mein Vater gab mir seine Adresse und seine Telefonnummer, und ich versprach ihm, ihn bald mal zu besuchen. Kurz darauf nahm ich den Weg zu meiner Mutter unter die Füsse. Als ich ihr die traurige Nachricht überbrachte, sagte sie: «Wegen dem werde ich sicher keine Träne vergiessen.» Auch meine Schwestern Hanna und Renate äusserten sich negativ und erklärten, dass sie nicht zur Beerdigung erscheinen würden. Am Abend orientierte ich meine Brüder Paul und Edwin. Gleichzeitig teilte ich ihnen mit, dass ich an der Beerdigung teilnehmen werde. Edwin fragte mich nach der Meinung der Mutter. Ich erwiderte, dass ihre Meinung für mich nicht massgebend sei. Schliesslich begleiteten mich meine Mutter, Edwin und Paul auf die Beerdigung, alle drei Schwestern fehlten hingegen. Nach der Abdankung kam Tante Erna auf uns zu und lud uns zum nachfolgenden Imbiss ein. Meine Mutter wandte sich von ihr ab und verabschiedete sich mit den Worten: «In 15 Minuten fährt ein Zug, ich gehe jetzt.» Edwin und Paul folgten ihr, ich blieb stehen. Sofort wurde ich von vielen Leuten begrüsst und neugierig gefragt, wer ich denn sei. In Begleitung zweier Cousinen nahm ich als einziger meiner Familie am Imbiss teil. Dabei lernte ich die Frau meines Vaters und meine vier Halbgeschwister kennen. Mein Vater bedankte sich herzlich für meine Anwesenheit. Um unangenehmen Fragen auszuweichen, besuchte ich meine Mutter erst nach circa vier Wochen wieder. Edwin war auch da und fragte mich auf dem Heimweg, ob ich am Imbiss teilgenommen hatte. Ich antwortete: «Ich habe mich einfach anständig benommen, schliesslich haben unsere Grosseltern und ihre Familie uns Kindern nichts in den Weg gelegt.»

Die Tage gingen ineinander über, und schon nahte der Sommer. Auch mein zweites Lehrjahr endete ohne Zwischenfälle, alles war problemlos verlaufen. Werner schloss seine Lehre ab und wollte sich für die Meisterprüfung weiterbilden. Als sein Nachfolger startete Alfred Marti am 1. Mai 1964 die Ausbildung zum Emmentaler-Käser, während ich bereits in das dritte und damit letzte Lehrjahr kam. Nun erhielt ich einen Monatslohn von 380 Franken, und mein Bankkonto stieg – mit einem Zins von 5 Prozent – auf 4000 Franken an. Gleichzeitig wurde mir sehr viel Verantwortung übertragen: Ich führte Buch über die tägliche Fabrikation von jedem einzelnen Emmentaler. Wenn Fred nicht da war, übertrug ich am Morgen die Literangaben der gelieferten Milchmengen von der Wandtafel in die Monatsabrechnung. Ferner beaufsichtigte ich die Arbeiten der beiden Lehrlinge und übernahm eine ausbildende Funktion. Diese Aufgaben erledigte ich alle sehr gerne. Und auch sonst gefiel es mir in der Käserei. Besonders die kleine Astrid war mir sehr ans Herz gewachsen. Wenn sie Meinungsverschiedenheiten mit ihrer Mutter Marlene hatte oder unglücklich war, kam sie meistens weinend zu mir und suchte Trost. Nach einer kurzen, festen Umarmung beruhigte sie sich jeweils wieder. Auch zu Gerbers hielt ich den Kontakt, und wie letztes Jahr half ich Hansruedi nach Feierabend beim Abladen von Heu- oder Getreidefudern.

Als wir uns an einem Sonntag bei der Mutter trafen, fragte mich Edwin, ob ich nicht die Motorradprüfung machen möchte. Er werde sich nächste Woche beim Fahrlehrer im Nachbardorf anmelden. Ich fand das eine gute Idee und besuchte zusammen mit ihm einige Theoriestunden. Im Sommer legten wir die Theorieprüfung ab. Danach kaufte sich Edwin ein neues Motorrad der Marke Kreidler Florett, ein schönes, rotweisses Kleinmotorrad mit Sozius, also für zwei Personen. Bis zur Fahrprüfung konnte er als Lernfahrer mit dem montierten L damit fahren. Da ich kein Motorrad besass, bat ich Paul, mir seines für die Fahrstunden auszuleihen. Am 9. Oktober 1964 war es dann so weit: Etwas nervös fuhr ich mit dem Motorrad zum Strassenverkehrsamt nach Bern. Um 10 Uhr erschien der Prüfungsexperte, und ungefähr 40 Minuten später gratulierte er mir zur bestandenen Prüfung. Ich bedankte mich und fuhr sehr erleichtert wieder heimwärts. Bald darauf absolvierte auch Edwin seine Motorradprüfung. Er fand, dass ich auch ein Motorrad kaufen sollte, doch das wollte ich noch nicht. Es war ja schon Oktober, und im Winter konnte man nicht fahren. Hinzu kam, dass ich, abgesehen von den Kassascheinen, gar kein Geld hatte. Ich entschied mich daher, mein Geld auf einem Privatkonto anzulegen, um zu einem späteren Zeitpunkt ein Motorrad kaufen zu können.

An einem Samstagabend bat mich Hansruedi: «Kannst du mir zu Hilfe kommen? Es stehen noch circa 100 Säcke Kartoffeln auf dem Feld.» Ich versprach, um circa 19.30 Uhr bei ihm zu sein, und erfuhr, dass er an starken Rückenschmerzen litt. Mein Rücken machte zum Glück problemlos mit, als ich die 100 Säcke à 50 Kilogramm zuerst auf- und dann ablud.

Einige Wochen nach meiner Aushebung erhielt ich das Aufgebot für die Füsilier-Rekrutenschule im Frühling 1965. Nach Absprache mit Fred verschob ich sie aus beruflichen Gründen auf den Frühling 1966. Als die Firma Zingg aus Bern Ende Oktober die üblichen 90 Emmentaler abholte, fragte mich der Käsehändler Hans Gerber, was ich nach der Berufslehre machen werde, und bot mir an, auf den 1. Mai 1965 bei ihm anzufangen. Ich bedankte mich für das Angebot und antwortete, dass ich mir diesbezüglich noch keine Gedanken gemacht hatte. Am Abend riet Fred mir, Hans Gerber vor Jahresende noch nicht zuzusagen.

Im November kam es zu einem ersten Zwischenfall in der Käserei. Landwirt Ueli Weber hatte zusätzliche Schweinestallungen gebaut und konnte daher die Käsemilch, die alle Landwirte beim Abliefern ihrer Milch erhielten, gut gebrauchen. Allerdings waren einige seiner Kühe trächtig und konnten nicht gemolken werden, sodass die Milchmenge auf circa 40 bis 45 Liter pro Lieferung sank. Mir fiel auf, dass er die Milch trotzdem in zwei Kannen à 50 Liter anlieferte und jeweils beide Kannen mit Käsemilch auffüllte. Somit überzog er die erlaubte Menge von maximal 50 Litern, und das zweimal pro Tag. Ich machte Fred darauf aufmerksam, der sich jedoch nicht mit Ueli Weber anlegen wollte. Freds Reaktion enttäuschte mich. Einige Zeit später sprach mich ein anderer Landwirt, Max Lüdi, auf Ueli Webers Verhalten an: «Wie lange kann der noch Käsemilch stehlen? Wenn das alle machen würden, hätten die Letzten wohl nichts mehr. Jeder weiss doch, wie viel Käsemilch erlaubt ist.» Ich teilte Fred mit, was mir Max Lüdi – ein sehr netter, zuvorkommender Mann und zudem Mitglied des Gemeinderates – gesagt hatte. Da Fred immer erst um circa 18.30 Uhr in die Käserei kam, Ueli Weber aber jeweils schon kurz nach 18 Uhr erschien, übertrug Fred mir die Verantwortung. Ich musste also nun die Angelegenheit regeln. Als Ueli Weber abends erschien, wog ich die Milch in den beiden Kannen – einmal 23 Liter, einmal 20 Liter, insgesamt also 43 Liter. Dann ging er zum Käsemilchbottich und füllte eine 50-Liter-Kanne randvoll. Als er die zweite Kanne auch noch füllen wollte, schritt ich ein und legte den Deckel drauf. «Nimm sofort den Deckel weg!», schrie er mich an. «Nein, du hast bereits sieben Liter zu viel abgefüllt!», entgegnete ich. Plötzlich fasste er mich am Kragen, drehte den Stoff mit aller Kraft und stiess mich rückwärts an einen Metallpfosten. «Lass mich sofort los», sagte ich, so gut ich noch konnte. Er drehte den Stoff weiter, was mir die Luft nahm, und schrie: «Meinst du eigentlich, ich lasse mir von dir Vorschriften machen? Von einem minderwertigen Verdingbuben, wie du einer bist? Niemals! So etwas habe ich wirklich nicht nötig.» Mit seiner Äusserung überschritt er eine rote Linie, und das Wort Verdingbub traf mich sehr. Ich fasste ihn mit aller Kraft an den Schultern und stiess ihn mit voller Wucht an die Wand des Käsemilchbottichs. Der Aufprall raubte ihm den Atem, er fiel zu Boden, winselte und schnappte nach Luft. In diesem Moment erschien Max Lüdi und sah zu, wie Ueli Weber gebückt, noch etwas hustend und schimpfend die Käserei verliess. «Ich machte ihm klar, wie viel Käsemilch erlaubt ist, aber er wollte es nicht begreifen», erklärte ich Max Lüdi. Als er erfuhr, was vorgefallen war, sagte er: «Das ist unglaublich und passt doch gar nicht zu einer so frommen Familie.» Damit hatte er absolut recht, die Mutter und auch die Schwester von Ueli unterrichteten doch in der Sonntagsschule und die ganze Familie besuchte regelmässig die Versammlungen der Evangelischen Gesellschaft. Auch Hanspeter und Alfred, meine beiden Mitlernenden, verstanden die Reaktion von Ueli Weber überhaupt nicht und waren stolz, dass ich mich energisch zur Wehr gesetzt hatte. Als um 18.30 Uhr Fred eintraf, setzte ich ihn über das Vorgefallene ins Bild und erhielt seine Unterstützung. Am nächsten Morgen erschien kurz nach 6 Uhr der Vater von Ueli Weber mit der Milch. Er stand vor mich hin und sagte in vorwurfsvollem Ton: «Mein Sohn hat von deinem Angriff gestern Abend Rückenprobleme, vermutlich müssen wir noch zum Arzt. Du wirst alles bezahlen müssen, du verdammter Taugenichts.» Meine Kollegen standen neben mir und hörten zu. «Ueli griff mich an und würgte mich. Als er nicht loslassen wollte, setzte ich mich halt zur Wehr. Und ich lasse mich weder als minderwertigen Verdingbuben noch als verdammten Taugenichts bezeichnen, merk dir das gut!», entgegnete ich unmissverständlich. Ohne weitere Worte verliess Fritz Weber die Käserei. Etwas später tauchte Max Lüdi auf und lachte: «Du kannst ja schon den ersten Erfolg verbuchen. Der alte Weber ist heute Morgen nur noch mit einer Milchkanne gekommen.» Als Fred vom Zwischenfall erfuhr, meinte er: «Wenn der nicht Ruhe gibt, melden wir den Vorfall dem zuständigen Dorfpolizisten. Du hast Zeugen, die bekräftigen, dass er dich angegriffen hat. Ausserdem kann Max Lüdi bestätigen, dass Ueli dauernd zu viel Käsemilch nahm.» Am Abend kam besagter Landwirt wieder selbst in die Käserei und lud die Milchkanne ab – seine vermeintliche Rückenverletzung konnte also nicht schlimm sein. Er stand vor mich hin und drohte: «Die Angelegenheit ist noch nicht erledigt, merk dir das.» «Ich muss es aber morgen Abend wissen. Wenn die Angelegenheit aus deiner Sicht nicht erledigt ist, melden wir den Vorfall der Polizei und erstatten Anzeige», erwiderte ich. Am nächsten Abend erschien Ueli wiederum mit nur einer Milchkanne. Bevor er die Käserei verliess, fragte ich ihn: «Und, ist die Sache nun erledigt oder nicht?» «Ich habe keine Lust auf Streit, es ist erledigt», war seine Antwort, die uns alle erleichterte. Nach dieser Episode ging es in der Käserei wieder friedlich zu und her. Ich bereitete mich fleissig auf meine Lehrabschlussprüfung vor und bekam bei Fragen Hilfe von Fred.

Kurz vor Jahresende brachte Fred Neuigkeiten, die uns alle traurig stimmten und niederschmetterten. «Nun kommt es so, wie schon lange befürchtet. In zwei Jahren wird unsere Käserei für immer schliessen. Die Verbandsmolkerei Bern benötigt die Milch für ihre Produktion.» Die Schliessung der Käserei führte auch bei den Landwirten zu Diskussionen. Ende Februar fragte mich Fred: «Hast du morgen Abend Zeit? Wir müssen über unsere Zukunft sprechen – und auch über deine.» Das stimmte mich neugierig, und so betrat ich am nächsten Abend gespannt das Wohnzimmer, wo mich Götti Fred und Gotte Hanna begrüssten. Dann erklärte Fred: «In zwei Jahren wird hier kein Käse mehr produziert. Marlene und ich werden Ausschau halten nach einem Milchgeschäft. Christian, dich würden wir gerne nach deiner Lehrabschlussprüfung weiterbeschäftigen. Ich sollte dringend meine Schulter operieren lassen, das kann ich aber nur machen, wenn du bei uns bleibst und in dieser Zeit die ganze Fabrikation übernimmst. Beim Lohn werden wir uns sicher einig – du wirst bei mir mehr verdienen als in der Käsehandlung Zingg in Bern. Wir haben ja deine RS auf den Frühling 1966 verschoben. Bis dahin wärst du sicher bei mir angestellt, entsprechend würde dir der Lohnausgleich vom Bund bezahlt werden. Du kannst dir alles noch überlegen.» Während wir etwas tranken und Kuchen assen, machte ich mir über die verschiedenen Optionen Gedanken. Wenn ich das Angebot der Firma Zingg annahm, müsste ich eine Wohnung mieten, dazu kämen der Arbeitsweg und das Essen. Wenn ich bei Fred und Marlene blieb, sah das anders aus. Bevor ich mich verabschiedete, sagte ich Fred zu. Er reichte mir die Hand und meinte: «Danke Christian, das löst ein sehr grosses Problem.» Gotte Hanna mischte sich sofort ein und sagte zu Fred: «Wir wollen, dass du Christian sehr gut bezahlst.» «Das werde ich», beruhigte er seine Mutter. Als die Firma Zingg Ende Monat wieder 90 Emmentaler abholte, nutzte ich die Gelegenheit und fragte Herrn Gerber nach dem Monatslohn in seiner Firma. Ich erfuhr, dass ich monatlich 1000 Franken verdienen würde, und setzte Fred darüber in Kenntnis.

Anfang Jahr erfuhr ich den Termin meiner praktischen Lehrabschlussprüfung: Dienstag, 20. April 1965, ab 6 Uhr. Am Nachmittag fand die Berufstheorie statt. In allen Bereichen lernte ich fleissig. Am Donnerstag, 1. April 1965, wurde ich 20 Jahre alt. Heidi und Hansruedi luden mich zum Nachtessen ein und schenkten mir eine Weste, von der Mutter erhielt ich ein langes Halstuch. Am Freitag spendierte ich meinen Kollegen ein Bier im Restaurant Kreuz, und am Tag darauf war ich bei Fred und Marlene zum Essen eingeladen, die mir einen Rollkragenpullover überreichten. Das Geschenk von Gotte Hanna und Götti Fred enthielt ein sehr schönes Hemd und 50 Franken. Danach büffelte ich wieder für meine Prüfung. Ich hatte Respekt davor, aber keine Angst. Am Montag, 19. April, herrschte richtiges Aprilwetter – Regen und Schnee wechselten sich ab. Die Temperaturschwankungen waren für die Butterfabrikation nicht einfach. Am Abend stellte ich zwei Kannen Rahm à 40 Liter in den Brunnentrog im Milchgaden, die anderen beiden stellte ich daneben. Ich erhoffte mir davon, dass der Rahm so am Morgen die richtige Temperatur hatte. Um ganz sicher zu sein, stellte ich den Wecker auf 1 Uhr und kontrollierte die Raum- und die Rahmtemperatur. Da es im Milchgaden kühler geworden war, entschloss ich mich, eine Kanne Rahm aus dem Brunnen zu nehmen. Kurz vor 6 Uhr stand der Prüfungsexperte, Herr Wenger, vor der Tür und begrüsste mich freundlich. Bald darauf erschien

Fred und unterhielt sich mit dem Experten, bevor dieser den Tagesablauf erklärte. «Ich beobachte die ganze Käsefabrikation, stelle ab und zu Fachfragen und halte Ihre Antworten schriftlich fest. Um 9.30 Uhr gehen wir zur Butterfabrikation über, und danach zurück zur Käsefabrikation.»

Im ersten Teil verlief alles sehr gut, und ich konnte alle Fragen beantworten. Dann folgte die Butterfabrikation, die immer etwas heikel war. Herr Wenger sagte zu mir: «Ungefähr 45 Minuten ist die ideale Fabrikationszeit, ich wünsche Ihnen viel Glück.» Ich spülte das Butterfass aus, leerte die vier Kannen Rahm hinein, startete den Motor und notierte die Startzeit. Dass ich auch die Fragen zu dieser Arbeit gut beantworten konnte, beruhigte mich und gab mir ein sicheres Gefühl. Nach 35 Minuten schaute ich neugierig durch das Schauglas des Butterfasses. Der Rahm nahm schon eine leicht gelbliche Farbe an – ein gutes Zeichen. Fünf Minuten später standen Herr Wenger und ich angespannt neben dem Butterfass. Nach genau 47 Minuten konnte ich den Motor ausschalten. Fred stiess hinzu und lobte mich: «In der Butterfabrikation ist Christian ein absoluter Spezialist. Ich habe daher mit diesem sehr guten Resultat gerechnet. Bravo, Christian!» Auch bei den folgenden Arbeiten verlief alles reibungslos. Kurz vor dem Mittag besuchten wir die drei Keller mit den gelagerten Käselaiben, wo ich wiederum einige Fragen beantworten musste. Dann nahmen der Experte, Fred, Marlene und ich das Mittagessen in der Stube ein. Am Nachmittag wurden mir mehrere Fachfragen gestellt, bevor sich Herr Wenger um circa 15 Uhr verabschiedete und mir in meinem Beruf weiterhin viel Erfolg wünschte. Sehr müde, aber mit einem guten Gefühl, legte ich mich ins Bett und schlief ein. Um 17 Uhr erwachte ich und ging nach unten zu Alfred und Hanspeter. Als Hansruedi mit der Milch kam, fragte er sofort, wie die Prüfung gelaufen war. Ich sagte, dass ich zufrieden sei. Nach dem Nachtessen weihte mich Fred ein, dass sich der Experte ihm gegenüber positiv geäussert hatte. «Du kannst also durchatmen.» «Danke, das freut mich sehr.» Auch die Prüfung in der Gewerbeschule verlief gut, auch wenn ich in der doppelten Buchhaltung eine Fehlbuchung gemacht hatte, die Abzug gab. Drei Wochen später überreichte mir der Postbote einen eingeschriebenen Brief von der Lehrlingskommission des Kantons Bern. Darin stand:

Praktische Prüfung (Käse- und Butterfabrikation)	Note 5,8
Beruflich-technisches Wissen	Note 5,5
Gewerbeschule Thun	Note 4,7

Mit der Note von der Gewerbeschule war ich nicht ganz zufrieden, doch die anderen zwei Ergebnisse machten mich stolz. Fred und Marlene freuten sich sehr. «So gute Noten für die Fabrikation hat noch keiner meiner Lehrlinge erreicht. Und die Schulnote ist nicht weiter tragisch, dein Buchungsfehler ist unverhältnismässig stark in die Bewertung eingeflossen», meinte Fred zu mir. Dann übergab ich ihm mein Arbeitsbuch, in dem er mir noch ein Zeugnis ausstellen und folgende Aspekte beurteilen musste: Betragen, Fleiss und Leistung, Reinlichkeit, Käsefabrikation, Käsepflege und Butterfabrikation. Überall erhielt ich die Note «sehr gut».

Am Abend kamen Gotte Hanna und Götti Fred vorbei, um mir zu meinem Lehrabschluss zu gratulieren. Zur Feier öffnete Fred eine Flasche Rotwein. «Wir wollen doch auf deine gute Prüfung anstossen», rief er mir zu. Vom Götti erhielt ich 50 Franken als Belohnung, bevor er mich bat, am nächsten Samstag bei ihnen zu Hause wieder einige Arbeiten zu erledigen. Ich willigte ein. Dann sprach mich Fred an: «Ich habe mir Gedanken über deinen zukünftigen Lohn gemacht. Herr Gerber hat dir ein einmaliges Angebot von 1000 Franken unterbreitet. Mein Gegenangebot lautet 650 Franken pro Monat und zusätzlich Kost und Logis. Das würde aufgerechnet einen Monatslohn von mindestens 1100 Franken ausmachen.» Bevor ich etwas dazu sagen konnte, ergriff Hanna das Wort: «Du kannst ihm doch sicher 700 Franken zahlen. Mit so guten Prüfungsnoten hat er das verdient.» Marlene grinste. «Ja, du hast recht, also 700 Franken», stimmte Fred ihr zu und wünschte, dass die Lohnabmachung unter uns bliebe.

An einem Samstagabend wurde ich von Christoph auf einen Besuch eingeladen. Er und seine Eltern freuten sich, dass ich meine Prüfung erfolgreich abgeschlossen hatte und ich noch ein Jahr in der Käserei bleiben würde. «Hansruedi ist sicher auch froh, muss er vorläufig nicht auf deine Hilfe verzichten», fügte Paul an. Einige Tage später sagte Fred zu mir: «Eigentlich sollten wir Fritz und Ueli Weber über deine Prüfungsnoten informieren. So würden sie erfahren, was ein minderwertiger Verdingbub und Taugenichts erreicht hat.» Ich vermutete, dass das gar nicht nötig war, und dachte mir: «Die werden das sicher irgendwie erfahren. Sie sind doch immer über alles bestens im Bilde. Meine Pflegemutter besucht ja auch ab und zu die Bibelstunde, diese Nachricht verbreitet sich sicher schnell.» Als ich am Samstag mein freies Wochenende hatte, stattete ich Gerbers einen Besuch ab. Alle – sogar Martha – gratulierten mir zu meiner Prüfung. Die Pflegemutter fügte zu meinem Erstaunen an: «Wir haben eigentlich nichts anderes erwartet von dir.» Das fand ich mehr als eigenartig, sie hatte mir doch mehrmals gesagt, aus mir werde sowieso nichts. Auch Dora Bürki gratulierte mir, als ich einen kleinen Einkauf in ihrem Laden machte. «Die Frau deines Lehrmeisters hat mir das gestern mitgeteilt, sie ist sehr stolz auf dich.» Nun wusste ich, dass sich die Nachricht überall verbreitet hatte. Als erster Landwirt gratulierte mir Max Lüdi. «Ich bin so froh, dass du hier tätig bist, es hat sich dadurch einiges zum Positiven verändert», lobte er und fragte dann: «Was machst du in Zukunft, hast du schon einen neuen Arbeitsplatz?» «Ihr müsst mich noch einige Monate ertragen, ich gehe nicht weg», erklärte ich. «Das ist aber eine sehr gute Nachricht, dein Chef ist sicher froh. Und Gerbers bleibst du als Hilfe auch erhalten.» Nach und nach gratulierten mir auch die anderen Landwirte, einzig Ueli Weber nicht. Mit grossem Erstaunen nahm ich die Gratulation von Ernst Kunz entgegen. Er und sein Vater hatten doch Vreni vor Jahren verboten, sich mit mir zu unterhalten – schliesslich gebe es aus mir sowieso nie etwas. Das brachte mich dazu, über meine Vergangenheit nachzudenken. Irgendwie fühlte ich mich nach der erfolgreichen Abschlussprüfung wie ein ganz anderer Mensch. Mir schien, dass der schwarz aufgedruckte Stempel «Verdingbub» plötzlich sehr viel von seiner Farbe verloren hatte und langsam verblasste. Personen, die mir vorher kaum Beachtung geschenkt hatten, unterhielten sich nun mit mir oder gratulierten mir sogar. Erstmals realisierte ich, wie gross und niederschmetternd solche Vorurteile waren. Wie stark man sein musste, um nicht aufzugeben, sondern immer weiterzukämpfen und den Mut nie zu verlieren. Wie viel sie verursachten und wie schwierig es war, damit umzugehen. Wie schwer es war, Vorurteile aus der Welt zu schaffen. Ich war nicht nur sehr glücklich über meine Prüfung, sondern auch sehr froh, dass ich nun als einigermassen gleichwertiger Mensch in der Gesellschaft aufgenommen wurde. Alles hatte sich plötzlich zum Positiven geändert.

Mein Jahr voller Zukunftspläne

Ende Mai 1965 kaufte ich für 1900 Franken genau dasselbe Motorrad wie Edwin besass. Das ersparte Geld auf dem Konto reichte problemlos aus. Vom Verkäufer fuhr ich direkt zu Hansruedi, dem das Motorrad sehr gut gefiel und dessen Leistung ihm Eindruck machte. Am ersten freien Sonntag unternahm ich mit Edwin einen Ausflug auf dem Motorrad. Der erste Mitfahrer war natürlich Christoph, der jedoch in den Kurven Angst bekam und fand, Motorradfahren sei nichts für ihn. Meine Kollegen und mein Chef interessierten sich im Vergleich dazu stärker für das neue Motorrad. Fred schlug zudem freudig lachend vor, das Motorrad absichtlich neben dem Eingang der Käserei stehen zu lassen. «So können es alle sehen und Fragen stellen.» Und tatsächlich: Praktisch jeder Kunde fragte, ob das mein Motorrad sei. Freds Aktion machte mir einmal mehr bewusst, dass er versuchte, mich in eine aussergewöhnlich gute Position zu bringen und damit gewissen Leuten eins auszuwischen. Durch das Motorrad änderte sich viel für mich. Edwin und ich waren nun oft zusammen unterwegs.

An einem schönen Juliabend fragte mich Hansruedi, ob ich ihm nach der Milchannahme beim Entladen von drei Heufudern behilflich sein könnte. Wie immer, wenn Hansruedi Hilfe brauchte, sagte ich zu. Um 19.30 Uhr traf ich bei ihm ein. Kurz vor 21 Uhr erschien Heidi und teilte mir mit, dass sie einen Anruf von Wengers erhalten habe. Astrid könne und wolle nicht schlafen, weil das Foto von mir, das normalerweise auf ihrem Nachttisch stand, beim Zimmerreinigen verloren gegangen sei. Unverzüglich fuhr ich in die Käserei zurück, kramte ein Passfoto von mir hervor und gab es dem weinenden Mädchen. Sie umarmte mich ganz fest, während ihr Tränen über die Wangen liefen. Ich legte sie ins Bett und fuhr mit der Hand einige Male über ihre Wangen, bis sie schliesslich einschlief. Dann kehrte ich zurück zu Gerbers und war bis circa 23 Uhr an der Arbeit.

Anfang Juni liess Fred im Inselspital in Bern seine rechte Schulter operieren. Nach zehn Tagen Spitalaufenthalt folgten zwei Wochen Kuraufenthalt. Im Betrieb lief alles bestens. Götti Fred und Gotte Hanna schauten jede Woche vorbei und freuten sich, dass alles in Ordnung war. Eines Tages erhielt ich Besuch von Hermann Rohrer. Er war nach der Lehre auf dem Bauernhof als Meister-Stellvertreter geblieben. Während unseres Gesprächs fragte er nach meinem Motorrad und machte völlig begeistert eine kurze Testfahrt damit. Zwei Wochen später fuhr Hermann mit einem grauen Motorrad der Marke Kreidler Florett vor. Wir unternahmen nun ab und zu eine Fahrt zusammen. Er erzählte, dass er im Oktober zwei Wochen Ferien beziehen werde, und fragte, ob wir nicht eine mehrtägige Motorradtour machen könnten. Als Fred genesen war, erkundigte ich mich bei ihm, ob ich Anfang Oktober Ferien beziehen dürfte. Er bejahte, und so starteten Hermann und ich an einem schönen Montagmorgen in Richtung Grimsel/Furka nach Andermatt. Danach fuhren wir kreuz und quer über diverse Alpenpässe bis ins Tessin. Nach fünf wunderschönen Tagen kehrten wir wieder heim.

Eines Abends, bevor ich zu Hansruedi fuhr, kaufte ich bei Dora Bürki nebenan ein. Als ich den Laden verliess, stand die Lehrtochter Ruth neben dem Motorrad und sprach mich an: «Hallo Christian, du könntest mich doch mit dem Motorrad nach Hause fahren.» «Das geht nicht, ich muss heute Abend noch bei Gerbers helfen. Und einen Helm hast du auch nicht.» «Das muss ja nicht gerade heute sein», meinte sie. Ruth und ich kannten uns nur flüchtig. Das blonde Mädchen mit blauen Augen war in Rüti bei Riggisberg zu Hause und absolvierte bei Dora Bürki das zweite Lehrjahr als Damenschneiderin. Als ich in der folgenden Woche mein Motorrad draussen reinigte, stand Ruth plötzlich mit einem Mofahelm in der Hand neben mir und lachte:

Aufgenommen auf einem Motorradausflug über Grimsel/Furka und Susten, 1965.

«So, jetzt habe ich meine Pflicht erfüllt. Es würde mich riesig freuen, wenn du mich nächsten Freitagabend nach Hause fahren würdest. Die Reise mit Postauto, Zug und noch einmal Postauto nach Rüti ist so mühsam. Hättest du Zeit?» «Ja, aber erst um 19.45 Uhr», antwortete ich. «Das macht nichts, ich warte auf dich», sagte Ruth freudestrahlend. Eigentlich kam mir die ganze Angelegenheit etwas komisch vor, trotzdem fuhr ich am Freitagabend mit meinem Motorrad zum Nachbarhaus. Aufgeregt erwartete mich dort Ruth: «Ich bin noch nie auf einem Motorrad gesessen. Wie kann ich mich festhalten?» «Du kannst dich an mir festhalten», erwiderte ich, während Dora und ihr Mann Ernst das Geschehen aus nächster Nähe beobachteten. Nach ungefähr einer halben Stunde Fahrt hielt ich vor einem grossen Bauernhaus an. Ruths Vater war im Stall, ihre Mutter arbeitete noch im Garten und winkte mir zu. «Komm doch schnell herein», schlug Ruth vor, doch ich lehnte ab und fuhr heimwärts. Im Bett machte ich mir Gedanken über Ruth. Dass Dora Bürki ihrer Kundschaft wieder etwas zu erzählen hatte, war klar. Ich hatte Ruth als Nachbarin und Kollegin nach Hause gefahren und hoffte, dass Ruth das auch so verstand. Um Frau Bürki eine Neuigkeit vorwegzunehmen, erzählte ich Fred und Marlene selbst vom Freitagabend. «Könnte daraus etwas Ernstes werden?», fragte Marlene. «Nein, das möchte ich auch gar nicht», antwortete ich. Am Samstag hatte Götti Fred Arbeiten für mich, und als ich daraufhin bei Frau Bürki einkaufte, erfuhr ich von ihr, dass Ruth die Motorradfahrt sehr schön gefunden hatte. Ich hatte mit so einer Bemerkung gerechnet. Vor dem Laden wartete Ruth, die sich für die wunderschöne Fahrt bedankte und wissen wollte, ob wir das wiederholen könnten. «Ich bin nicht sicher, es ist schon Ende Oktober. Es müsste nächsten Freitag schönes Wetter sein, und im November wird es zu kalt», erklärte ich. «Was haben eigentlich deine Eltern dazu gesagt?», schob ich nach und erfuhr von Ruth, dass ihre Eltern sehr neugierig gewesen seien und viel hatten wissen wollen. «Du weisst aber doch gar nicht viel über mich», entgegnete ich. «Seit deiner guten Abschlussprüfung weiss ich sehr viel von dir. Du warst das Hauptthema beim Nachtessen. Die Zeit als Verdingbub bei Gerbers ist sicher nicht immer einfach für dich gewesen, und der Vormund hat auch nicht nach dem Rechten geschaut.» Am Abend dachte ich über diese Äusserung und über Ruth nach. Warum hatte ich nicht einfach abgelehnt, sie nach Hause zu fahren? Ruth war ein hübsches, sehr anständiges Mädchen. Und es gab mir ein gutes Gefühl, zu wissen, dass mich jemand besonders gut mochte – wie Rosmarie und Chantal in Bière. Der Unterschied war, dass Ruth im Gegensatz zu den anderen beiden über meine Vergangenheit Bescheid wusste und trotzdem zu mir stand. Es belastete mich nicht, das Wort «Verdingbub» aus ihrem Mund zu hören, es brachte mir keinen Nachteil und ich wusste mittlerweile, dass das immer zu meiner Vergangenheit gehören würde. Am nächsten Freitagabend war schönes Wetter, und so fuhr ich Ruth wieder nach Rüti. Als wir kurz nach 20 Uhr eintrafen, wurden wir von ihren Eltern Ernst und Klara freundlich begrüsst. «Du hast eine sehr gute Prüfung abgelegt, herzliche Gratulation! Was machst du nach der Schliessung der Käserei?», wollten die zwei wissen. Ich erzählte ihnen von meinen Zukunftsplänen und plauderte bei einem kleinen Imbiss mit Ruths Familie.

Dann bedankte und verabschiedete ich mich. Ruth begleitete mich zum Motorrad, umarmte mich und gab mir je ein Küsschen auf die Wangen. Zu Hause hatte ich Zeit, über alles nachzudenken. Zum ersten Mal in meinem Leben hatte mich jemand umarmt. Ich musste 20 Jahre alt werden, um zu erfahren, wie sich das anfühlte. Was für ein Gefühl der Geborgenheit eine Umarmung vermittelte. Auch wenn es nur einige Sekunden gedauert hatte, spürte ich ihre Arme um meinen Nacken immer noch. Dass jemand mir so nahe war und mich nicht loslassen wollte, sondern mich fest an sich drückte, war ein Riesenerlebnis für mich. Wenn ich nur erraten könnte, was Ruth in mir sah und von mir wollte. Als ich sie nach einigen Tagen traf, meinte sie: «Meinen Eltern hast du sehr gut gefallen.» «Das freut mich sehr, ich fand sie auch sehr nett», antwortete ich ehrlich. Im November fiel der erste Schnee, und ich sah Ruth ab und zu, wenn ich einkaufen ging. Sie musste ab jetzt viel lernen, weil sie im Frühling ihre Lehrabschlussprüfungen hatte. «Ich möchte auch so gut abschneiden wie du», sagte sie und schob nach, sie freue sich sehr auf das Motorradwetter im Frühling. «Ich freue mich auch auf den Frühling, den Winter liebe ich nicht besonders. Im Februar muss ich für 16 Wochen nach Bern in die RS.» Ich wusste, dass es zwischen Ruth und mir ruhiger werden würde. Es stimmte so für mich.

Der Winter schien mir sehr lang. An meinen freien Tagen half ich Hansruedi im Wald, im Stall und sonst überall, wo es nötig war. Jeden Freitagabend gingen Alfred, Hanspeter und ich ins nahe gelegene Restaurant, tranken ein Bier und klopften einen Jass. In der

Käserei lief alles sehr gut, sogar Ueli Weber grüsste mich wieder. Eines Tages überreichte mir der Postbote einen eingeschriebenen Brief des Sektionschefs – das Aufgebot für die Rekrutenschule: Dienstag, 1. Februar 1966, 9 Uhr, Kaserne Bern. An Weihnachten war ich bei Fred und Marlene eingeladen. Götti und Gotte waren auch dabei und schenkten mir Geld. An einem schönen Wintertag marschierte ich zu meiner Mutter und schaute auf dem Weg noch bei meiner Grossmutter vorbei. Zu Hause traf ich Paul und Edwin, die mittlerweile bei der Mutter im umgebauten Estrich wohnten. In der ersten Januarwoche ging ich ins Nachbardorf zur Bank. Von Mai bis Ende Jahr hatte ich 6200 Franken gespart, die ich nun in Kassascheine anlegen konnte. Mit einem Monatslohn von 700 Franken war es problemlos möglich, monatlich 600 Franken beiseitezulegen. So stieg mein Erspartes auf 11 100 Franken und 210 Franken Zinsen an – für mich eine Riesensumme.

Ab Januar holte ein Tankwagen von Bern jeden Tag 1000 Liter Milch ab, und wir stellten pro Tag nur noch zwei Emmentaler her. Innerhalb kurzer Zeit hatte sich der Alltag in der Käserei geändert. Das brachte mich dazu, einmal mehr über meine Vergangenheit und meine Zukunft nachzudenken. Bis zu meinem dritten Lebensjahr konnte ich mich eigentlich auf einem breiten und ebenen Weg bewegen. Mit der Umplatzierung in die Sägerei fand das aber ein jähes Ende. Hier fing für mich ein sehr schmaler und steiniger Weg an. Mit vielen Tränen. Aussichtslos, hoffnungslos, ziellos. Die Versetzung zu Gerbers führte erneut zu grossen Veränderungen, und so befand ich mich als Siebenjähriger wieder auf einem neuen Weg. Wieder wusste ich nicht, was auf mich wartete. Dieser neue Weg kostete mich zeitweise grosse Überwindung. Er präsentierte sich bisweilen mit total unübersichtlichen Kurven, sehr schmalen Stellen und tiefen, absturzgefährdeten Abschnitten. Manchmal erwies sich der Weg als Sackgasse, und ich war gezwungen, tiefe und breite Abgründe mit letzter Kraft zu überspringen, um nicht abzustürzen. Das alles hatte ich immer aus eigener Kraft bewältigen müssen. Zum Glück hatte es auch immer wieder sehr positive Momente gegeben, die Licht in mein Leben brachten. Als ich aus der Schule kam, wurde mir ein neuer Weg vorgegeben – meine Wünsche waren dabei irrelevant. Und so startete ich im Welschland erneut in eine total ungewisse Zukunft. Mit 17 Jahren nahm ich mein Schicksal zum ersten Mal in die eigenen Hände. Ich fand eine Lehrstelle und versuchte, mir meinen Weg so flach wie möglich zu machen. Die Breite sollte nur für mich ausreichen, so war ich mir das gewohnt. Der Weg war breit genug für ein Motorrad und eine Person auf dem Sozius. Doch wenn ich daran dachte, mit dieser Person Hand in Hand zu spazieren, dann war mein Weg eindeutig zu schmal. Dadurch wäre ich gezwungen, vor oder hinter dieser Person zu gehen. Das wollte ich nicht. Ein breiterer Weg kam für mich vorläufig nicht infrage, auch wenn ich diese Entscheidung nicht genau begründen konnte. Fehlte mir der nötige Mut? Ich wusste es nicht. Doch bisher führte mein jetziger Weg zum Erfolg, und ich fühlte mich wohl und sicher. Sollte eine Beziehung mit Ruth wegen meiner Vergangenheit als Verdingbuben scheitern, wäre das ein sehr schmerzhafter Rückschlag in meinem Leben. Mein Leben, das von Februar bis

Ende Mai wieder von fremder Hand bestimmt werden würde. Denn am 1. Februar 1966 rückte ich in Bern in die Füsilierrekrutenschule ein. Die dienstfreien Wochenenden verbrachte ich bei Hansruedi. Zweimal besuchte ich meine Mutter und meine Grossmutter.

Anfang Mai teilte mir Hansruedi mit, ich solle so rasch wie möglich mit Götti Fred Kontakt aufnehmen. «Kannst du morgen zum Mittagessen in die Käserei kommen? Ich habe eine sehr dringende Nachricht für dich», erfuhr ich bei einem Telefonat mit Fred. Am nächsten Tag traf ich kurz vor 12 Uhr bei Wengers ein und wartete gespannt auf die Ankunft von Fred und Hanna. Als Oberst im Generalstab interessierte sich mein Götti für meine RS und stellte einige Fragen dazu, danach liess er endlich die Katze aus dem Sack:

Christian Liniger (links) in der Fassmannschaft während der Füsilierrekrutenschule 1966 in Bern.

«Ich hatte letzte Woche ein Treffen mit hohen Funktionären der französischen Armee in Metz. Oberst Dr. Felz und ich kennen uns schon seit längerer Zeit. Er ist Direktor von drei Molkereien, und in einer davon schreibt die Butterfabrikation immer wieder rote Zahlen. Das nötige Fachpersonal fehlt. Jean Felz fragte mich, ob ich nicht jemand kenne, der das nötige Wissen hat, um dieses Problem zu lösen. Ich habe Jean von dir erzählt, und er will dich unbedingt haben.» Alle Augen waren nun auf mich gerichtet. «Wann würde ich dort anfangen? Und wo liegt die Molkerei?», erkundigte ich mich. «In Bénestroff, ein kleineres Dorf nahe Metz. Den Arbeitsbeginn bestimmen wir, aber sicher kurz nach der RS. Und bezüglich des Lohns habe ich Direktor Felz schon klar gemacht, dass du unter 1200 Franken nicht kommen wirst. Er stimmte dieser Abmachung mit Handschlag zu», führt Götti Fred aus. Ich sass einen Moment lang da, ohne ein Wort zu sagen – das Angebot kam unerwartet und schien mir abenteuerlich. «Die Aufgabe wäre sicher kein Problem für dich und eine gute Chance für deine Zukunft, aber du kannst es dir noch zwei Wochen überlegen», meinte Fred. Mit einem Kopf voller Fragen kehrte ich zu Gerbers zurück. Hansruedi und Heidi hörten sich die Neuigkeiten interessiert an und äusserten dann ihre Bedenken: «Ohne jegliche Besichtigung und ohne jemanden zu kennen, kannst du doch nicht zusagen. So hast du ja keine Ahnung, was da auf dich zukommt.» Da ich mich in den nächsten 14 Tagen entscheiden musste, fehlte für eine Besichtigung in Frankreich die Zeit. Und so blieben viele offene Fragen, die mir am Abend im Bett den Schlaf raubten. Am nächsten Sonntag rief ich Fred an und erkundigte mich, wie die Verpflegungs- und die Wohnungssituation geregelt wären. Er versprach, Abklärungen zu treffen. Einige Tage später erfuhr ich, dass ich mich jeden Tag zu sehr günstigen Preisen in der Betriebskantine verpflegen könnte. Vom Zweiten Weltkrieg seien noch Baracken erhalten, zwei kleine Zimmer in so einer Baracke würden 40 Franken pro Monat kosten. In den darauffolgenden Tagen machte ich mir grosse Gedanken über meine Zukunft. Im kommenden Frühling würde die Käserei für immer schliessen. Für 1000 Franken in einer Käsehandlung zu arbeiten, sagte mir nicht zu. Doch was wollte ich stattdessen tun? Die Woche ging schnell vorüber, und ich hatte eine sehr heikle Entscheidung zu treffen. Ich suchte überall nach einer gewissen Sicherheit, aber die gab es einfach nicht. Am Wochenende hatte ich Urlaub und sass mit Hansruedi und Heidi in der Küche. «Bis wann musst du dich entscheiden?», fragte Heidi. «Morgen Mittag.» «Hast du dich denn entschieden?», fragte Hansruedi besorgt. «Nein, noch nicht. Man geht ja auch nicht viele Stunden, bevor der Zug losfährt, zum Bahnhof. Ich werde mich morgen auf dem Weg zu Fred entscheiden. Morgen Mittag fährt der Zug ab, mit oder ohne mich.» Beide schauten mich verdattert an. Am nächsten Morgen herrschte eine sehr bedrückte Stimmung beim Frühstück. Grösu und Martha waren nicht informiert, was lief. Kurz vor 12 Uhr nahm ich den Weg zur Käserei unter die Füsse. Heidi rief mir nach: «Christian, ich hoffe so sehr, dass du dich in dieser enorm schwierigen Angelegenheit richtig entscheidest.» Der blaue Mercedes stand bereits vor der Garage, als ich eintraf. Nach einer herzlichen Begrüssung und einigen Fragen zur RS stellte Fred die erwartete Frage: «So, hast du dich entschieden?» «Ja, ich gehe nach Frankreich», antwortete ich. Freudestrahlend und mit grossem Stolz reichte er mir die Hand, um mir zu diesem Entscheid zu gratulieren. «Ich habe eigentlich nichts anderes von dir erwartet. Damit wirst du dir für deine Zukunft sehr viele Vorteile erarbeiten, da bin ich ganz sicher.» Da ich noch bis Ende Mai in der RS war und Fred für die zwei darauffolgenden Monate Unterstützung in der Käserei brauchen konnte, schlugen wir einen Arbeitsbeginn Anfang August vor. Marlene sagte verschmitzt: «Du musst dich ja auch noch von all deinen Freundinnen verabschieden.» «Danke Marlene, das hätte ich fast vergessen», erwiderte ich lachend. Erleichtert marschierte ich etwas später zurück an meinen früheren Pflegeplatz. Der ausstehende Entscheid hatte mich belastet, und ich war froh, gab es jetzt Klarheit. Ich hatte ein gutes Gefühl, schliesslich konnte ich meinem Götti vertrauen, und war stolz auf mich. Wieder hatte ich für ein Jahr meinen Weg selbst geplant. Wieder erwartete mich ein sehr schmaler und sicher nicht einfacher Weg. Aus Erfahrung wusste ich aber, dass ich mich auf völlig unbekannten, schwierigen Wegen immer gut zurechtfand. Auf eine gewisse Weise brauchte ich solche Herausforderungen, warum, wusste ich selbst nicht. Dass Heidi und Hansruedi über meine Entscheidung nicht glücklich sein würden, wusste ich. Und tatsächlich verblasste Heidis Lächeln, als ich die beiden informierte. «Christian, ist das wirklich dein Ernst? Hast du dir das gut überlegt?», fragte sie. «Es war ein sehr schwieriger Entscheid, aber ich bin überzeugt, dass er richtig ist.» «Diesen Mut hätte ich nie», meinte Hansruedi bedrückt. «Was hätte ich denn für andere berufliche Möglichkeiten? Eine Käserei nach der anderen wird geschlossen. Für die Arbeiten in einer Käsehandlung braucht es kaum eine Berufslehre. Eine Wohnung oder ein Zimmer habe ich auch nicht. Ich kann nicht wie meine beiden Brüder sehr günstig zu Hause wohnen und essen. Darüber hinaus bin ich es seit meiner jüngsten Kindheit gewohnt, schwierige Situationen meistern zu müssen.» «Ja, das haben wir an dir schon immer bewundert», entgegnete Hansruedi. «Macht euch keine Sorgen, ich schaffe das.» Mit diesen Worten verabschiedete ich mich.

Am 27. Mai 1966 wurde ich in Bern aus der RS entlassen, die nächsten zwei Wochen hatte ich Ferien. Während meiner Rekrutenschule hatte ich nie Probleme gehabt, weder mit den langen und endlosen Märschen noch mit den Vorgesetzten. Ich ging direkt zu meiner Mutter und fragte sie, ob ich meine Armeesachen bei ihr im Estrich deponieren könne. «Ja, kannst du. Frag Paul, ob er in seinem Zimmer Platz für die Uniform hat, auf dem Estrich sind nämlich Mäuse.» «Viel Platz habe ich eigentlich nicht, aber es wird schon gehen», meinte Paul. «Es ist nicht für lange Zeit», versicherte ich ihm. «Ah, natürlich, du wirst sicher in der Armee weitermachen», vermutete mein Bruder. «Da liegst du völlig falsch. Ich gehe Anfang August für ein Jahr nach Frankreich.» Paul konnte nicht verstehen, was ich da wollte, und kommentierte, in Frankreich verdiene man doch nichts. «Ich arbeite in einer Molkerei und bin verantwortlich für die Butterfabrikation. Mit 1200 Franken pro Monat bin ich um einiges besser bezahlt als in der Schweiz.» Auf dem Heimweg besuchte ich meine Grossmutter und Tante Erna, um sie über meine Zukunftspläne zu informieren. Dass die Grossmutter gar keine Freude an meiner Nachricht hatte, verstand ich gut. Ich versprach, sie vor meiner Abreise noch einmal zu besuchen, und bat sie dann: «Würdest du meinen Vater über mein Vorhaben orientieren?» «Ja, klar», antwortete sie. Zurück bei Gerbers bot ich Hansruedi an, für ihn in die Käserei zu gehen. Unterwegs traf ich Max Lüdi, der sich nach meinen Plänen erkundigte und von meiner Entscheidung, nach Frankreich zu gehen, sehr überrascht war. In der Käserei war viel Betrieb. Hanspeter fragte mich, ob ich auch zu einem Bier ins Kreuz komme. Ich sagte zu und schaute dann noch kurz bei Dora vorbei, um Schokolade für Heidi, Hansruedi und die nun schon neun Jahre alte Marianne zu kaufen. Dora freute sich sehr über meinen Besuch und meinte: «Wir finden deinen Entscheid sehr mutig. Von unserer Gemeinde hat das noch keiner gewagt, besonders unter diesen Voraussetzungen. Hast du keine Angst?» «Angst nicht, aber Respekt. Doch ich bin zuversichtlich.» Sie wünschte mir alles Gute und überreichte mir ein Couvert mit der Telefonnummer von Ruth. Auf dem Weg zurück zu Gerbers traf ich Christoph. Als ich ihm von meiner Stelle in Bénestroff erzählte, verstand er die Welt nicht mehr. «Ist das wirklich dein Ernst oder veräppelst du mich? Vor vier oder fünf Wochen hast du noch nichts von diesem Vorhaben erzählt.» «Da wusste ich es auch noch nicht sicher», antwortete ich. Christoph begleitete mich ins Restaurant Kreuz, wo meine Neuigkeiten die Runde machten. Der Wirt und mein Schulkollege Hermann sahen mein Vorhaben als ein sehr grosses Risiko an. Auch meine Berufskollegen Alfred und Hanspeter fanden die Entscheidung riskant, aber sahen darin auch eine grosse Chance. In den Tagen darauf gab es einiges zu erledigen. Im

Zeughaus in Bern gab ich meine komplette Armeeausrüstung zurück. Auf dem Heimweg meldete ich mich beim zuständigen Sektionschef für ein Jahr ab. Er fand meine neue Arbeitsstelle interessant und stellte mir einige Fragen, dann wünschte er mir viel Erfolg. Als ich hinausging, rief er mir nach: «Nicht vergessen: Innert 14 Tagen müssen Sie sich auf dem Schweizer Konsulat anmelden.» Am Bahnhof erkundigte ich mich nach der Gepäckaufgabe nach Frankreich. Heidi lieh mir ihren grossen Reisekoffer und half mir beim Packen. Am 22. Juli transportierte ich das Gepäckstück mit dem Traktor zum Bahnhof und liess es nach Bénestroff transportieren. Am nächsten Tag traf ich mich mit Ruth, die ich Anfang Woche angerufen hatte. Sie freute sich sehr, mich zu sehen. Ich freute mich eigentlich auch, wusste aber, dass mein Umzug nach Frankreich nicht gut ankommen würde. Insgeheim hoffte ich, dass Dora ihr bereits davon erzählt hatte. Als ich eintraf, kam mir Ruth freudestrahlend entgegen und gab mir ein Küsschen. «Wir haben uns ja eine Ewigkeit nicht mehr gesehen. Wie schön, dass du wieder da bist.» Ihre Begrüssung liess mich vermuten, dass sie über meine baldige Abreise nicht im Bild war. Während mich ein ungutes Gefühl packte, stiegen wir auf mein Motorrad und unternahmen eine kurvenreiche Fahrt zum Schwarzsee. Wir setzten uns in ein Restaurant direkt am See und plauderten über ihre erfolgreiche Abschlussprüfung, ihre neue Stelle in Bern, meine Rekrutenschule und vieles mehr. Derweil hoffte ich inständig, dass sie nicht auf meine Zukunft zu sprechen kam oder einen Spaziergang rund um den See vorschlug. Als wir wieder bei ihr zu Hause ankamen, fühlte ich mich nicht gut. Während Ruth von der wunderschönen Fahrt schwärmte, realisierte ich, dass ich ihr unbedingt die Wahrheit sagen musste. «Ruth, ich habe keine gute Nachricht für dich, eigentlich für uns beide.» Entsetzt schaute sie mich an und fragte: «Was ist passiert?» «Ich gehe am 1. August für ein Jahr nach Frankreich.» «Nein, bitte sag so etwas nicht, jetzt hätten wir doch wieder Zeit füreinander.» Sie umarmte mich, legte den Kopf auf meine Schulter und weinte. In diesem Moment kam ihre Mutter aus dem Haus und versuchte, Ruth zu beruhigen. «Das ist doch nicht so schlimm», meinte sie tröstend und bat uns in die Küche. Dort traf ich auf Ernst, der alles mitgehört hatte und fand: «So geht das halt manchmal im Leben, nicht alles verläuft nach Plan. Ich finde es einen sehr mutigen und bewundernswerten Entscheid. Das ist sicher eine sehr grosse Chance für dich.» Ich bestätigte: «Aus diesem Grund habe ich mich so entschieden. Es tut mir leid wegen Ruth, aber ich muss diese Chance ergreifen.» Ruth warf mir vor, ein zu grosses Risiko einzugehen. «Du hast keine Ahnung, was auf dich wartet. Du kennst keine einzige Person. Du gehst total ins Ungewisse.» Das wusste ich, doch es machte mir keine Angst. «Aus meiner Kindheit und Jugendzeit bin ich steinige, steile, schmale Wege gewohnt. Ich traue mir diese Herausforderung absolut zu.» Klara und Ernst wünschten wir alles Gute, Ruth umarmte mich und meinte: «Christian, ich weine nicht nur wegen unserer Freundschaft, sondern auch, weil ich mir grosse Sorgen um dich mache. Das Ganze kommt mir einfach unheimlich vor.» «Die Trennung schmerzt mich auch sehr, ich mag dich sehr und werde dich sehr vermissen», erwiderte ich und ergänzte: «Ich habe kein richtiges Zuhause, das ich verlasse – doch ich werde nach einem Jahr Frankreich zurückkehren.

Ich habe ein sehr grosses Ziel vor Augen. Um das zu erreichen, wird mir der Auslandaufenthalt helfen. In einem Jahr bin ich wieder da, so Gott will.» Noch eine letzte feste Umarmung und zwei Küsschen, dann startete ich mein Motorrad. Ich winkte ihr und verlor sie aus meinem Blick – ob für immer oder nur für ein Jahr? Ich wollte in diesem Moment keiner Person begegnen und fuhr daher nicht nach Hause, sondern hielt an der Aare an. Am Ufer setzte ich mich auf einen Stein und schaute dem Wasser zu. Ein Milan zog seine Kreise. «Wie sorglos und schön ist doch das Leben dieses Vogels. Er ist von solchen Entscheiden verschont und muss niemandem das Herz brechen», sinnierte ich. Vergangenheit, Gegenwart und Zukunft beschäftigten mich über eine Stunde lang. Immer wieder hörte ich Ruth weinen und sah ihre Tränen vor meinem inneren Auge. Ich spürte ihre Arme um meinen Nacken immer noch. Mir wurde nun erstmals bewusst, dass Ruth mich nicht verlieren und es nicht bei einer lockeren Freundschaft belassen wollte. Die Trennung von Ruth fiel mir schwer, liess ich doch eine sehr liebe Person, die mich aufrichtig mochte, einfach stehen. Ich ahnte, dass ich sie verloren hatte, und fühlte mich schuldig. Hatte ich wirklich richtig entschieden? Ich wusste, dass mich der Auslandaufenthalt in Frankreich einen Schritt näher an meinen Traumberuf heranbrachte. Meine Erkundigung bei der zuständigen kantonalen Stelle hatte nämlich ergeben, welche Anforderungen ich zu erfüllen hatte. Von den vier Bedingungen erfüllte ich zwei, mit dem Jahr in Frankreich bereits drei. Dann fehlte nur noch ein Abschluss von einer Handelsschule. Daher meldete ich mich noch vor meiner Abreise bei der NHB in Bern für die Handelsschule von Oktober 1967 bis März 1968 an. Da niemand davon wusste, begriffen die meisten Leute meinen gewagten Entscheid nicht. Nach zwei Stunden an der Aare fuhr ich nach Hause.

Am Sonntag verabschiedete ich mich von meiner Mutter, Paul und Edwin. Meinen Schwestern liess ich durch die Mutter Grüsse ausrichten. Alle wünschten mir eine gute Reise und einen guten Start. Edwin begleitete mich bis zum Motorrad und fragte: «Macht dir das alles nichts aus? Die weite Reise und die vielen Unklarheiten?» «Über die Reise habe ich mir schon Gedanken gemacht, aber es geht nicht anders.» «Auf so viel Risiko würde ich mich in meinem Leben nie einlassen», meinte mein Bruder. Ich merkte, dass ihn meine Entscheidung sehr beschäftigte. Die Mutter hingegen interessierte sich eigentlich nie. Wie versprochen, schaute ich danach noch ein letztes Mal bei meiner Grossmutter und Tante Erna vorbei. «Dein Vater wünscht dir alles Gute und eine gute Fahrt. Er ist sehr stolz auf dich.» Ich versprach, mich zu melden, und verabschiedete mich. Die nächste Woche ging sehr schnell vorbei. In der Motorradwerkstatt wurde bei meinem Motorrad alles kontrolliert. Am Sonntagabend machte ich alles startklar. Eine Tasche mit dem Nötigsten befestigte ich hinten auf dem Motorrad und ein Plastikmäppchen mit einer Strassenkarte auf dem Benzintank. Am Montagmorgen stand ich um 6.30 Uhr auf. Nach dem Morgenessen erschien Heidi und sagte aufgeregt: «Christian, es hat eine Maus im Garten, sie hat bereits sieben Salatsetzlinge abgefressen.» Ich richtete also noch schnell zwei Mäusefallen, dann war es so weit. Der Abschied fiel allen mehr oder weniger schwer. Grösu und Heidi machten sich sehr grosse Sorgen, Hansruedi konnte das

Ganze überhaupt nicht verstehen. «Pass gut auf, den Franzosen kannst du nicht trauen», meinte Grösu. «Christian, gehst du jetzt wieder so lange weg?», fragte Marianne. «Vermutlich besuche ich euch Ende Jahr. Und wir können ab und zu schreiben», tröstete ich sie.

Mein Jahr in Frankreich

Am 1. August 1966 startete ich kurz vor 8 Uhr den Motor. Von Schönbühl fuhr ich auf der Autobahn bis Kriegstetten, dann auf der Hauptstrasse – damals gab es dort noch keine Autobahn – weiter bis Basel. Vor dem Grenzübertritt nach Frankreich tankte ich Benzin, und am Zoll kontrollierte ein Zöllner meine Papiere. Dann fuhr ich auf der Hauptstrasse Basel-Mühlhausen in Richtung Colmar. Die vielen Anhängerzüge konnte ich nur schlecht überholen – immer herrschte Gegenverkehr, und mein Motorrad erreichte eine Höchstgeschwindigkeit von maximal 90 Stundenkilometern. In Colmar füllte ich wieder Benzin auf und kaufte eine kleine Verpflegung. Nach weiteren 90 Kilometern traf ich um 14 Uhr in Strassburg ein. Vorsichtshalber füllte ich nochmals Benzin auf. Nach weiteren 180 Kilometern sah ich endlich die Ortstafel Bénestroff vor mir, und bei einem Bahnübergang entdeckte ich einen Wegweiser mit der Aufschrift «Usine de Bénestroff». Kurz nach 17 Uhr stellte ich mein Motorrad vor der Anmeldung der Molkerei Bénestroff ab und trat ein. Eine circa 30-jährige Dame mit dunklen Haaren empfing mich freundlich und sagte in französischer Sprache: «Willkommen in Frankreich. Der Direktor, Pierre Marchand, weilt noch bis Donnerstag in Deutschland – bis er zurück ist, können Sie sich im Betrieb umsehen. Wir haben für Sie ein Zimmer im Restaurant Clé reserviert, essen können Sie in unserer Kantine. Ihr Reisekoffer steht übrigens gleich da um die Ecke.» Ich bedankte mich, nahm die nötigsten Sachen aus dem Koffer und fuhr zum erwähnten Restaurant. Ich bezog mein Zimmer und legte mich nach einer kurzen Dusche müde aufs Bett. Etwas später stieg ich hungrig hinunter ins Restaurant, wo ich in der Gaststube von allen neugierig angeschaut und begrüsst wurde. Hier im kleinen Bénestroff mit circa 500 Einwohnern kannten sich die meisten Leute, ich fiel also auf. Als ich gerade fertig war mit meinem Essen, betraten zwei Burschen das Restaurant und sprachen die Wirtin an. Diese deutete auf mich, und die zwei Männer kamen direkt auf meinen Tisch zu. «Guten Abend, sind Sie aus der Schweiz?» Ich bejahte und erfuhr daraufhin, dass sie Jacques und André hiessen und in der Butterei arbeiteten. «Wir wollen Sie nicht stören, wir möchten Sie nur zu einem kleinen Ausflug mit dem Auto einladen.» Ich überlegte kurz und sagte dann: «In Ordnung, aber nicht zu lange, ich bin sehr müde von der langen Reise.» Ich ging kurz hinauf in mein Zimmer und packte mein Militärmesser ein, da ich der Sache nicht ganz traute – Grösu hatte ja gesagt, dass die Franzosen gefährlich seien. Kurz darauf nahm ich vorne im Renault neben André Platz. Wir fuhren ungefähr 15 Minuten und hielten dann vor einem kleinen Restaurant an, wo wir uns an die Bar setzten. Die Wirtin, eine mollige 50-Jährige, stellte sich als Alda vor und hiess mich in Frankreich willkommen. Nachdem wir eine Weile geplaudert hatten, bezahlten wir unsere Kaffees, bedankten uns und fuhren zum Restaurant Clé zurück. Ich verabschiedete mich von André und Jacques und freute mich über den netten Empfang, den mir alle in Bénestroff bereitet hatten. Ruhig und mit einem guten Gefühl schlief ich ein.

Am nächsten Morgen erwachte ich um 7.30 Uhr. Beim Frühstück wechselte ich einige Worte mit der Wirtin, dann fuhr ich in die Molkerei. Die Frau vom Empfang, Claudine Helmer, begleitete mich in die Kantine und stellte mich der Wirtin mit braunen Haaren und braunen Augen vor. Sie schien ungefähr 25 Jahre alt zu sein und hiess Renate. Ich setzte mich an einen Tisch und trank einen Espresso. Kurz darauf erschienen André und Jacques, die mir meinen neuen Arbeitsplatz zeigten und mir alle Mitarbeitenden vorstellten. «Wo ist Marcel?», fragte Jacques in die Runde. Einer antwortete: «Der ist im Einpackraum.» Wenig später kam ein

Sattelschlepper der Molkerei in Bénestroff, Frankreich, 1966.

circa 30-jähriger Mann leicht hinkend auf uns zu und schaute mich mit kritischem Blick an. «Das ist Marcel Hameurt, unser Chef, und das ist Christian aus der Schweiz», stellte uns Jacques einander vor. «Hallo Marcel, ich freue mich sehr auf eine gute Zusammenarbeit mit dir und euch allen. Der Direktor kommt am Donnerstag zurück, bis dahin schaue ich mich im Betrieb um und lerne euch besser kennen.» Marcel bot an, mir den Betrieb zu erklären, und zeigte mir das Labor, wo ich den Laborchef Henri und die Laborantin Françoise antraf. Kurz vor Mittag fuhr ich zum Bahnhof und kaufte sechs Ansichtskarten, um den Daheimgebliebenen mitzuteilen, dass ich gut angekommen war. Bei der Postkarte für Ruth fügte ich «es liebs Küssli» an. Kurz nach 14 Uhr traf ich wieder in der Molkerei ein und wurde von Marcel in Empfang genommen. «Wir beginnen normalerweise um 3 Uhr morgens und sind kurz nach Mittag fertig mit der Fabrikation. Am Freitag und Samstag beginnen wir um 1 Uhr. Nach dem Mittagessen wird alles gereinigt.» Im Einpackraum erklärte er mir sämtliche Maschinen und Apparate, bevor er mir die Käseverpackungsanlage zeigte. Die Chefin, Christiane, war eine grosse, kräftige Frau mit halblangen rötlichen Haaren. Etwas später tranken wir in der Kantine einen Kaffee. Renate setzte sich an unseren Tisch und zeigte mir ein Notizheft mit dem Titel «Christian Suisse», in dem sie meine Konsumationen für die monatliche Abrechnung festhielt. Ich gab ihr meinen Familiennamen an, doch ihr gefiel «Christian Suisse» besser als «Christian Liniger». Zur Verabschiedung gab sie zuerst Marcel und dann auch mir links und rechts ein Küsschen auf die Wange. «Ist das üblich?», fragte ich Marcel verdattert. «Ja, in

Frankreich ist das so.» Nach dem Zwischenstopp in der Kantine lernte ich den Chef der Milchannahme und Pasteurisation, Cyril Graf, kennen. Ich erfuhr, dass die gesamte Milchmenge hauptsächlich in Milchkannen à 50 Liter von mehreren Lastwagen in der Umgebung eingesammelt wurde. Jeder LKW konnte circa 100 Kannen transportieren, die nach dem Leeren gereinigt und für den nächsten Tag wieder auf denselben Lastwagen aufgeladen wurden.

Am Mittwoch traf ich kurz vor 10 Uhr an meinem Arbeitsplatz ein. Mit Erstaunen stellte ich fest, dass der Boden vor dem grossen Tank, in dem der Rahm gelagert wurde, mit Rahm überflutet war. Ich fragte André, was vorgefallen sei. «Nichts, die Absaugvorrichtung ist so konstruiert, dass die letzten 30 Liter Rahm im Tank bleiben, weil darin Schmutzpartikel enthalten sind. Bei der Tankreinigung wird er entsorgt.» Auch bei den kleineren Tanks wurde das gemacht, und so liefen täglich mindestens 50 Liter Rahm ins Abwasser. Am Nachmittag stellte ich beim Reinigen der Einpackmaschinen nochmals ein total unverständliches Vorgehen fest. Bei der Maschine, die 250-Gramm-Portionen abpackte, entfernte Marcel die Butter bei der Einfüllvorrichtung mit einem Spachtel. Dann befestigte er dort einen Heisswasserschlauch und schwemmte so die Butter aus, die sich noch in der Transportschraube befand. Er war offenbar zu faul, die vier Flügelmuttern der Abdeckung zu lösen und so die restliche Butter zu entfernen. Ich rechnete mit einem Verlust von mindestens drei bis vier Kilogramm Butter pro Tag, was sich auch bestätigen sollte.

Am Donnerstag empfing mich der Direktor, Pierre Marchand, um 8 Uhr zu einer Besprechung. Der grosse, circa 50-jährige Mann begrüsste mich freundlich und bot das Du an. «Hast du eine gute Reise gehabt und Bénestroff problemlos gefunden?», wollte er wissen. Ich bejahte und erfuhr anschliessend mehr über meine neue Tätigkeit. «Du bist ab sofort für die Qualität der ganzen Butterfabrikation zuständig und trägst die Verantwortung. Du bist die einzige Fachperson in dieser Abteilung. Marcel ist ab sofort für die Verarbeitungen verantwortlich. Er ist gelernter Mechaniker und nicht der Einfachste, aber ein sehr fleissiger Arbeiter. Er muss deine Anweisungen strickt befolgen – sollte es Probleme geben, wendest du dich sofort an mich. Für heute Nachmittag habe ich sämtliche Mitarbeiter und Marcel in das Sitzungszimmer bestellt, damit alle wissen, wie es in Zukunft abläuft.» Und tatsächlich wurden alle um 14 Uhr von Pierre informiert: «Christian ist gelernter Emmentaler-Käser. Diese Käsefabrikation ist sehr heikel und braucht ein grosses Fachwissen in der Milchwirtschaft. Wie ich von Dr. Felz erfahren habe, hat Christian bei seiner Lehrabschlussprüfung in der Butterfabrikation praktisch die Maximalnote erreicht. Wir sind alle froh um seine Hilfe und hoffen auf eine gute Zusammenarbeit. Marcel, solltest du mit einer Änderung nicht einverstanden sein, besprechen wir das zusammen.» Nach der Sitzung teilte mir Pierre mit, er habe an ruhiger Lage am Eingang des Dorfes ein kleines Studio für mich gemietet. Auf der linken Seite wohnt der Laborchef Henri Chappuis, die andere Hälfte gehört dir. Henri besitzt ein Auto, er wird dir sicher deinen Koffer transportieren und dir auch sonst behilflich sein. Wir ziehen dir für die Wohnung pro Monat 40 Franken vom Lohn ab. Ich bedankte mich und bezog am Samstag meine Unterkunft. Es handelte sich um eine ältere Baracke aus der Kriegszeit mit einer kleinen Dusche, WC und Lavabo. In der Mitte des Gebäudes stand ein kleiner Heizofen, mit dem beide Wohnungen geheizt werden konnten. Henri und ich stiessen mit einem Bier auf eine gute Kameradschaft an.

Am späteren Abend fuhr ich mit meinem Motorrad in Richtung Metz. Berge waren weit und breit keine in Sicht. Während der Fahrt entdeckte ich einen Bauern, der mit einem hölzernen Pflug und zwei vorgespannten Ochsen ein Feld pflügte. Bei einem kleinen See hielt ich an und spazierte rundherum. Dabei dachte ich an Grösu und die ganze Familie – und natürlich auch

Mein Zuhause während meines Aufenthalts in Benéstroff, Frankreich, 1966 bis 1967.

an Ruth. Ich hoffte sehr, dass meine Postkarten angekommen waren. Gleichzeitig machte ich mir auch Gedanken über meine Zusammenarbeit mit Marcel. Würde er meine Weisungen problemlos akzeptieren? Ich war ja für alle ein Fremder. Mir wurde bewusst, dass ich mir sehr viel zugemutet hatte, doch ich blieb zuversichtlich. Es dunkelte schon ein, als ich zum Motorrad zurückkehrte. Ich schaute in den Sternenhimmel, als mir plötzlich die Worte des Schlagersängers Freddy Quinn in den Sinn kamen:

Es kommt der Tag, da will man in die Fremde
Dort, wo man lebt, scheint alles viel zu klein
Es kommt der Tag, da zieht man in die Fremde
Und fragt nicht lang, wie wird die Zukunft sein

Wenn ich zum Himmel schaute, sahen die Sternbilder so aus wie zu Hause. Zurück in der Baracke legte ich mich ins Bett und schlief bald ein.

Am Morgen lud mich Henri in die Dorfbäckerei zu einem Kaffee ein und stellte mir viele Fragen. Er freute sich auf unsere Zusammenarbeit im Labor und fand, es sei höchste Zeit, dass die Produktionsleitung von einer Fachperson übernommen werde. Marcel beschrieb er als ein wenig eigenwillig und auch stur, aber ich hätte die volle Unterstützung des Direktors. Beim Mittagessen in der Kantine kam die Köchin Marie auf mich zu und stellte sich vor. Renate servierte mir das Essen und gab mir zur Begrüssung ein Küsschen, was mich mittlerweile nicht mehr überraschte. Etwas später kamen Marcel, André, Jacques und Philippe und setzten sich an meinen Tisch. «Ab Montag arbeiten wir zusammen, ich freue mich. Beginnst du auch um 3 Uhr?», fragte Letzterer. «Nein, am ersten Tag beginne ich bereits um 2.30 Uhr, Henri führt mich in die Laborarbeiten ein.» Marcel schaute mich an, er wusste nun, dass ich diese sehr wichtige Arbeit von ihm übernehmen würde.

Am Montagmorgen fuhren Henri und ich kurz nach 2 Uhr zur Molkerei. Er erklärte mir meine Arbeiten im Labor und zeigte mir die notwendigen Utensilien. Dann mass ich die Rahmtemperatur in sämtlichen Tanks – Tank Nummer drei mit einem Fassungsvermögen von 3000 Litern wies die höchste Temperatur auf. Als ich in den Fabrikationsraum kam, wollte Marcel jedoch von Tank Nummer eins Rahm in das Butterfass einfüllen. Ich stoppte ihn und erklärte: «Die Temperatur des dritten Tanks ist bereits an der oberen Grenze, wir müssen mit Tank Nummer zwei beginnen und mit Tank Nummer drei mischen.» Marcel ging nach draussen, um eine Zigarette zu rauchen, während Jacques nach dem Grund dieser Änderung fragte. «Wenn die Temperatur des Rahms zu warm ist, wird er im Kegelbutterfass zu schnell zu Butter. Die Masse ist dann zu weich, schliesst zu viel Wasser ein und der maximal erlaubte Wassergehalt für Butter erster Qualität – 16 Prozent – wird überschritten. Ich werde einen Tank um einen Grad mehr kühlen lassen, so können wir im Notfall den Rahm mischen.» André zeigte sich erstaunt, er habe noch nie etwas davon gehört. «Wir werden von Christian zu Spezialisten ausgebildet», meinte Jacques. Als Marcel zurückkam, war das Kegelbutterfass startbereit. Schon nach 40 Minuten stellte ich mit einem Blick durchs Schauglas das Fabrikationsende fest. Ich entnahm 10 Gramm Butter und prüfte im Labor den Wassergehalt. Mit 15,9 Prozent fiel das Ergebnis gerade noch positiv aus. Marcel lächelte hämisch, daher machte ich deutlich: «Wir haben Glück gehabt, ein halber Grad wärmer und die Butter wäre zweite Qualität.» Er musste noch viel lernen. Als Philippe den Tank vollständig entleeren wollte, stoppte ich ihn und füllte die restlichen 20 Liter Rahm in eine Kanne. «Was willst du damit? Der Rahm unten im Tank ist voller Schmutzpartikel», sagte Marcel. «Das heisst noch lange nicht, dass er mit viel Heisswasser in die Kanalisation gespült werden muss. Jeden Tag werden hier mindestens 50 Liter Rahm weggespült. Die Literzahl pro Monat und pro Jahr lasse ich dich selbst ausrechnen, und den Preis weisst du auch», wies ich ihn zurecht, bevor ich erklärte: «Die Kanne mit dem Rahm stellen wir zum Pasteur. Bis zum nächsten Morgen haben sich die Schmutzpartikel auf den Boden gesenkt. Cyrill wird den Rahm, abgesehen von den letzten zwei Litern, nochmals pasteurisieren und dann machen wir Butter daraus.» Alle schauten mich sprachlos an. Kurz nach 6 Uhr begaben wir uns zu viert in die Kantine zum Frühstück, während Marcel mit den anderen zurückblieb. «Wir wussten nicht, dass man diesen Rahm noch verwerten kann, und von uns liess sich Marcel gar nichts sagen», erfuhr ich. Beim Mittagessen sass ebendieser mit «seiner» Gruppe an einem Tisch, während wir vier an einem anderen Tisch assen. Nach dem Mittagessen wurde mit der Reinigung begonnen. Als ich bemerkte, dass Philippe bei der kleinen Packmaschine den Heisswasserschlauch ansetzen wollte, griff ich ein. Zusammen lösten wir die vier Schrauben, entfernten die Schutzabdeckung der Maschine, nahmen die Transportspindel heraus und retteten so mindestens ein Kilogramm Butter. Als Marcel erschien und uns dabei zuschaute, sagte ich: «Von jetzt an werden alle drei Maschinen auf diese Weise gereinigt. So können wir jeden Tag mindestens fünf Kilogramm Butter retten und circa 100 Liter Heisswasser sparen.» Er nickte und entfernte sich. «Sicher schwer zu verstehen», sagte Philippe mit einem verschmitzten Lächeln. Nach getaner Arbeit trafen wir uns um circa 14 Uhr auf ein Bier in der Kantine, einzig Marcel war nicht mit von der Partie. Mir wurden viele Fragen über die Butterfabrikation gestellt, und ich war froh, dass die meisten sehr interessiert waren und meine Massnahmen unterstützten. Etwas später bat ich Cyril, den ersten Tank ein Grad tiefer zu kühlen. Wir einigten uns, dass ich ihm die gewünschten Temperaturen jeweils nach Feierabend bekannt geben würde. Dann ging ich bei Henri im Labor vorbei und sagte ihm, dass er wegen mir nicht mehr so früh ins Labor kommen müsse.

Am nächsten Tag lief alles wie von selbst, und meine Anweisungen wurden von allen befolgt. Überraschend schaute der Direktor vorbei und lud mich zu einem Kaffee ein. Ich klärte ihn über meine Erkenntnisse und Anweisungen auf, woraufhin er mir dankte. «Ich bin sehr froh, dass es in unserer Butterei endlich aufwärts geht – herzlichen Dank! Sollte es Probleme geben, musst du mir das sofort mitteilen.» Ich versprach, mich bei Bedarf an ihn zu wenden. Dann wechselte Pierre das Thema: «Hast du die nähere Umgebung schon etwas erkundet? Übrigens solltest du dich in Restaurants als Schweizer zu erkennen geben, mit Deutschen sitzen die Elsässer nicht an einen Tisch. Der Krieg hat halt seine Spuren hinterlassen.» Nach dem Gespräch kehrte ich an meinen Arbeitsplatz zurück. Am Nachmittag trafen wir uns wieder zum Feierabendbier, und dieses Mal war Marcel auch dabei. «Christian, ich verstehe deine Massnahmen und werde diese auch befolgen. Ich habe keine solche Ausbildung wie du und verstehe zu wenig von der Butterfabrikation», gestand er und fragte dann: «Werden die Auftragsbestellungen in Zukunft auch von dir erledigt?» «Nein, solange das funktioniert, bist du für sämtliche Bestellungen und Lieferungen verantwortlich. Ich bin hauptsächlich für die Fabrikation zuständig. Ich verlange von dir, dass meine Anweisungen befolgt werden – auch an meinen freien Tagen», sagte ich. «Das werde ich», versprach Marcel. Beruhigt fuhr ich nach Hause und ruhte mich einen Moment aus. Ich hatte das Gefühl, einen wichtigen Schritt in die richtige Richtung gemacht zu haben. So ging die erste Arbeitswoche gut und schnell vorbei. Jeden Tag erhielt ich per Post die Berner Zeitung – ein Geschenk von Hansruedi und Heidi. Am Wochenende überreichte mir Renate zudem einen Brief von Heidi und Marianne. «Wir sind erleichtert, dass du gut angekommen bist. Grösu hat ständig nach dir gefragt und kaum noch gegessen. Wir wünschen dir weiterhin viel Erfolg.» Am späteren Nachmittag unternahm ich eine kleine Motorradtour. Mein Gefährt wurde von vielen Leuten bewundert, denn hier sah man quasi nur Mofas.

Die ersten paar Wochen gingen schnell vorbei, und glücklicherweise verlief im Betrieb alles wie geplant. Ende Monat erhielt ich den ersten Kontoauszug von der Bank, mit meinem Lohn von 1200 Franken und

350 Franken Abzug für Kost und Wohnung konnte ich 850 Franken sparen. Nach zwei Monaten bezog ich meinen ersten freien Tag. Am Samstagnachmittag fuhr ich zu Aldas kleinem Restaurant, die sich sehr über meinen Besuch freute. Danach machte ich eine Tour in Richtung Morhange, ein grösseres Dorf mit vielen alten Häusern. In einem alten Restaurant kehrte ich nach einem längeren Rundgang ein. Auf der Heimfahrt war es bereits dunkel. Plötzlich wurde ich von einem Polizeifahrzeug angehalten. Der Polizist verlangte nach meinen Ausweisen. Nach einer eingehenden Kontrolle meiner Dokumente unterhielt er sich mit seinem Kollegen und kam dann wieder zu mir. «Sind Sie Tourist?», wollte er wissen. «Nein, ich arbeite in der Usine de Bénestroff als Praktikant.» «Wenn Sie in Frankreich arbeiten, müssen Sie die Kontrollschilder wechseln, und das weisse Licht an Ihrem Motorrad ist hier verboten.» Ich erwiderte: «Ich bin für ein Jahr hier als Praktikant, unter diesen Umständen muss ich das Kontrollschild nicht wechseln und die Beleuchtung auch nicht.» Die Polizisten notierten meine Aussage und gaben mir zu verstehen, dass sie das überprüfen würden. Ich gab ihnen den Namen vom Direktor der Molkerei an und fuhr weiter.

Die Zeit ging sehr schnell vorbei, und mittlerweile kannte ich praktisch alle Leute in meinem Umfeld. An einem Sonntag im Oktober lud mich Marcel zum Mittagessen ein. Er wohnte mit seiner Mutter in einem alten, grossen Bauernhaus, circa zehn Kilometer von Bénestroff entfernt. Marcel servierte ein Glas Weisswein aus der Region. Gekocht wurde auf einem alten Herd mit Holzfeuerung, gleichzeitig garte im Backofen ein grosser Fisch. Wir konnten ein wahres Festessen geniessen. Am Abend schaute ich nochmals im Betrieb vorbei und kontrollierte die Rahmtemperaturen. Beim Kontrollgang fiel mir plötzlich ein, wie ich meine Kleider waschen könnte. Neben den Hauptleitungen befand sich ein Behälter mit einem Fassungsvermögen von circa 100 Liter. Darin wurde Heisswasser vorbereitet, um sämtliche Leitungen zu reinigen. Ich holte ein Bündel Kochwäsche, füllte «Génie Lavabo»-Pulver und Wasser ein und drehte den Dampfhahn voll auf. Nach einigen Minuten liess ich das Wasser ab und spülte gründlich. Danach hängte ich die Wäsche in der Heizung zum Trocknen auf. An einem Freitagabend wurde ich von der Sekretärin und Empfangsdame, Claudine Helmer, zum Mittagessen eingeladen. Sie fand, es sei sicher sehr schwierig für mich, allein in einem fremden Land zu sein. Im Oktober kam endlich ein Brief von Ruth an. «Danke für deine Karte. Ich und auch meine Eltern sind sehr froh, dass du gut angekommen bist. Ich wünsche dir viel Erfolg bei deinem sehr riskanten Vorhaben. Es liebs Grüessli u Küssli, Ruth.» Auch meine Mutter hatte sich bemüht und mir geschrieben – sie wünschte mir alles Gute. An einem Samstag Anfang November kam mir plötzlich mein Dienstbüchlein in die Hände. Mir fiel ein, dass ich mich innert 14 Tagen auf dem Schweizer Konsulat hätte anmelden sollen, und holte es nun nach. Einige Tage später schrieb ich eine Karte an Heidi. Ich bat sie, Christoph und Hermann über meinen Urlaub vom 28. Dezember bis 5. Januar zu orientieren. Auch Ruth schrieb ich zurück.

Mitte November bestellte mich der Direktor in sein Büro. «Wir haben den Quartalsabschluss der Butterfabrikation ausgerechnet, es sieht alles schon sehr viel besser aus. Wenn ihr so weitermacht, werden wir schon bald wieder schwarze Zahlen schreiben. Besten Dank für deinen Einsatz. Gib dieses Resultat als zusätzliche Motivation an deine Leute weiter.» Diese Nachricht war natürlich sehr erfreulich, und ich gab sie beim Nachmittagsbier, das ich offerierte, gerne bekannt. Alle freuten sich über unsere gute Arbeit. An einem anderen Tag erschien Generaldirektor Dr. Christoph Felz im Betrieb. Kurze Zeit später kam Claudine und teilte mir mit, dass mich Dr. Felz sprechen möchte. Als ich sein Büro betrat, stand er auf und reichte mir die Hand. «Sie leisten sehr gute Arbeit, herzliche Gratulation! Machen Sie weiter so. Am 9. Dezember findet der Jahresrapport mit allen Vorgesetzten statt, dazu sind Sie natürlich eingeladen.» Ich bedankte mich herzlich und ging wieder an meine Arbeit. «Was wollte er von dir?», fragten Marcel und André gleichzeitig. «Er hat mich zum Jahresrapport eingeladen und dankt euch allen für die guten Leistungen», berichtete ich. Henri und ich fuhren zusammen an diesen Rapport. Er fand in einem schönen Gasthof statt, wo uns Dr. Felz begrüsste. Cyril, Henri und ich nahmen am selben Tisch Platz, doch plötzlich kam Dr. Felz und lud mich ein, mich neben ihn und den Direktor zu setzen. Im Anschluss an den Rapport wurde ein sehr gutes Essen serviert, und Dr. Felz unterhielt sich mit mir auf Deutsch. Nach einer Weile nahm er eine Schachtel aus seinem Jackett und legte zwei grosse Zigarren, ein kleines Messer und lange Zündhölzer auf den Tisch. «So, jetzt rauchen wir mal eine Zigarre zusammen. Ich zeige dir, wie man das richtig macht.» Ich traute mich nicht, sein Angebot abzulehnen, und folgte seinen Anweisungen.

Um 22 Uhr verliess ich mit Henri und Cyril das Restaurant. «So weit wie du haben wir es in all den Jahren noch nicht gebracht», lachten sie. Ich war froh, als Henri vor einem Restaurant anhielt und vorschlug, noch ein Bier zu trinken. Doch am nächsten Morgen hatte ich den Geschmack der Zigarre immer noch im Mund.

Eines Tages begegnete ich zufällig unserem Buchhalter, Robert Hayoz. Er wohnte zusammen mit seiner Frau unmittelbar neben der Fabrik in einer Dienstwohnung und war in der Kantine nie anzutreffen, weil er in der Pause immer nach Hause ging. Er war ein sehr zurückgezogener Mensch, daher erstaunte es mich sehr, dass er mich ansprach und fragte, ob ich über die Weihnachtszeit hier sein werde. Ich bejahte. «Meine Frau und ich würden Sie an Weihnachten gerne zum Mittagessen einladen, sonst sind Sie ja an den Festtagen ganz allein.» Ich bedankte mich für die unerwartete Einladung und sagte zu. Einige Tage später wurde ich von Marcel ebenfalls eingeladen – als ich ihm erzählte, dass ich bereits Robert Hayoz zugesagt hatte, zeigte er sich überrascht. «Soll das ein Scherz sein?», fragte Marcel lachend. Auch Henri war sehr erstaunt über diese Einladung. Am 25. Dezember klingelte ich um 12 Uhr mit einer sehr guten Flasche Wein und einem kleinen Blumenstrauss in der Hand bei Familie Hayoz. Robert öffnete die Tür, reichte mir die Hand und bat mich herein. Seine Frau Jasmin empfing mich mit den Worten: «Wir haben uns sehr auf Ihren Besuch gefreut, Sie sind immer so freundlich und nett. Wir konnten Sie an Weihnachten doch nicht allein lassen.» Ich überreichte meine Geschenke und bedankte mich herzlich für ihre Gastfreundschaft. Während des Apéros boten mir die zwei beim Anstossen das Du an, dann plauderten wir über die Schweiz, meinen vorherigen Beruf und den Betrieb. Auch Robert hatte die Verbesserungen in der Butterei festgestellt. Als wir uns zum Essen hinsetzten, bewunderte ich den wunderschön gedeckten Tisch mit Silberbesteck – so etwas hatte ich noch nie gesehen. Zur Vorspeise gab es Fisch, der Hauptgang bestand aus gebratenen Kartoffeln, Schmorbraten und Gemüse, und als Abschluss genossen wir reichlich Dessert und Kaffee. Gegen 17 Uhr verabschiedete ich mich dankend. Zwei Tage später begegnete ich Robert auf dem Weg zur Kantine. Er wünschte mir eine gute Heimreise, und ich liess Jasmin liebe Grüsse ausrichten. Marcel fragte ganz erstaunt: «Bist du nun mit den beiden auch per Du?» Ich bejahte und fügte an: «Robert und Jasmin sind sehr nette, aufgeschlossene und liebenswürdige Leute. Sie leben halt sehr zurückgezogen.»

Am Mittwoch, 28. Dezember, stieg ich in Bénestroff in den Zug Richtung Schweiz. Niemand wusste genau Bescheid, wie viel Geld man beim Grenzübertritt in die Schweiz auf sich haben durfte. Ich hatte in meinem Socken total 3000 Franken in einem Silberpapier versteckt. Ich freute mich auf die Heimreise, musste aber annehmen, dass ich Ruth nicht sehen würde. Sie hatte sich nämlich nicht mehr bei mir gemeldet, obwohl sie über meinen Besuch in der Heimat informiert war. Der Zug hielt an sehr vielen Orten an, und es dauerte daher lange, bis ich Strassburg erreichte. Dort stieg ich in den Zug nach Colmar-Basel um. In Basel fragte mich der Zöllner, woher ich komme, wo die Reise hinführe und ob ich etwas zu verzollen habe. Ich erklärte ihm, dass ich seit August als Praktikant in Frankreich tätig sei und jetzt nach Bern in den Urlaub fahre. Er wünschte mir einen schönen Urlaub und widmete sich der nächsten Person. Das Geld in meinem Socken blieb unentdeckt, und so konnte sich mein Puls wieder etwas beruhigen. Kurz nach 16 Uhr kam ich in Bern an und wechselte in den Zug nach Thun. Es war schon dunkel, als ich ausstieg und den einstündigen Fussmarsch durch den Wald unter die Füsse nahm. Die schneebedeckte Strasse weckte viele Erinnerungen an früher und löste ein Gefühl von Heimat in mir aus. Kurz nach 18 Uhr traf ich bei Gerbers ein. Wie immer wurde ich von Bläss überaus freudig und stürmisch begrüsst. Sein Bellen lockte Hansruedi aus dem Stall. «Schön, dass man dich wieder mal sieht! Du hast sicher eine lange Reise hinter dir», rief er mir zu. «Ich habe mich auch sehr auf die Heimreise gefreut», erwiderte ich und ging dann zu Grösu in den Stall. «Kommt da nun ein Ausländer oder kannst du noch Berndeutsch?», witzelte er. Marianne hatte meine Ankunft auch bemerkt und gesellte sich zu uns. In der Küche wurde ich von Heidi und der Mutter sehr freundlich begrüsst. Ich übergab ihnen drei Camemberts und zwei Münsterkäse als Geschenk, dann deponierte ich meine Tasche im Zimmer und versteckte das Geld. Während des Abendessens stellten mir alle sehr viele Fragen.

Am nächsten Morgen fuhr ich mit dem Postauto ins Nachbardorf und legte die 3000 Franken auf der Bank als Kassascheine an. Die Gesamtsumme stieg auf 14 100 Franken, der Zins auf total 700 Franken. Nach dem Mittagessen traf ich mich mit Christoph, Hermann und Karl. Letzterer war zwei Jahre jünger als ich und hatte mit mir die Schule besucht. Die drei schlugen vor, auf den Silvesterball im Restaurant Kreuz im Nachbardorf zu gehen. Ich stimmte zu. Am Abend brachte ich die Milch in die Käserei, wo ich von allen sehr nett begrüsst und neugierig über meine Tätigkeit in Frankreich ausgefragt wurde. Ich hatte daher kaum Zeit, mich mit Fred zu unterhalten. «Wir laden dich morgen zum Nachtessen ein», sagte er. Auf dem Rückweg legte ich bei Dora einen Stopp ein, um Wein zu kaufen. Dora freute sich sehr über meinen Besuch, wollte viel wissen und wünschte sich, mich vor meiner Abreise noch einmal zu sehen. Den gekauften Rotwein tranken wir abends zum Käse, den ich aus Frankreich mitgebracht hatte. Für Grösu war der Wein fast noch wichtiger als der Käse. Um 20 Uhr traf ich mich mit Christoph und Hermann im Restaurant Kreuz zu einem Bier. Der Wirt freute sich sehr über meinen Besuch und stellte mir viele Fragen. Am nächsten Morgen sagte Heidi zu mir: «Letzte Woche kam ein Brief von einer Handelsschule in Bern für dich an. Ich wusste nicht, ob es sich um Reklame handelte oder nicht, und legte ihn beiseite.» Ich klärte Heidi über meine Absicht auf, im kommenden Winter die Handelsschule zu besuchen, und bat sie um Stillschweigen. Am Abend wurde ich bei Wengers von allen sehr herzlich begrüsst. Das Interesse an meinen Arbeiten und sonstigen Erfahrungen war sehr gross. Götti Fred teilte mir mit, dass sein Kollege Felz mit meinen Leistungen sehr zufrieden sei und ich seine Erwartungen sogar übertroffen hätte. Fred und Marlene hatten auch Neuigkeiten: Sie hatten in Ostermundigen ein Milchgeschäft gekauft. Die Käserei werde auf Ende

April geschlossen. Als ich mich verabschiedete, schenkte mir Gotte Hanna 50 Franken als Beitrag an meine Reisekosten. Mit den besten Wünschen zum Jahreswechsel trennten wir uns schliesslich.

An Silvester fuhr uns Karl mit dem VW seines Vaters ins Nachbardorf zum Restaurant Kreuz. Unter den Anwesenden befanden sich viele, die ich von der Schulzeit oder vom kirchlichen Unterricht her kannte. Eine Musik spielte zum Tanz auf, und zwischendurch erzählte ein Mann auf der Bühne Witze. Nach einer Weile sagte Karl: «So, jetzt fordern wir alle mal ein Mädchen zum Tanz auf.» Er stand auf und suchte sich eine Tanzpartnerin. Beim nächsten Tanz hatten auch Hermann und Christoph Mut gefasst. Beide forderten mich auf, es ihnen gleichzutun. «Du kannst doch nicht den ganzen Abend allein am Tisch sitzen.» «Ich kann nicht gut tanzen», antwortete ich, aber sie glaubten mir nicht. Nach einer kürzeren Musikpause war Damenwahl. Plötzlich legte mir jemand eine Hand auf die Schulter und sagte: «Hallo Christian, darf ich dich zum Tanz bitten?» Ich stand auf und folgte Elisabeth zur Tanzfläche. Sie war die Tochter eines Landwirts aus dem Nachbardorf, und ich kannte auch ihre Eltern und ihren Bruder flüchtig. Wir tanzten und unterhielten uns, dann begleitete sie mich an meinen Platz zurück und bedankte sich. «Schau an, nun ist es vorbei mit der Ruhe – ein hübsches Mädchen», kommentierte Karl. Etwas später bat ich Elisabeth um einen zweiten Tanz. Als ich sie danach an ihren Tisch zurückbegleitete, begrüsste ich ihre Eltern und ihren Bruder Rudolf. Letzterer bat mich, doch schnell Platz zu nehmen. Alle interessierten sich für meine Arbeiten in Frankreich. Elisabeth und ich tanzten den ganzen Abend zusammen, und beim Tango kam sie mir ziemlich nahe. Um Mitternacht hielt die Musik inne – wir umarmten und küssten uns. Danach wurde allen Besuchern die traditionelle Mehlsuppe serviert. Elisabeth fragte mich, ob ich im Sommer einmal zurückkommen werde. Ich erklärte ihr, dass ich erst Ende August heimreise und dann eine Schule besuchen werde. «Vielleicht sehen wir uns mal wieder?», sagte sie fragend. «Könnte sein», antwortete ich ausweichend. Um 1 Uhr brach sie mit ihrer Familie auf. Ich begleitete Elisabeth zum Ausgang, wo sie mich fest umarmte und mir alles Gute wünschte. Zwei Stunden später machten auch wir uns auf den Heimweg. Trotz Müdigkeit und später Stunde konnte ich nicht sofort einschlafen. Ich hatte den Eindruck, dass diese paar Stunden mit Elisabeth Gefühle in mir ausgelöst hatten. Doch mir war auch bewusst, dass ich nach meiner Rückkehr keine Beziehung mit ihr eingehen durfte. Auch wenn mir diese Frau sehr gefiel, wusste ich, dass sie auf meinem schmalen Weg keinen Platz neben mir hatte. Gleichzeitig empfand ich meine harten Entscheidungen mir selbst gegenüber als brutal. Ich bekundete immer mehr Mühe, diese zu akzeptieren und zu verstehen. Es gab aber keinen anderen Weg für mich, und ich war froh, hatte ich bereits in meiner ganzen Kindheit und Jugend gelernt, auf vieles verzichten zu müssen. Während der Handelsschule musste ich sicher übers Wochenende lernen, und die Zeit für eine Freundschaft würde mir fehlen. Dass sich Ruth zurückgezogen hatte, verstand ich gut.

Am nächsten Morgen erwachte ich erst um 11 Uhr. Nach dem Mittagessen zog ich Gummistiefel an und stapfte durch den Schnee zum Haus meiner Mutter. Unterwegs besuchte ich meine Grossmutter und Tante Erna, die mir Kuchen und Tee servierten. Beide freuten sich sehr über meinen Besuch und richteten mir Grüsse von meinem Vater aus. Kurz nach 15 Uhr traf ich bei meiner Mutter und meinen Brüdern Edwin und Paul ein. Paul hatte nun eine Freundin, Marianne, und sie wollten sich im Frühling verloben. Auch Nora sei vergeben und werde heiraten, erfuhr ich. Renate hatte das Gymnasium beendet. Nach diesen Neuigkeiten fragte mich die Mutter: «Wann kommst du wieder zurück? Und was machst du dann?» «Das weiss ich noch nicht, ich werde mich demnächst entscheiden», erwiderte ich. Um 16 Uhr machte ich mich auf den mühsamen Heimweg, bergauf durch den tiefen Schnee. Danach brachte ich wieder die Milch in die Käserei und unterhielt mich mit diversen Leuten. Alle staunten über meine Entscheidung und meine positiven Erfahrungen in Frankreich und bewunderten mich. Das war eine völlig ungewohnte Situation für mich – plötzlich schien es vom nichtsnutzigen Verdingbuben keine Spur mehr zu geben. Am 2. Januar war ich bei Christoph eingeladen, der witzelte: «Heute ist es zu kalt, um mit Carbid zu schiessen, und den Steinbrecher können wir vermutlich auch nicht starten.» Paul lachte und meinte: «Das wäre ja ohne Predigt im Schulhaus auch nicht interessant.» Christophs Eltern waren sehr interessiert an meinen Arbeiten in Frankreich und wollten mehr darüber erfahren. Karin sagte, sie sei sehr stolz auf mich und freue sich, dass ich in Frankreich so viel leiste und mich gut zurechtfinde. Sie habe anfangs Angst gehabt, aber Paul habe immer gesagt: «Wenn einer das schafft, dann Christian. Der ist aus hartem Holz geschnitzt und hart im Nehmen.» Berührt hörte ich ihr zu. «Er hat recht gehabt, und ich bin so froh für dich. Du bist ein vorbildlicher junger Mann», lobte sie mich.

Am Mittwoch brachte ich nochmals die Milch in die Käserei, plauderte mit Max Lüdi und verabschiedete mich von Fred und den anderen. Dann schaute ich im Laden von Dora vorbei, die mir mitteilte, sie habe schon länger nichts mehr von Ruth gehört. «Ich auch nicht», erwiderte ich. Dora gab mir eine Tafel Nussschokolade mit auf die Reise und verabschiedete sich mit guten Wünschen. Am Abend fragte mich Grösu: «Willst du morgen wirklich wieder nach Frankreich? Das ist doch total verrückt.» Marianne fügte an: «Das ist so weit, dass Christian vom Morgen bis am Abend Zug fahren muss. Stell dir das mal vor!» «Das kann man sich gar nicht vorstellen», antwortete Grösu kopfschüttelnd. Am Donnerstag, 5. Januar, startete ich um 7.45 Uhr meine Rückreise nach Frankreich. Müde traf ich um 18 Uhr in Bénestroff ein. Henri war nicht in seiner Wohnung nebenan, im Winter fuhr er an seinen freien Tagen nach Hause. Am Freitag verpflegte ich mich in der Kantine und traf dort auf meine Arbeitskollegen. Wir freuten uns alle über das Wiedersehen, und Marcel teilte mir mit, während meiner Abwesenheit sei eigentlich alles gut verlaufen. Nur einmal sei der Rahm im kleinen Tank vermutlich etwas zu warm gewesen, sodass es für die erste Qualität nicht ganz gereicht habe. «Das ist kein Problem, das kann vorkommen», beruhigte ich ihn.

Die Zeit ging schnell vorbei. Im Betrieb nahm alles seinen gewohnten Gang, und ich wurde immer wieder von jemandem zu Kuchen und Kaffee oder sogar zum Essen eingeladen. Ich freute mich, als es wärmer wurde und ich wieder Fahrten mit meinem Motorrad unternehmen konnte. Eines Tages wartete Nadine neben meinem Motorrad, das vor der Kantine stand. Sie war die Tochter von Cyril, mit dem ich mich sehr gut verstand, und arbeitete im Verpackungsraum. «Ich würde gerne einmal auf so einem Motorrad mitfahren, kannst du mich nicht nach Hause bringen?», fragte sie. «Klar, es ist ja nicht weit», meinte ich und stellte fest, dass wir einige Zuschauer hatten. Ich klappte die Fussraster aus, Nadine stieg auf und los ging die Fahrt. Als wir am Ziel eintrafen, blickte uns Nadines Mutter erstaunt entgegen. Nadine bedankte sich begeistert für die Fahrt, dann fuhr ich wieder zurück zur Kantine, wo Marcel, André und Jacques bei einem Bier sassen. «Mit so einem hübschen Mädchen würde ich eine viel längere Tour unternehmen», meinte André. «Man muss alles ganz sachte beginnen», kommentierte Marcel. Ende Juni fand ein Rapport mit Dr. Felz statt. Er teilte mir mit, dass er mit allen Resultaten zufrieden war, und ich richtete ihm die Grüsse von Götti Fred aus. Beim Nachtessen überreichte mir Renate einen Brief von Marianne. So war ich wieder im Bild, was zu Hause alles lief.

An einem Freitagabend sagte Cyril zu mir: «Wenn du am Sonntag nichts loshast, möchte ich dich gerne zum Mittagessen einladen.» Ich antwortete, dass ich gerne komme. Als ich am nächsten Tag mit Marcel zur Kantine ging, begegnete uns Nadine und sagte: «Bis morgen, Christian, ich freue mich sehr.» «Triffst du dich schon wieder mit Nadine?», fragte Marcel. Ich erzählte ihm von der Einladung ihres Vaters. Am nächsten Mittag sass ich mit Nadine, ihren sechs Geschwistern und ihren Eltern am Tisch. Eine solche Grossfamilie war für Cyril und seine Frau Lory finanziell sicher eine grosse Herausforderung, trotz der hohen Kinderzulagen. Nach einem feinen, reichlichen Essen unternahmen wir einen kleinen Verdauungsspaziergang. Cyril bedauerte meinen baldigen Weggang sehr und hoffte, dass Marcel so pflichtbewusst weiterfahren würde. Cyril kam mit Marcel nicht zurecht und befürchtete, dass die Zusammenarbeit mit ihm weniger einfach werden würde als mit mir. Als ich am Montag zur Arbeit erschien, gratulierte mir ebendieser zur Verlobung. «Wie kommst du auf diesen Blödsinn?», fragte ich. «Das ist so in Frankreich. Wenn man nach einer längeren Freundschaft mit einem Mädchen von ihren Eltern zum Essen eingeladen wird, ist man verlobt.» «Es besteht keine längere Freundschaft, und allen ist bekannt, dass ich in acht Wochen wieder in die Schweiz zurückkehre. Von Verlobung kann also keine Rede sein», stellte ich richtig.

Da meine Abreise nahte, ersuchte ich den Direktor um ein Arbeitszeugnis und überreichte ihm mein berufliches Arbeitsbuch. Der Generaldirektor werde das erledigen, antwortete mir Pierre. Dann rechneten wir meine Ferientage und meine Überzeit ab. «Du hast noch zwölf freie Tage und drei Wochen Ferien zugute. Wenn du uns Mitte August verlässt, sind wir dir den Lohn bis Ende September schuldig, stimmts?» Ich bestätigte die Richtigkeit seiner Berechnung, obschon ich es gar nicht genau wusste. Es schien mir jedenfalls sehr grosszügig. Die letzten Tage gingen sehr schnell vorbei. Ich unternahm zwei Motorradfahrten mit Nadine. Von Pierre erfuhr ich, dass mich Dr. Felz am Freitag, 11. August, um 16 Uhr verabschieden möchte und mir mein Arbeitszeugnis aushändigen werde. Ich wünschte, dass vor dieser Sitzung ein Gespräch mit Cyril und Marcel stattfand, und berichtete Pierre von Cyrils Bedenken Marcel gegenüber. Als wir am 11. August zu viert zusammensassen, sagte der Direktor: «Mit dem Fachwissen von Christian haben wir wieder eine erfolgreiche Butterfabrikation erreicht. Leider verlässt er uns in ein paar Tagen, und ich möchte ihm im Namen von uns allen herzlich danken für seine sehr gute Arbeit. Ich will, dass so weitergearbeitet wird wie bis anhin. Herr Hameurt, ich verlange von Ihnen, dass Sie mit Cyril die Lagertemperaturen des Rahms besprechen und bestimmen. Sie haben jetzt ein Jahr lang Erfahrungen sammeln können. Sollten wir eine Verschlechterung der Qualität feststellen, werde ich hart durchgreifen müssen. Sind noch Fragen?» Um 16 Uhr traf der Generaldirektor ein. Er zeigte mir seinen Eintrag in meinem beruflichen Arbeitsbuch und las danach das von Hand geschriebene Arbeitszeugnis vor. Alle Arbeiten wurden als vorzüglich und sehr gut bewertet. Ich bedankte mich herzlich bei Dr. Felz, der entgegnete: «Das hast du absolut verdient, Christian. Ich komme gleich nach, dann stossen wir in der Kantine mit einem Glas Wein an.» Dort angekommen, sassen Marcel und Cyril zu meinem Erstaunen bei einem Bier. Ich setzte mich zu ihnen, bestellte eine weitere Runde und stiess mit den beiden auf eine gute Zusammenarbeit zwischen Butterfabrikation und Pasteurisation an. «Christian, ich danke dir für die immer sehr gute Zusammenarbeit. Wir haben alle sehr viel von dir gelernt, und ich werde so weiterfahren», sagte Marcel unerwartet. Als Pierre und der Generaldirektor in der Kantine eintrafen, setzte ich mich zu ihnen. Dr. Felz bestellte eine Flasche Wein, und nach dem Anstossen unterhielten wir uns über die Massnahmen, die ich in der Butterfabrikation getroffen hatte. Der Direktor war sehr zuversichtlich für die Zukunft. «Wenn wir ein Problem haben, holen wir einfach Christian wieder zurück», sagte Dr. Felz lachend. Dann verabschiedeten sich die beiden von mir und wünschten mir alles Gute.

Am darauffolgenden Freitag war mein Reisekoffer gepackt und bereit zum Versand nach Hause. Henri führte das Gepäck mit seinem Auto zum Bahnhof, und auf dem Rückweg hielten wir bei der Bank an. Ich holte mein ganzes Geld und löste das Bankkonto auf, dann fuhren wir zum Betrieb. Pierre bedankte sich nochmals für meinen vorbildlichen und unermüdlichen Einsatz und wünschte mir eine gute Rückreise in die Schweiz. In der Kantine konnte ich mich von vielen verabschieden, und Cyril lud mich zum Essen ein. Mein Geld versteckte ich unter einer losen Fussbodenlatte und schob das Bett darüber. Am Abend fuhr ich mit meinen Kollegen André, Jacques und Philippe ein letztes Mal in die kleine Kneipe zu Alda – wir spielten am «Töggelikasten» um die Wette und Alda offerierte eine Abschiedsrunde. Am Morgen reinigte ich die kleine Wohnung und verabschiedete mich von Henri. Das letzte Mittagessen in der Kantine spendierte mir Renate. Danach fuhr ich zur Tankstelle, um das Benzin aufzufüllen, und bereitete das Motorrad für die Heimfahrt vor. Bei schönstem Sommerwetter lief ich um 16.30 Uhr zu Fuss zu Cyril. «Hallo Christian, heute ist

Grillwetter, das wollen wir geniessen», begrüsste er mich. Kurz darauf erschienen Lory und Nadine, die mich umarmte und küsste. Während des Essens bedankte sich Cyril für das Gespräch beim Direktor. Marcel sei nun sehr zuvorkommend und habe eingesehen, dass exaktes Arbeiten und gute Zusammenarbeit wichtig seien. «Du wirst uns im Betrieb fehlen. Auch meine Tochter wird dich sehr vermissen», sagte Cyril. Ich bedankte mich für die netten Worte und fügte an: «Der Entscheid, nach Bénestroff zu kommen, war für mich ein Risiko. Ich wusste nicht genau, was mich erwartete, und kannte niemanden. Du hast mir meinen Einstieg sehr erleichtert, und die Butterfabrikation ist nur dank der guten Zusammenarbeit wieder erfolgreich. Ich danke dir auch dafür, dass du mich mehrmals eingeladen und deiner Familie vorgestellt hast. Der Abschied von Bénestroff fällt mir nicht leicht – ich wurde von allen sehr gut akzeptiert und fühlte mich eigentlich nie als Ausländer.» Auch die kurze, aber sehr schöne Bekanntschaft mit Nadine wusste ich zu schätzen. Obschon es nur eine lockere Freundschaft war, fiel mir der Abschied von dieser anständigen, hübschen und liebenswerten Frau nicht leicht. Ich mochte sie sehr und würde sie auch vermissen. Als es langsam dunkel wurde, verabschiedete ich mich dankend von Lory und Cyril. Nadine begleitete mich ein Stück auf meinem Heimweg und hielt meine rechte Hand ganz fest. Plötzlich hielt sie inne, umarmte mich und gab mir ein Küsschen auf die Wangen, dann liefen wir weiter. Nach ungefähr zehn Minuten hielt ich an und sagte: «Unsere Wege trennen sich hier.» Sie umarmte mich, legte den Kopf auf meine Schulter und weinte. Nach einer Weile entschuldigte sie sich dafür, doch ich erwiderte: «Du musst dich nicht entschuldigen, wir haben doch schöne Stunden miteinander verbracht. Der Abschied von dir schmerzt mich sehr, aber es geht leider nicht anders. Es ist sehr schön, dass wir einander begegnet sind, aber es war vermutlich nicht der richtige Ort und nicht der richtige Zeitpunkt. Wir können uns immer an eine wunderschöne Freundschaft erinnern.» Noch eine letzte, feste Umarmung, dann trennten wir uns für immer. Ich schaute ihr nach, bis sie in der Dunkelheit verschwand. Traurig und mit schweren Schritten marschierte ich den Zuggleisen entlang zu meiner Baracke. Plötzlich donnerte ein Güterzug vorbei, und ich erschrak wie aus einem Traum. Lange konnte ich nicht einschlafen. Immer noch hörte ich Nadine schluchzen und fragte mich: «Vor einem Jahr Ruth, jetzt Nadine? Mache ich doch etwas falsch in meinem Leben?» Nachdem ich eine Weile darüber gegrübelt hatte, fand ich endlich Schlaf.

Um 6.45 Uhr klingelte der Wecker. Ich faltete die Bettwäsche zusammen und packte meine Tasche. Die 6000 Franken, die ich bei der Bank abgeholt hatte, verstaute ich in einer Silberfolie und versteckte sie in meinem rechten Motorradstiefel. Um 7 Uhr traf ich mich mit den Kollegen von der Butterei in der Kantine zum Frühstück. Kurz vor 8 Uhr verabschiedete ich mich. Renate umarmte mich, und Marcel fragte nach meiner Adresse und meiner Telefonnummer. Alle wünschten mir eine gute Reise. Mit gemischten Gefühlen – irgendwie traurig und doch glücklich – fuhr ich los und warf bei der Firmenausfahrt noch einen letzten Blick zurück. Nach dem Bahnübergang wartete Nadine auf mich. «Nein», dachte ich, «was soll das?» Sie lachte, umarmte und küsste mich noch einmal. «Christian, ich danke dir für die schöne Zeit und den wunderschönen Abend gestern. Ich bin sehr glücklich, dass wir uns kennengelernt haben, und werde dich noch lange sehr vermissen. Alles Gute und gute Reise!», sagte sie. «Ich wünsche dir auch alles Gute, und sag einen lieben Gruss an deine Eltern.» Dann startete ich mein Motorrad, winkte ihr ein letztes Mal zu und fuhr los. Um die Mittagszeit traf ich in Strassburg und kurz vor 17 Uhr in Basel ein. Am französischen Zoll war ich nicht kontrolliert worden, und am Schweizer Zoll ging es auch schnell. Ich war sehr froh darüber, denn mit dem hohen Geldbetrag auf mir hätte es Probleme geben können.

Meine Rückkehr in die Schweiz

Um 18.30 Uhr traf ich an meinem früheren Pflegeplatz ein. Bläss lag an seinem üblichen Platz neben dem Eingang ins Tenn, verhielt sich aber ungewohnt ruhig und schaute mich misstrauisch an. Ich zog den Helm aus und sagte: «Hallo Bläss, kennst du mich noch?» Sofort kam er auf mich zu und begrüsste mich freudig. Gleich darauf erschien Grösu und rief: «Was ist denn hier los? Du kommst heute heim? Endgültig?» «Ja, endgültig, ich möchte deine Nerven nicht noch mal so strapazieren», schmunzelte ich. «Ich bin wirklich sehr froh über deine Rückkehr. Ich konnte deinen Entscheid, ins Ausland zu gehen, nicht verstehen», gestand er. Auf der Rückfahrt von der Milchsammelstelle entdeckte uns Christoph vor dem Haus und begrüsste mich. «Schön, dass du wieder da bist. Verstehst du noch Deutsch?» «Ich werde mich sicher bald wieder daran gewöhnen», lachte ich. Nach dem Nachtessen gab es wieder Camembert oder Münsterkäse und dazu ein Glas Rotwein, während ich sehr viele Fragen beantwortete. Zu meinem grossen Erstaunen sagte die Pflegemutter: «Wir sind froh, dass du wieder zurück bist, und sind stolz auf dich.» Offenbar hatte sie ihre Meinung grundlegend geändert, ich erinnerte mich noch gut an ihre vernichtenden Worte, die sie mehrmals geäussert hatte: «Aus dem wird sowieso nichts.» Um 22.30 Uhr legte ich mich sehr müde ins Bett, doch einschlafen konnte ich lange nicht. Der Abschied von all den guten Freunden und Mitarbeitern fiel mir sehr schwer. Sie hatten mich bei meiner Ankunft sehr liebevoll empfangen und mich in ihrer Mitte aufgenommen. Der Erfolg in der Butterfabrikation liess sich zum Teil auch auf die schöne und verständnisvolle Zusammenarbeit zurückführen. Plötzlich wurde mir bewusst, dass ich bei meinem Abschied von Frankreich in Bezug auf Freunde und Kollegen viel mehr verloren hatte als bei meiner Abreise nach Bénestroff vor einem Jahr. In Frankreich hatte ich den Verdingbuben fast vergessen können. Niemand hatte Kenntnis über meine Vergangenheit gehabt, und das war für mich eine grosse Erleichterung gewesen. Ich hatte mich frei gefühlt.

Am nächsten Morgen fuhr ich ins Nachbardorf zur Bank und deponierte 5800 Franken auf mein Konto, um die Handelsschule zu bezahlen. Die Schulgebühr betrug 4100 Franken. Danach meldete ich mich mit dem Dienstbüchlein beim Sektionschef an. Er erkannte mich wieder, weil er sich damals bei der Abmeldung sehr für meinen Frankreichaufenthalt interessiert hatte, und wollte neugierig von meinen Erfahrungen hören. Dann widmete er sich meiner Rückmeldung und suchte in meinem Dienstbüchlein nach der entsprechenden Seite. Plötzlich hielt er inne und sagte: «Was sehe ich da? Abmeldung in der Schweiz am 28. Juli 1966, Anmeldung in Frankreich im November 1966.» Dann schrie er laut: «Verschollen, unauffindbar bei einer Mobilmachung – das gibts doch einfach nicht!» «Anfangs kam so viel Neues auf mich zu, dass ich einen Moment lang nicht mehr an die Anmeldung in Frankreich gedacht habe. Ich finde es aber nicht so tragisch, bei einer Mobilmachung wäre ich in ungefähr zehn Stunden da gewesen», versuchte ich mich zu rechtfertigen. «Bei einer Mobilmachung wären die Strassen gesperrt worden. Sie haben eine Vorschrift aufs Schlimmste missachtet. Das hat eine Ordnungsbusse von 20 Franken zur Folge.» Als ich ihm meinen schwierigen Start in Frankreich ausführlicher schilderte, beruhigte er sich und fing wieder an, mir Fragen zu meiner Arbeit zu stellen. Nach einem längeren Gespräch sagte er: «Ich bewundere Ihren Mut, diese Reise ins Ungewisse zu wagen. Deshalb erlasse ich Ihnen die Busse und hoffe, dass so etwas nie mehr vorkommt.» Ich entschuldigte mich und verliess das Büro. Als Nächstes kaufte ich am Bahnhofskiosk zwei Ansichtskarten – die eine für die Kantine, damit alle Arbeitskollegen sie sahen, die andere für Nadine. Anschliessend besuchte ich meine Mutter, Edwin und Paul. Von Letzterem erfuhr ich, dass Renate im Sommer heiraten werde und er seit dem Frühling mit Marianne verlobt war. Edwin erzählte, er habe die Autoprüfung absolviert, und nannte mir auf mein Fragen hin den Namen des Fahrlehrers. Die Mutter fragte, wie es nun bei mir weitergehe. Ich erklärte ihr, dass ich von Oktober bis Frühling eine Handelsschule in Bern besuchen und bei Gerbers wohnen werde. «Hier hätte es sowieso keinen Platz für dich», war ihre Antwort. «Das weiss ich, das brauche ich jetzt auch nicht mehr», entgegnete ich und verabschiedete mich kurz darauf. Auf dem Rückweg zu Gerbers schaute ich noch schnell bei meiner Grossmutter und Tante Erna vorbei, die sich über meine Rückkehr sehr freuten. Am Abend brachte ich die Milch in die ehemalige Käserei, die jetzt nur noch eine Sammelstelle war. Die anwesenden Landwirte hatten viele Fragen an mich, und sogar Ueli Weber kam auf mich zu und zeigte sich erfreut. Nebenan wischte Dora die Terrasse. Ich ging zu ihr hinüber und kaufte in ihrem Laden zwei Flaschen Wein für unser Dessert. Auch ihr musste ich etliche Fragen beantworten. Sie teilte mir mit, dass Ruth in Bern arbeite, was ich zur Kenntnis nahm. Beim Nachtessen machte ich bekannt, dass ich vom 2. Oktober bis im Frühling in Bern eine Handelsschule besuchen werde. Bis dahin und auch an meinen schulfreien Tagen würde ich hier mithelfen. Grösu legte mir eine Hand auf meinen linken Arm und sagte: «Diese Nachricht gefällt mir um einiges besser als dein Entscheid vor einem Jahr.» Dann nahm er sein Rotweinglas und wir stiessen an.

Am Dienstag fuhr ich mit meinem Motorrad ins Nachbardorf zur Fahrlehrerin Rosmarie Hadorn, die mir versicherte, ich könne bei ihr auch samstags Fahrstunden nehmen. In den folgenden Tagen besuchte ich zweimal pro Woche die Theoriestunden und absolvierte Ende September die theoretische Prüfung. Die Fahrlehrerin gab mir am nächsten Samstag um 8 Uhr die erste Fahrstunde. Wir fuhren zuerst durchs Dorf, und sowohl das Anfahren als auch das Schalten gelangen mir problemlos. «Aha, ein Traktorfahrer, das sieht man sofort. Fahren wir doch direkt nach Bern», schlug sie vor. Nachdem wir kreuz und quer durch die Stadt gefahren waren, kehrten wir zurück an den Ausgangsort. Meine Autoprüfung absolvierte ich dann am 7. Dezember 1967 in Bern.

Bis zum Start der Handelsschule half ich jeden Tag von morgens früh bis abends spät Hansruedi. Alle waren sehr froh darüber. Wie früher begann ich auch wieder damit, auf den Feldern Mäusefallen zu stellen. An einem Sonntag fragte ich Hansruedi beim Mittagessen nach den Kosten für Essen und Zimmer. «Ich will kein Geld von dir, du hast schon jetzt wieder sehr viel geholfen und von früheren Zeiten wollen wir gar nicht erst reden.» «Du wirst uns nie in deinem ganzen Leben etwas schulden», sagte Grösu unmissverständlich. An einem Samstag fuhr ich nach Ostermundigen und besuchte meine früheren Meisterleute. Alle freuten sich über meine Rückkehr. Weder Fred noch Marlene trauerten der Käserei nach, und sie besassen jetzt an der Bernstrasse ein Milchgeschäft. Die beiden wollten wissen, was ich nach der Handelsschule machen werde, doch ich konnte ihnen noch keine genaue Auskunft geben. An einem Sonntag war ich bei Christoph und plauderte während meines Besuchs auch mit seinen Eltern, die erneut sehr viele Fragen zu Frankreich stellten.

Mein Traumberuf Kantonspolizist

Als ich mich eines Tages mit dem Landwirt Max Lüdi unterhielt und ihm mitteilte, dass ich ab Oktober eine Handelsschule in Bern besuchen werde, sagte er: «Nimm doch mit meiner Schwester Kontakt auf, sie fährt jeden Morgen mit dem Auto nach Bern.» Und so kam es, dass mich Hanna Lüdi jeden Morgen kurz vor 7 Uhr nach Bern und am Abend wieder nach Hause fuhr. Ich bezahlte ihr einen Teil ans Benzin. In der Handelsschule gefiel es mir gut, und ich formte schnell Freundschaften.

An einem Samstag im Oktober rief mich der ehemalige Käserlehrling Erich Flückiger an. Er arbeitete nun als Filialleiter bei Coop Bern und wusste von meinem Auslandaufenthalt. Wir verabredeten, uns am Samstag um 10 Uhr im Kaffee Eichenberger zu treffen. Als ich dort eintraf, warteten Erich und seine Freundin bereits auf mich. Kaum hatte ich nach der Begrüssung Platz genommen, sagte er: «Ich nehme an, dass du immer noch alles Geld in Kassascheine anlegst und Ende Monat kein Bargeld hast, wie früher. Ich lade dich ein.» Wir lachten alle, und ich versicherte, dass ich meinen Kaffee selbst bezahlen könne. Dann wechselte Erich das Thema und wurde ernst: «Ich habe von unserem ehemaligen Chef erfahren, dass du ein Jahr in Frankreich gearbeitet hast und nun eine Handelsschule besuchst. Wir suchen mehrere Filialleiter, einer speziell für den Käseeinkauf in Frankreich. Da habe ich sofort an dich gedacht. Nach der einjährigen Filialleiterschule wärst du diese Stelle bei uns sicher.» «Bis wann spätestens muss ich mich für den Besuch der Filialleiterschule entscheiden?», fragte ich. «Ungefähr Mitte März. Hast du schon etwas anderes vor?», hakte er nach. «Nicht direkt, aber ich möchte mich noch umsehen.» Erich verstand das, und ich dankte ihm für seine Bemühungen und seinen Vorschlag. Am Abend konnte ich lange nicht einschlafen. Ich dachte an meine schöne Zeit in Frankreich zurück – all diese Personen fehlten mir sehr. Seit ich zurück in der Schweiz war, brachten mir die meisten Leute Bewunderung entgegen. Ich wusste, dass ich nun von allen respektiert wurde, und das machte mich zu einer ganz anderen Person.

Weihnachten feierte ich bei Gerbers, denn nach Hause zu meiner Mutter mochte ich nicht. Der Weg durch den tiefen Schnee ersparte ich mir. Einige Tage später trafen die Noten der Zwischenprüfungen ein – alle fielen gut bis sehr gut aus. Als ich Mitte Januar meine Mutter besuchte, stand Paul bei der Begrüssung auf und rief: «Achtung, der Streber kommt heim.» Ich reagierte nicht auf seine Äusserung, und auch die Mutter sagte nichts dazu. Kurze Zeit später stand ich auf und verabschiedete mich. «Gehst du schon wieder, Christian?», fragte die Mutter. «Ja, es ist besser so», erwiderte ich und ging. An einem anderen Tag suchte ich die Bank auf, um den Zins nachzutragen. Ich legte den Jahreszins von 650 Franken und einen weiteren Betrag in Höhe von 400 Franken als Kassascheine an. Der Kontostand stieg auf 17 000 Franken an.

Als ich Ende Februar von der Handelsschule nach Hause kam, wurde ich von Heidi total aufgeregt empfangen. «Komm sofort hinauf in unsere Wohnung.»

Ahnungslos und etwas nervös folgte ich ihr. Mit zitternden Händen streckte sie mir einen eingeschriebenen Brief mit dem Absender «Polizeikommando des Kantons Bern» entgegen. «Christian, um Gotteswillen, was ist passiert?», fragte sie panisch. «Gar nichts ist passiert, Heidi», beruhigte ich sie. Dann öffnete ich den Brief und zeigte ihr den Termin für die Aufnahmeprüfung bei der Kantonspolizei Bern. Heidi setzte sich aufs Bett und schaute mich mit grossen Augen fragend an. «Was? Du kannst an die Aufnahmeprüfung bei der Polizei?» «Ja, ich habe die Anforderungen dafür offensichtlich erfüllt. Jetzt fehlt noch ein Schritt, und ich hoffe, dass ich den auch noch machen kann», sagte ich und fügte an: «Das muss aber unter uns bleiben.»

Am Montag, 11. März 1968, trat ich um 9 Uhr im Amtshaus in Bern zur Aufnahmeprüfung an. Um 16 Uhr war Schluss, und ich ging mit einigen Prüfungsteilnehmern ins nahe gelegene Restaurant Condor. Die meisten beklagten sich über die sehr schwierige Französischprüfung. Als ich mich nicht äusserte, fragte einer, wie es mir denn ergangen sei. Ich erklärte, dass ich ein Jahr in Frankreich gearbeitet hatte und es für mich daher kein Problem gewesen sei. Als ich nach Hause kam, fragte mich Heidi nach der Aufnahmeprüfung. «Ich habe kein schlechtes Gefühl, ich konnte die meisten Aufgaben lösen. Wir werden sehen. In circa 14 Tagen sollte ich Bescheid erhalten.» Das Warten wurde fast unerträglich, auch für Heidi. Als ich am Mittwoch, 27. März, von der Handelsschule nach Hause kam, sagte Heidi aufgeregt: «Christian, komm, wir gehen nach oben. Es ist ein Brief von der Kantonspolizei angekommen.» Heidi war nicht viel weniger nervös als ich. Mit zitternden Händen öffnete ich den Brief und las vor: «Sehr geehrter Herr Liniger. Sie haben die Aufnahmeprüfung für die Polizeischule mit Erfolg bestanden. Herzliche Gratulation. Die Polizeischule beginnt am Montag, 6. Mai 1968. Wir freuen uns, Sie an diesem Datum um 9 Uhr im Amtshaus in Bern zu begrüssen.» Meine Freude war riesig, und Heidi sagte: «Christian, das gibts doch nicht – du bist einfach super! Das gönne ich dir von Herzen, und ich freue mich schon auf die Reaktionen in unserer Gemeinde. Vor allem von denjenigen, die dich immer belächelt haben. Diese Nachricht werde ich ganz sicher nicht geheim halten.» Beim Abendessen las ich den Brief vor. «Das glaub ich ja nicht, das ist aber eine Riesenüberraschung», sagte Hansruedi. Grösu und die Mutter freuten sich auch. Marianne wollte wissen, ob ich nun schon bald mit einem Polizeiauto vorbeikommen werde. Im Bett dachte ich lange über alles nach. Nun hatte ich mein Ziel erreicht. Der sehr schmale und nicht immer einfache Weg hatte sich gelohnt. Ich wusste, dass ich auf sehr vieles hatte verzichten müssen. Und wie oft hatte ich alles infrage gestellt? Doch ich war nie von meinem Ziel abgewichen. Der Entscheid, die Arbeitsstelle in Frankreich anzunehmen, hatte mich damals an die Grenzen des Zumutbaren gebracht. Es war eine Fahrt ins Ungewisse gewesen, und alle Leute hatten mir davon abgeraten, doch ich hatte mich von niemandem beirren lassen. «Ich gebe niemals auf, und irgendwann zeige ich euch allen, dass all eure Vorurteile falsch waren», lautete mein Mantra bis heute. Die vielen Tränen waren vermutlich notwendig gewesen, denn sie hatten mir die Kraft für den nötigen

Widerstand gegeben. Ich hatte einfach nie aufgegeben, und jetzt hatte ich mein Ziel erreicht und mir auch meinen Bubentraum erfüllt.

Am Freitagnachmittag fand die Abschlussfeier in der Handelsschule statt. Ich war mit dem Zeugnis zufrieden. Am Samstag lud ich Christoph, Hermann und Karl zu einem Bier im Restaurant Kreuz ein. Nach einer halben Stunde sagte ich zu meinen Kollegen: «Ich bin mit meinem Motorrad zu schnell gefahren, jetzt hat mir die Polizei geschrieben.» Ich gab Christoph den Brief, und alle schauten gespannt zu ihm. «Nein, das glaube ich ja nicht – super!», rief er. Hermann und Karl lasen das Schreiben miteinander und freuten sich ebenfalls sehr für mich. Als mir alle gratulierten, erschien der Wirt und fragte: «Hast du Geburtstag?» «Nein, erst in zwei Tagen», erwiderte ich. «Er hat die Aufnahmeprüfung für die Polizeirekrutenschule bestanden», tönte es von Christoph und Karl. «Was? Du hast das geschafft? Ich kenne zwei Personen aus unserer Gemeinde, die sie nicht bestanden haben. Das freut mich unheimlich. Ich spendiere eine Runde.» Erich teilte ich mit, dass die Filialleiterschule kein Thema mehr für mich sei. Auch er gratulierte mir und freute sich für mich. Am Montag feierte ich Geburtstag, und zum Abendessen gab es Kartoffelstock mit Braten und eine Flasche Wein.

An einem Samstag fuhr ich mit meinem Motorrad zu meiner Mutter. Paul, Edwin und Nora waren zu Hause. Letztere merkte an, sie habe mich sehr lange nicht mehr gesehen, und wollte wissen, was ich nach der Handelsschule machen werde. Ich stand vor Paul und sagte zu ihm: «Als ich vor ungefähr drei Wochen nach Hause kam, hast du spöttisch gesagt: ‹Achtung, der Streber kommt heim!› Dieser Streber hat nun die Aufnahmeprüfung bei der Kantonspolizei Bern bestanden und rückt am 6. Mai in die Polizeirekrutenschule ein.» Einen Moment lang war es totenstill in der Stube. Edwin erholte sich als Erster und gratulierte mir, dann reichten mir Nora und die Mutter ebenfalls die Hand. Als Letzter stand Paul auf, gratulierte mir und fügte an, er habe das mit dieser Bemerkung nicht so gemeint. Meine Grossmutter freute sich auch sehr über meine Nachricht und sagte, sie werde meinen Vater sofort benachrichtigen. Offenbar wussten jedoch nicht nur meine Familie und meine Kollegen von der Neuigkeit. Denn als Hansruedi eines Abends von der Milchsammelstelle zurückkam, rief er mir zu: «Ab morgen lieferst du die Milch ab. Die Nachricht von deiner Aufnahmeprüfung ist das Dorfgespräch Nummer eins, und ich werde ständig ausgefragt.» Und tatsächlich: Als ich an den folgenden Tagen die Milch brachte, gratulierten mir alle, und ich hatte dabei das Gefühl, dass es fast alle ehrlich meinten. Besonders Dora Bürki war ausser sich vor Freude: «Hallo Christian, endlich kann ich dir zu deinem grossen Erfolg gratulieren. Das gönne ich dir von Herzen! Nun kriegen all jene, die dich immer verurteilt haben, so richtig eins aufs Dach.» Ich bedankte mich herzlich bei ihr und gestand: «Ich bin sehr überrascht über diese Reaktionen. Eigentlich bin ich doch immer noch dieselbe Person, aber plötzlich werde ich ganz anders behandelt. Ich bin froh darüber.»

Am 6. Mai 1968 rückte ich in Bern mit 44 anderen Polizeirekruten in die Polizeischule der Kantonspolizei Bern ein. Nach der Begrüssung durch einen Polizeioffizier bezogen wir am Vormittag unsere Zimmer, mein Zimmerkollege hiess Rolf Gerber. Die ersten Wochen verbrachten wir im Theoriesaal, wo uns Gesetze und Vorschriften erläutert wurden. Nach sechs Monaten Theorie nahm man im Kantonalen Zeughaus in Bern die Masse für die Polizeiuniform. Als wir diese erhalten hatten, rückten wir samstags und sonntags abwechslungsweise mit einer Patrouille aus. So lernten wir den Umgang mit den Bürgern. Jede Woche trafen wir uns zudem im Boxkeller von Charlie Bühler in Bern zum Training. Immer wieder gab es sehr viel zu lernen, und alle 14 Tage mussten wir eine Prüfung ab-

Aufgenommen an meiner Vereidigung zum Kantonspolizisten 1969 in Spiez.

solvieren. Die ersten Schiessübungen mit der Pistole folgten. Im Oktober wechselten wir in die Militärkaserne in Thun. Jeder konnte auf Staatskosten eine Führerprüfung absolvieren. Wir waren sechs, die bereits den Führerausweis für Motorrad und Personenwagen besassen, und konnten nun die Lastwagenfahrschule besuchen. Innert drei Wochen hatten wir alle diese Prüfung bestanden. Im Februar folgte ein dreiwöchiger Grenadierkurs. Bei der Arbeit mit Seilwinde, Motorkettensäge und Sprengstoff hatte ich einen grossen Vorteil, schliesslich hatte ich in meiner Kindheit und Jugendzeit erste Erfahrungen gesammelt. Die Ausbildungszeit ging schnell vorüber, und Ende April wurden wir alle im Schloss Spiez vereidigt. Zu diesem Anlass konnte jeder vier Personen einladen – ich nahm meine Mutter, Fred und Marlene mit.

Nach der Polizeischule konnte ich mein Zimmer in Bern behalten. Alle verheirateten Kollegen wurden irgendwo auf einer Polizeiwache stationiert, während wir zwölf ledigen Polizisten den Dienst auf der Hauptwache in Bern antraten. Zu unseren Aufgaben gehörten unter anderem Gerichtsvorführungen, das Begleiten von Gefangenentransporten oder Ausschaffungen von Ausländern. Ausserdem begleiteten zwei von unserer Truppe jedes Wochenende eine Patrouille der Verkehrspolizei im Nachtdienst. Als die Unruhen im Berner Jura eskalierten, waren wir praktisch jedes Wochenende dort im Einsatz. Schlägereien fanden statt, ab und zu wurde Tränengas gegen die Demonstranten eingesetzt, und auch auf unserer Seite gab es Verletzte. Da nicht genügend Chauffeure vorhanden waren, traf es uns mit diesem Ausweis besonders.

An meinen freien Tagen half ich Hansruedi. Nachdem ich wieder einmal die Milch zur Sammelstelle gebracht hatte, betrat ich Doras Laden, um ein paar Sachen einzukaufen. Sie gratulierte mir zur bestandenen Prüfung und zur Vereidigung zum Polizisten. «Damit bist du nun endgültig zu einer sehr gefragten Person geworden. Alle Leute finden es sehr schön, dass du in deiner Freizeit immer bei Gerbers mithilfst.» Dann fügte sie an: «Weisst du eigentlich, dass Margrit Heine bei mir die Lehre als Damenschneiderin absolviert?» Ich bejahte. «Stell dir vor, als ich sie vor einem Jahr anstellte, fragten mich zwei Frauen, ob ich mir das gut überlegt habe. Eigentlich sei sie ja noch immer eine Deutsche. Dabei kann Margrit ja nichts dafür, und ich bin mit ihr sehr zufrieden.» «Das ist einfach so in einer kleinen Bauerngemeinde. Ihr Vater ist halt Deutscher und wird von vielen nicht akzeptiert. Vorurteile sind immer schnell da – ich habe es doch selbst auch erfahren», erwiderte ich.

Am 1. April 1970, an meinem 25. Geburtstag, pflügte ich das Feld in der Nähe der Hauptstrasse. Kurz vor Mittag sah ich am südlichen Ende des Feldes zwei Personen stehen. Als ich näherkam, erkannte ich Margrit Heine und ihre jüngere Schwester Barbara. Ich stieg vom Traktor und begrüsste die beiden. «Dich habe ich ja schon sehr lange nicht mehr gesehen! Deine Lehrmeisterin ist sehr zufrieden mit dir», sagte ich zur älteren Schwester. «Ich bin froh, dass Frau Bürki mit mir zufrieden ist, und die Lehre gefällt mir gut», erwiderte Margrit und fügte dann an: «Ich habe dir etwas zu deinem Geburtstag mitgebracht.» Sie überreichte mir einen Schokokuss. Ich bedankte mich bei ihr und fragte verwundert, woher sie mein Geburtsdatum kannte.

«Meine Mutter hat mal erzählt, dass Hermann, dein Bruder Edwin und du alle heute Geburtstag habt», sagte sie stolz. Als sich die beiden verabschiedet hatten, dachte ich an meine Lehrzeit in der Käserei zurück. Damals stand sie als neunjähriges, scheues Mädchen mit blonden Zöpfen vor mir. Heute war sie eine sehr hübsche junge Frau mit blonden Haaren und stahlblauen Augen.

Anfang Mai 1970 begann mein Dienst bei der Verkehrspolizei Bern. Wir waren am Schermenweg stationiert, wo ich auch mein neues Zimmer bezog. Unsere Aufgabe bestand aus der Überwachung des Strassenverkehrs, der Aufnahme von Verkehrsunfällen, der Bestrafung von Verkehrssündern und vielem mehr. Besonders das Ausstellen von Strafanzeigen führte öfters zu heftigen Diskussionen, an die man sich jedoch bald einmal gewöhnte. An einem Samstagvormittag fuhr ich mit dem Streifenwagen bei Gerbers vor. Kurz darauf erschienen Christoph und Paul Hofer und wollten das Polizeiauto näher anschauen. In diesem Moment fuhr der Ex-Gemeindepräsident Karl Tschumi mit seinem Auto ganz langsam vorbei. Ich winkte ihm sehr freundlich zu. Er erwiderte den Gruss, hielt aber nicht an. Auch andere fuhren fast im Schritttempo vorbei, und nicht nur ich, sondern auch Heidi und Hansruedi genossen diesen Moment. «Die Leute denken jetzt bestimmt alle, ich sei zur Verhaftung ausgeschrieben», scherzte Grösu. Danach fuhr ich absichtlich mitten durchs Dorf. Als ich eine Weile später bei meiner Mutter vorbeischaute, stand ein weisser Opel Kadett vor dem Haus, den sich Paul gekauft hatte. Von Edwin erfuhr ich, dass er nächste Wo-

Start zu einer Patrouillenfahrt mit dem Dienstmotorrad, 1972.

che einen rot-schwarzen Opel Kadett Rallye abholen werde. Er habe es als Occasion aus erster Hand gekauft. Und tatsächlich fuhr er am nächsten Samstag mit seinem Coupé bei Hansruedi vor – es war ein sehr schönes Auto und gefiel mir sehr gut.

Bevor ich zur Autobahnpolizei wechselte, konnte ich noch drei Wochen Ferien und zehn Tage Überzeit von den Einsätzen im Berner Jura beziehen. Ich wohnte in dieser Zeit wieder bei Hansruedi und legte überall Hand an. Eines Abends fiel mir auf, dass er und Heidi ein Problem hatten, und sprach Letztere darauf an. Sie sagte jedoch nur, ich solle mit Hansruedi reden. Im März hatte er mit dem grossen Umbau des alten, baufälligen Bauernhauses begonnen. Alles wurde von Grund auf neu erstellt. Als ich bei Hansruedi nachfragte, was das Problem sei, erfuhr ich, dass der Umbau deutlich teurer ausfiel als angenommen. «Ausserdem konnte ich im Frühling unten im Tal noch eine Hektare Land in Pacht nehmen. Der kleine Traktor ohne Hydraulik ist zu schwach und eignet sich nicht mehr. Die Bank will mir den nötigen Kredit für einen stärkeren Traktor aber nicht zur Verfügung stellen, und ich weiss nicht mehr weiter. Der neue Traktor sollte mindestens 35 PS aufweisen, doch es fehlen mir mindestens 8000 bis 10 000 Franken», gestand er. «Hansruedi, ein Traktor mit 35 PS ist wieder zu schwach. Wenn du die Maschinen von unseren Nachbarn ausleihen willst, benötigst du einen Traktor mit mindestens 45 PS», sagte ich überzeugt. «Das habe ich mir auch schon überlegt, aber ein solcher Traktor kostet noch einmal 5000 Franken mehr», meinte er besorgt. «Ich mache dir einen Vorschlag – ich leihe dir

13 000 Franken mit 2 Prozent Zins», sagte ich kurzerhand. «Meinst du das wirklich ernst? Woher hast du denn so viel Geld?» Ich erklärte Hansruedi, dass ich mein Geld seit Jahren in Kassascheinen anlegte, immer gespart und wenig ausgegeben hatte und jetzt schon seit zwei Jahren nicht schlecht verdiene. Hansruedi sah mich immer noch ungläubig an, dann rief er Heidi und erzählte ihr von meinem Angebot. «Du bist unsere Rettung, Christian. Vielen herzlichen Dank!» Zwei Wochen später unterschieb Hansruedi den Kaufvertrag für einen Traktor mit 45 PS, und wenige Tage danach wurde der Fiat mit einem Lastwagen geliefert. Das ausgeliehene Geld erhielt ich im Laufe der nächsten zehn Jahre samt Zins wieder zurück.

Im Frühling 1971 wechselte ich zur Autobahnpolizei, mein Arbeitsort blieb aber derselbe. Der neue Dienst war ganz anders – gefährlich, aber auch sehr interessant. Nach einigen Wochen bei der Autobahnpolizei wurden mein Kollege und ich an einem Sonntagvormittag zu einem schweren Verkehrsunfall gerufen. Mit Blaulicht und Sirene und mit einer Geschwindigkeit von circa 180 Stundenkilometer fuhren wir von Kirchberg Richtung Bern. In der Nähe des damaligen Bahnhofs Mattstetten lag ein Opel auf dem Dach. Einen Mann und eine Frau hatte es aus dem Auto geschleudert. Der Frau hatte es von der Tür einen Fuss abgetrennt, und im Schockzustand lief sie ohne Fuss umher und wollte die Böschung empor zu ihrem Mann. Mein Kollege nahm sich der Frau an, während ich zu ihrem Mann ging. Ich konnte nur noch seinen Tod feststellen. Und obwohl es ein sehr trauriges und unschönes Ereignis war, kam ich gut mit solchen Situationen zurecht.

Eines Tages wurde in der Zeitung ein roter Opel Kadett Coupé zum Verkauf angeboten – aus erster Hand, neu geprüft, unfallfrei, 5500 Franken. Sofort ging ich vorbei, erwarb das Auto schliesslich für 5000 Franken und bezahlte es in bar. Mein Motorrad kaufte der damalige Verkäufer für 800 Franken zurück. Mein Kauf gab in unserer Gemeinde zu reden, doch das war mir egal. Edwin freute sich sehr, denn hatten wir zuvor dieselben Motorräder, fuhren wir nun dieselben Autos. Als ich mit meinem Opel an einem Samstag an Heines Haus vorbeifuhr, wischte Margrit am Strassenrand Laub. Ich hielt an. «Was? Du bist das? Seit wann fährst du denn so ein schönes Auto?», fragte sie erstaunt. «Noch nicht lange, ich habe es vor 14 Tagen gekauft», erklärte ich. Dann erschienen ihre Eltern und luden mich zu einem Kaffee ein. Die Familie Heine wohnte in einem sehr alten Haus, und als begabter Handwerker hatte Gustaf viel selbst umgebaut. Als ich in der Küche Platz nehmen wollte, sagte die Mutter lachend: «So hohen Besuch haben wir sonst nie, komm Christian, du wirst in der Stube bedient.» «Darf ich neben dir Platz nehmen?», fragte Margrit. «Ja klar, wenn du nicht Angst hast?», entgegnete ich schmunzelnd. «Vor Polizisten habe ich schon Angst, aber vor dir glücklicherweise nicht.» Dann stellten mir alle sehr viele Fragen zu meinem Beruf, und Gustaf interessierte sich auch für meinen Aufenthalt in Bénestroff. Bevor ich mich verabschiedete, wurde das Auto von allen begutachtet. «Komm wieder mal vorbei», rief mir Therese, die Mutter von Margrit, nach. Am Abend kreisten mir viele Gedanken durch den Kopf. Die Familie Heine musste mit den fünf Kindern sicher den Gürtel sehr eng schnallen. Ich erinnerte mich auch an den gemeinen Dorftratsch, den die Schwangerschaft der damals 19-jährigen Therese und ihre Heirat mit einem Deutschen ausgelöst hatten. Die Familie hatte einen sehr schweren Stand in der Gemeinde – immer diese verdammten Vorurteile. Ich lernte Gustaf als einen sehr netten Mann kennen, und auch die Kinder waren sehr gut erzogen. Margrit fiel mir als sehr zuvorkommende, anständige und sehr hübsche Frau auf.

Am nächsten freien Samstag besuchte ich zum ersten Mal meinen Vater. Er wohnte in der Nähe von Aarberg und freute sich sehr über meinen Besuch. Wir fuhren zusammen zu seinem neuen, sehr grossen und modernen Bienenhaus. Ich war also nicht der Einzige in der Familie, der Bienen mochte. «Ich bin sehr stolz darauf, Vater eines Polizisten zu sein», sagte er mit gerührter Stimme. «Das ist schon immer mein Traumberuf gewesen, aber ich habe lange selbst nicht daran geglaubt», gestand ich ihm. Bei der Verabschiedung versprach ich meinem Vater, dass wir uns bald wiedersehen würden.

Die Tage und Wochen flogen nur so vorbei, denn an Arbeit fehlte es mir bei der Autobahnpolizei nie. Im September bezog ich eine Woche Ferien und half Hansruedi beim Pflücken der vielen Zwetschgen. Ich brachte auch die Milch zur Sammelstelle und hatte von Heidi den Auftrag bekommen, anschliessend bei Dora diverse Sachen einzukaufen. Als ich den Laden betrat, unterhielt sich Dora gerade mit Margrit und witzelte dann: «Jetzt müssen wir artig sein, die Polizei kommt!» «Ich sehe aber keine Polizei, ich habe heute frei», erwiderte ich. «Schon bald ist wieder eine sehr gute

Lehrtochter mit der Berufslehre fertig. So sieht man, wie schnell drei Jahre vorbei sind», erwähnte Dora. Nach meinem Einkauf fing mich Margrit draussen ab und fragte mich, ob ich am Samstag Zeit für einen Besuch bei ihr zu Hause hätte. Ihre Eltern würden sich sehr freuen. Ich sagte zu und fuhr am nächsten Samstag um 20 Uhr zu Heines. Margrit war sehr schön angezogen, und so sagte ich zu ihr: «Du trägst ein schönes Kleid.» Ich erfuhr, dass sie es heute angefertigt hatte, und unterhielt mich dann mit ihrer Familie. Es war ein gemütlicher Abend. Um circa 22 Uhr fuhr ich wieder zurück zu Gerbers. Erneut kreisten meine Gedanken vor dem Einschlafen um die Familie Heine. Gustaf hatte kurz von seiner sehr brutalen russischen Gefangenschaft erzählt, was mich sehr beschäftigte. Und immer wieder sah ich die blauen Augen von Margrit vor mir. Diese Frau gefiel mir wirklich sehr gut, und auch die Tatsache, dass sie acht Jahre jünger war als ich, störte mich nicht mehr. «Was würden wohl meine Mutter und Renate dazu sagen? Die beiden haben oft über Gustaf und seine Frau Therese gelästert», fragte ich mich und schlief irgendwann ein.

Im Winter war der Dienst auf der Autobahn sehr gefährlich, und es gab zahlreiche Verkehrsunfälle. Über Weihnachten hatte ich Dienst, doch an Silvester musste ich nicht arbeiten. Und so traf ich mich am 31. Dezember mit Hermann und Karl im Restaurant Kreuz. Hermann erschien in Begleitung seiner Freundin Vreni, doch unerwartet begleitete ihn auch seine 19-jährige Schwester Anna und setzte sich zu uns. Ich erklärte Anna, dass ich nicht gut tanzen könne, und so wurde sie stattdessen von anderen zum Tanz aufgefordert.

Doch als Damenwahl war, lud sie mich zum Tanz ein, und schliesslich tanzten wir mehrmals zusammen. Beim Tango legte sie ganz unerwartet ihre Arme um meinen Nacken. Diese Nähe wollte ich jedoch nicht – einerseits wegen Margrit und andererseits, weil mich ihr Vater in betrunkenem Zustand einmal als Tagedieb beschimpft hatte. Ich war erleichtert, als um 2 Uhr früh Schluss war. Obschon Margrit mit ihrer Familie Silvester gefeiert hatte und daher nicht im Restaurant Kreuz gewesen war, liess mir die Angelegenheit mit Anna Rohrer keine Ruhe. Schliesslich hatten doch einige Leute aus dem Dorf gesehen, wie ich mit Anna getanzt hatte.

Mein Leben mit Margrit

Am 2. Januar klingelte ich um 17 Uhr bei Familie Heine. «Hallo Christian, Margrit ist oben in ihrem Zimmer am Lernen. Komm herein», empfing mich Barbara. Gustaf und Therese freuten sich über meinen Besuch und luden mich zu einem Kaffee ein. «Ich wollte nur schnell allen einen guten Start ins neue Jahr wünschen», sagte ich. «Das ist aber sehr lieb von dir, wir wünschen dir auch alles Gute in deinem nicht ungefährlichen Beruf», erwiderten die Eltern. Als Margrit zu uns stiess, tauschte ich mit ihr ebenfalls Neujahrswünsche aus und erzählte dann von meinem Silvesterabend. Dabei machte ich deutlich, dass ich gerne auf die Anwesenheit von Anna Rohrer verzichtet hätte. «Wenn ich die Lehrabschlussprüfung bestanden habe, darf ich auch in den Ausgang», meinte Margrit. «Das wird nicht so einfach sein, hier in der

Gemeinde bist du sowieso jedem zu wenig», warf die Mutter ein. Margrit schaute mich lächelnd an und meinte: «Vielleicht nicht.» Als ich mich von den Eltern verabschiedete, sagte Gustaf, ich solle wieder vorbeikommen, ich sei immer willkommen. Margrit zog eine Jacke und Schuhe an und begleitete mich zum Auto neben dem Haus. Mit zwei Neujahrsküsschen trennten wir uns. Mittlerweile war mir klar, dass mich Margrit schon seit längerer Zeit mochte. Zuerst wollte ich das nicht wahrhaben, doch jetzt war ich sehr froh darüber. Denn sie gefiel mir wirklich sehr gut, und bei ihren Eltern war ich auch sehr willkommen. «Wenn das bekannt werden würde, wäre in unserer Gemeinde für lange Zeit für Gesprächsstoff gesorgt», durchfuhr mich. Doch die Meinung der anderen spielte keine Rolle, und ich war nun bereit für eine Beziehung. Ich konnte meinen bisher schmalen Weg verbreitern, für eine Frau an meiner Seite hatte es nun Platz.

Am Montag nahm ich den Dienst wieder auf. Die Tage vergingen schnell, und bald war Februar. Als wir an einem Montagabend infolge eines Unfalles etwas später einrückten und uns in der Kantine verpflegten, fragte mich die Wirtin: «Kennst du eine Anna Rohrer?» Erstaunt bejahte ich und erklärte: «Sie wohnt in derselben Gemeinde wie ich. Warum fragst du?» «Sie hat vor einer halben Stunde im Wunschkonzert den Schlager ‹Dich erkenn ich mit verbundenen Augen› für dich gewünscht.» Ich musste mir einige Bemerkungen von meinen Kollegen anhören und ärgerte mich über diese Nachricht. «Nur von einigen Tänzen an Silvester wird sie mich noch nicht so gut kennen», dachte ich.

Mitte März kaufte ich wieder mal bei Dora ein. Nach einigen Fragen zu meiner Tätigkeit erwähnte sie, dass Margrit die Prüfung abgeschlossen habe. Den schwierigsten Teil habe sie sehr gut gemeistert. «Sie ist ein sehr fleissiges Mädchen, sie musste halt zu Hause schon von klein auf sehr viel mithelfen. Ich werde sie vermissen, wenn sie nicht mehr kommt.» Bevor ich wieder nach Bern fuhr, hielt ich bei Heines an. Auf dem Weg vom Parkplatz zum Hauseingang kam mir Margrit entgegen und umarmte mich. «Am Mittwoch habe ich noch einen halben Tag Prüfung, dann bin ich endlich mit meiner Lehre fertig. Anfang Mai beginne ich im Nachbardorf eine Stelle im Modehaus Dubach», sagte sie freudig. Nachdem ich ihre Eltern begrüsst hatte, meinte Therese: «Du hast doch am Samstag, 1. April, Geburtstag. Wir laden dich zum Abendessen ein.» Ich bedankte mich herzlich für die Einladung und realisierte, dass Margrits Eltern mehr wussten beziehungsweise ahnten, als ich vermutet hatte. Vom Wunschkonzert und von Anna Rohrer wurde nicht gesprochen.

Am Samstag traf ich um 19 Uhr bei Heines ein. Für Therese hatte ich einen schönen Blumenstrauss und für Gustaf eine gute Flasche Wein gekauft, und die beiden bedankten sich für die Geschenke. Margrit umarmte mich und gratulierte mir zum Geburtstag. Auch von Therese, Barbara und Christine gab es ein Küsschen. Schon beim Apéro fiel mir die besondere Stimmung auf, und die zwei jüngeren Schwestern lachten ab und zu verschmitzt. Ich wusste jedoch nicht, was vor sich ging, und war verwirrt, als Margrit vor dem Essen ein Geschenk überreicht bekam. «Ich gratuliere dir ganz herzlich zu deinem 19. Geburtstag», sagte Therese zu ihrer Tochter, und auch die anderen wünschten Margrit alles Gute. Ich verstand die Welt nicht mehr. «Ich habe doch schon vieles erlebt am 1. April, aber jetzt bin ich total überfordert», sagte ich. Margrit lachte und entgegnete: «Die Überraschung ist also gelungen. Es ist kein Aprilscherz, ich habe auch heute Geburtstag.» Ich gratulierte ihr, dann umarmte sie mich und wir gaben uns ein Küsschen. Und so feierten wir gemeinsam unseren Geburtstag und genossen einen sehr gemütlichen Abend. Als ich kurz vor Mitternacht das Haus verliess, sagte ich zu Margrits Eltern: «Ich hatte kein Geburtstagsgeschenk für Margrit dabei und würde sie nächsten Samstag gerne zu einem Nachtessen einladen.» Beide zeigten sich sofort einverstanden mit diesem Vorschlag, und Margrit war überglücklich. Sie begleitete mich zum Auto und sagte: «Ich liebe dich schon so lange, und jetzt ist es endlich wahr geworden.» «Ich liebe dich auch, du gefällst mir sehr gut.» Wir umarmten uns einen Moment lang, dann fuhr ich heim. Ich konnte lange nicht einschlafen und hatte viele Gedanken in meinem Kopf. «Ich habe doch gar nie nach einer Frau gesucht, und immer musste ich aus beruflichen Gründen nein sagen. Doch jetzt ist mein Weg breiter geworden, und es hat Platz für eine Person neben mir. Das Schicksal wollte es so, jetzt kann ich nur noch ja sagen», sinnierte ich.

Für den nächsten Samstag reservierte ich in einem bekannten Restaurant zwei Plätze auf 19 Uhr. Ich holte Margrit zu Hause ab und staunte, wie wunderschön sie in ihrem selbst genähten Kleid aussah. Als wir an der

Milchsammelstelle vorbeifuhren, erkannten einige mein Auto und winkten uns zu – das Dorfgespräch war damit lanciert. Wir verbrachten einen gemütlichen Abend und hatten uns viel zu erzählen. «Erst nach deinem zweiten Besuch ahnten meine Eltern etwas von einer möglichen Freundschaft zwischen uns. Meine Mutter äusserte Bedenken und befürchtete, dass wir für einen Polizeibeamten viel zu wenig seien und zum Gespött der Leute werden würden. Doch mein Vater meinte, sie solle sich nicht zu viele Sorgen machen», gestand Margrit. «Ich erinnere mich noch so gut daran, wie ich als achtjähriges Mädchen in die Käserei kam. Wenn du mich bedientest, sprachst du immer mit mir – all anderen verloren nie ein Wort. An meinem 16. Geburtstag kam Barbara von der Schule heim und sagte, dass du unweit der Strasse am Pflügen seist. Ich bat sie, mitzukommen und dir einen Schokokuss zum Geburtstag zu schenken. Ich war froh, dass sie zusagte, denn allein hätte ich den Mut nicht gehabt. Meine Mutter lachte und sah das Ganze als einen Aprilscherz, ich jedoch nicht. Du warst von da an immer in meinem Kopf. Obschon ich selbst nie daran glaubte, gab ich nie auf. Als du nach der Handelsschule die Aufnahmeprüfung für die Polizeirekrutenschule bestandest, sanken meine Hoffnungen. Ich nahm an, dass ich und meine Familie dich nicht mehr interessieren würden», gestand sie. «Ich habe damals nie so weit gedacht, doch ich fand dich schon immer ein sehr nettes Mädchen. Ich bin immer noch derselbe Mensch wie früher, und ich möchte eine Frau an meiner Seite, die mich auch als Büezer und ehemaligen Verdingbuben akzeptiert – und nicht nur, weil ich jetzt Polizeibeamter bin», antwortete ich. Um 23 Uhr kamen wir zu Hause an und verabschiedeten uns. «Ich bin der glücklichste Mensch auf dieser Erde», rief sie mir nach. «Ich auch, bis morgen», erwiderte ich.

Am Sonntagvormittag erzählte ich Heidi und Hansruedi vom gestrigen Abend und meiner Beziehung zu Margrit. «Ich bin nicht überrascht, ich habe in letzter Zeit etwas vermutet», sagte Heidi und ergänzte dann: «Das gibt sicher wieder ein Dorfgespräch, und deine Schwester Renate wird sicher auch nicht sehr erfreut sein. Der Lehrer, ihr Pflegevater, hat schliesslich immer über Gustaf gelästert. Aber lass dich davon nicht beeinflussen. Margrit weiss, was arbeiten heisst, und Dora Bürki war sehr zufrieden mit ihr.» «Meine Mutter und die anderen zwei Schwestern werden sich Renates Kritik sicher anschliessen», vermutete ich. Nach dem Mittagessen fuhr ich zu Heines. Christine und Barbara hielten sich in ihren Zimmern auf, Vroni und Ueli spielten draussen, was Therese die Gelegenheit für ein Gespräch gab: «Christian, wir müssen mit dir reden, denn für mich ist es immer noch nicht selbstverständlich, dass du dich in deiner Position für unsere Tochter entscheidest. Du hast doch jetzt hundert andere Chancen. Wir möchten einfach nicht, dass du dir das Ganze schon bald einmal anders überlegst. Praktisch niemand wird deinen Entscheid verstehen. Unsere Kinder haben alle Heimatort Hamburg. Der Gemeindeschreiber hat uns gesagt, das Einbürgern der Kinder sei sehr teuer und das könnten wir uns nicht leisten. Da die Verkehrsverbindungen so schlecht sind, wird Margrit eine kleine Wohnung in der Nähe von ihrem Arbeitsplatz mieten. Wir verlieren sie also aus den Augen, dabei ist sie doch erst gerade 19 Jahre alt geworden.» «Ach, mach dir doch nicht solche Sorgen, Therese. Wir haben doch den grossen Vorteil, dass wir wissen, mit wem Margrit zusammen ist. Christian hat schon so viel erreicht und ist ja nicht mehr ein junger Draufgänger», beruhigte Gustaf seine Frau. Margrit sagte kein Wort, sie schaute mich nur immer liebevoll an. «Therese, ich verstehe deine Sorgen. Was habe ich mir als Verdingbub über all die Jahre hinweg anhören müssen, ich wurde ausgelacht, gehänselt und gedemütigt. Seit ich Polizist bin, werde ich wie ein kleiner König behandelt. Da stimmt für mich sehr vieles nicht. Ich habe zwar mein grosses berufliches Ziel erreicht, aber ich bin immer noch Christian Liniger», entgegnete ich, bevor ich versprach: «Ich werde Margrit und euch nicht enttäuschen.» «Siehst du, Mutter, ich habe dir doch immer wieder gesagt, dass du dir keine Sorgen machen musst», antwortete Margrit. Dann stand Gustaf auf und holte eine sehr gute Flasche Wein aus dem Keller. «Wir stossen auf euch zwei an. Wir sind sehr dankbar, dass du bei uns ein und aus gehst», sagte er zu mir. Als ich mich um 18 Uhr verabschiedete, umarmte mich Therese und küsste mich auf die Wangen. Sie hatte Tränen in den Augen, und ich merkte, dass eine grosse Last von ihren Schultern gefallen war.

Am nächsten Wochenende hatte ich Dienst, rief aber am Samstag Margrit an. Sie hatte die Ergebnisse ihrer Lehrabschlussprüfung erhalten und mit gutem Erfolg bestanden. Ich gratulierte ihr und erfuhr dann, dass sie am 1. Mai die neue Arbeitsstelle antrete und in eine kleine Wohnung ziehe. Einige Tage später rief ich von meinem Büro aus die deutsche Botschaft in Bern an und verlangte die zuständige Person für Einbürgerungen. Man teilte mir mit, dass eine Einbürgerung der fünf Heine-Kinder kein Problem sei. Sie benötigten dazu lediglich die Heimatscheine und die Niederlassungsbewilligungen der Personen, pro Einbürgerung koste es 25 Franken. Therese beschaffte die nötigen Papiere, die ich persönlich auf der Botschaft vorbeibrachte. Nach zehn Tagen waren die Kinder alle eingebürgert und hatten nun den Heimatort ihrer Mutter. Damit sollten die Beschimpfungen als «deutsche Armeepudel» ein Ende haben, und das war für alle eine sehr grosse Erleichterung.

An meinem nächsten freien Tag war ich bei Gerbers und spaltete Holz. Christoph sah mein Auto vor dem Haus, hielt an und plauderte mit mir. Ich erfuhr, dass er Ende Mai heiraten werde. Dann fügte er an: «Du hast auch etwas auf dem Schlitten, habe ich gehört.» «Man hört immer sehr viel», war meine Antwort. «Stimmt das etwa doch nicht mit Margrit Heine?», hakte er nach. «Doch», bestätigte ich und fragte, woher er davon wusste. «Bei der Milchsammelstelle wird immer über Neuigkeiten diskutiert.» «Und was sagst du zu unserer Beziehung?», fragte ich. «Das gibt sicher eine gute Hausfrau, und gefallen würde sie mir natürlich auch», meinte Christoph. Am Abend brachte ich die Milch zur Sammelstelle, wo ich von allen sehr freundlich und zuvorkommend behandelt, aber von niemandem auf Margrit angesprochen wurde. Ich wusste aber, wer mich zweifellos fragen würde: Dora. Und tatsächlich sagte sie, als ich den Laden betrat: «Hallo Christian, schön, dass ich dich wieder mal sehe. Margrit hat die Lehrabschlussprüfung nun definitiv hinter sich und gut abgeschlossen. Es freut mich, dass du nun mit ihr befreundet bist. Es ist ja sicher auch für Heines eine grosse Ehre.» «Eine grosse Ehre muss es meiner Ansicht nach nicht sein, aber ich bin sicher, dass ich mich richtig entschieden habe», antwortete ich.

Am Wochenende vom 6. Mai hatte ich frei, und so besuchte ich am Freitagabend Margrit an ihrem neuen Wohnort. Als ich vom Parkplatz zum Haus lief, begegnete ich einer älteren Dame. Margrit kam die Treppe herunter und stellte mich ihrer 75-jährigen Vermieterin vor. Frau Zürcher begrüsste mich und sagte dann: «Ich verlange von meinen Mietern eine gewisse Ordnung. Gegen eine Freundschaft habe ich nichts einzuwenden, aber es sollte nicht immer eine andere Person sein. Darf ich wissen, was Sie beruflich machen und wer Sie sind?» Als ich ihr die gewünschten Informationen gegeben hatte, zeigte sich Frau Zürcher zufrieden. Trotzdem fügte Margrit beruhigend an: «Meine Eltern sind über unsere Freundschaft im Bild.» Als Margrit kurze Zeit später vorschlug, etwas für uns beide zu kochen, entgegnete ich: «Nein, wir gehen auswärts essen.» «Schon wieder?», fragte sie erstaunt. Ich hatte in einem Restaurant direkt an der Aare reserviert, wo wir den wunderschönen Frühlingsabend und das feine Essen genossen. «Christian, ich bin mir das nicht gewohnt, und es kommt so viel Neues auf mich zu. Das kostet doch bestimmt sehr viel Geld», sagte Margrit plötzlich besorgt. «Mach dir keine Sorgen, für diesen Monat reicht es noch», beruhigte ich sie lachend. Nach dem Essen spazierten wir der Aare entlang, und es war schon dunkel, als wir zum Auto zurückkehrten. Nach einer wunderschönen ersten gemeinsamen Nacht montierten wir nach dem Frühstück die Vorhänge. Um die

Mittagszeit trafen wir bei Heines zu Hause ein. «Ich bin überglücklich, wir haben gestern Abend in einem Restaurant an der Aare gegessen», sagte Margrit zu ihrer Mutter. «Was? Schon wieder?» Wir lachten.

Als ich bei Gerbers der Strasse entlang einen Weidezaun erstellte, hielt plötzlich der Vater von Hermann und Anna Rohrer an und rief mir zu: «Ist es dir wirklich ernst mit der deutschen Heine-Tochter? Du hättest jetzt die Gelegenheit, eine wohlhabende Bauerntochter zu heiraten.» Wütend erwiderte ich: «Erstens ist Margrit Heine keine Deutsche, sie hat Heimatort Wahlern/BE, und zweitens habe ich keine reiche Bauerntochter nötig, weil ich selbst genügend Geld habe!» Man würde sich mit der Zeit an unsere Freundschaft gewöhnen, dachte ich. Doch auch meine Mutter hatte einiges dazu zu sagen. Als ich nach mehreren Wochen wieder einmal bei ihr vorbeischaute, fragte sie nämlich: «Ist es dir wirklich ernst mit der Heine-Tochter?» «Woher hast du das?», fragte ich zurück. «Edwin hat es von einem Kollegen erfahren. Muss es wirklich diese Deutsche sein?» «Es muss nicht, aber ich will es. Sie ist keine Deutsche – ich hoffe, du kannst dich mit dem Heimatort Wahlern abfinden. Was hast du eigentlich gegen Heines?», entgegnete ich. «Die haben überall einen schlechten Ruf», erwiderte die Mutter. «Wir hatten noch einen viel schlechteren Ruf, und es sind keine Verdingkinder», merkte ich an. Verärgert schrie die Mutter: «Mit so einem Mann wie ich hatte, konnte es nicht anders kommen! Und so lasse ich nicht mit mir reden, merk dir das!» «Ich lasse nicht zu, dass jemand aus meiner Familie Margrit und ihre Familie kritisiert, merke dir das bitte auch!» Ausnahmsweise unterstützte mich Paul: «Mutter, du kennst Margrit ja überhaupt nicht. Sie hat eine Berufslehre abgeschlossen und ist eine sehr anständige, hübsche Frau.» Kurz darauf verliess ich das Haus. Die Aussagen meiner Mutter liessen mich ziemlich kalt, schliesslich hatte ich mit einer negativen Reaktion gerechnet und ausserdem war ich schlimmere Dinge gewohnt. Als ich Heidi von Mutters Aussage erzählte, schüttelte sie nur den Kopf und sagte, sie habe nichts anders erwartet. Margrit und ihren Eltern gegenüber erwähnte ich nichts, und bei meiner Mutter zeigte ich mich mindestens zwei Monate nicht mehr. Einige Wochen nach dem Zwischenfall mit meiner Mutter begegneten Margrit und ich meinem Bruder Edwin. Er begrüsste uns und sagte dann zu Margrit: «Dich hätte ich fast nicht mehr erkannt. Wir haben uns sicher mehr als zwei Jahre nicht mehr gesehen. Was machst du mittlerweile?» Nach einem kurzen Gespräch verabschiedete er sich wieder.

Das Jahr ging sehr schnell vorbei, und schon begann wieder der Frühling. Am Samstag, 31. März 1973, trafen Margrit und ich uns mit Edwin im Restaurant Hirschen in Kehrsatz zum Nachtessen. Den ganzen Abend über bediente uns die Schwester des Wirts, und kurz vor Mitternacht fragte sie, ob wir noch einen Wunsch hätten, sie sei um 12 Uhr kurz weg. Auf die Frage, was denn um Mitternacht los sei, sagte sie leise: «Ich habe am 1. April Geburtstag, mein Bruder lädt mich zu einem Glas Sekt ein.» Ich fragte, was wäre, wenn ich auch am 1. April Geburtstag hätte. «Dann würde ich Sie einladen, aber so einfach kommen Sie vermutlich nicht zu einem Glas Sekt», erwiderte die Schwester des Wirts. Ich legte meinen Führerausweis auf den Tisch, sie las das Geburtsdatum und freute sich sehr über den Zufall. Doch dann zeigten ihr auch Edwin und Margrit einen Ausweis, und die Frau verstand die Welt nicht mehr. Sie eilte zum Chef, der an unserem Tisch erschien und ebenfalls sprachlos war – vier Leute, die am 1. April Geburtstag hatten. «Nach Feierabend lade ich euch alle zu einer Flasche Sekt ein, das muss gefeiert werden», meinte er schmunzelnd.

Am nächsten Wochenende fuhr ich mit Margrit zu meiner Mutter und lud sie zu unserer Verlobung ein. Sie sagte zu. Das Verlobungsfest fand am 6. Mai 1973 bei meinen zukünftigen Schwiegereltern statt. Von meinen Geschwistern erschienen alle ausser Renate, was ich jedoch erwartet hatte. Ein Jahr später heirateten Margrit und ich, und bei der Hochzeitsfeier waren nun alle meine Geschwister sowie auch meine Mutter anwesend. Doch am Abend, vor dem Dessert, verliessen die Mutter und die drei Schwestern die Feier demonstrativ. Das hatte zur Folge, dass ich den Kontakt zu meinen Schwestern abbrach und die Mutter kaum noch besuchte. Wenn wir sie jeweils trafen, musste Margrit meine Mutter mit Sie ansprechen. Später erfuhr ich, dass diese Weisung von meiner Schwester Renate stammte. Ein Jahr nach der Hochzeit kam unsere Tochter Cornelia zur Welt, zwei Jahre später unser Sohn Stefan.

1977 kaufte ich einen Mercedes 280 SE – unter den Einwohnern gab das natürlich wieder zu reden. Auch der frühere Gemeindepräsident hörte, dass ich nun tatsächlich vor ihm mit einem Mercedes durchs Dorf fuhr. Das freute nicht nur mich, sondern auch Hansruedi ausserordentlich. Wir beide hatten nämlich nie vergessen, wie Karl Tschumi einst zu mir sagte: «Für jemanden wie dich kommt ein Mercedes sowieso nie infrage.» Wieder einmal hatte ich jemanden, der mir gegenüber Vorurteile hatte, eines Besseren belehrt.

Beruflich wechselte ich zu einer Sondereinheit, für die ich speziell ausgebildet wurde. Da immer mehr Polizeiposten in den Dörfern geschlossen wurden, die Kriminalität jedoch zunahm, gründete man die Einsatzpolizei mit fünf Gruppen à zwölf Mann. Bereits mit zehn Dienstjahren konnte ich die Unteroffiziersschule absolvieren, und als jüngster Gruppenchef stand ich der Einsatzgruppe drei vor. Wir hatten jeweils zwei normale Arbeitstage, dann folgte ein zwölfstündiger Nachteinsatz. Unser Dienst war sehr gefährlich, und

Aufnahme meines Mercedes-Occasionwagens, 1977.

wir waren bei Unfällen, Selbstmorden, Tötungsdelikten, Einbrüchen, Überfällen und anderem immer die Ersten vor Ort. Zum Glück hatte ich immer einen sehr guten Schutzengel. Einmal wurde ich von einem Fahrzeugdieb angefahren und übers Autodach auf den Boden geschleudert. Die Sanitätspolizei transportierte mich ins Inselspital, wo eine Muskelverletzung beim rechten Oberschenkel festgestellt wurde. Ich fiel zehn Wochen aus, hatte aber wahnsinnig Glück gehabt, dass die Verletzungen nicht schlimmer waren. Ungefähr zwei Jahre später wurden wir kurz nach Mitternacht nach Zollikofen gerufen, weil ein Mann auf die vorbeifahrenden Autos schoss. Wir sperrten die Strasse sofort ab und wussten anhand der Schüsse, wo sich der Schütze ungefähr aufhielt. Als er mich entdeckte, schoss er auf mich. Die Kugel verfehlte mich um maximal 40 Zentimeter und schlug auf Kopfhöhe neben mir in einem Pfosten ein. Dann kletterte der Mann über den Balkon, wodurch das Aussenlicht anging, und kam mit vorgehaltenem Gewehr auf unsere Deckung zu. Als ich den auf mich gerichteten Gewehrlauf erblickte, drückte ich ab. Der Mann fiel mit einer Verletzung am rechten Unterarm zu Boden. Wir machten einen Verband, um sein Blut zu stillen, und nach circa drei Wochen konnte der Täter das Inselspital in Richtung Strafanstalt Thorberg verlassen. Für mich hatte dieser Vorfall keine negativen Folgen – im Gegenteil, unser Kommandant lud mich zu einem persönlichen Gespräch ein und gratulierte mir für den vorbildlichen Einsatz. Doch Margrit hatte danach sehr grosse Angst um mich, hauptsächlich während den Nachtdiensten, und wollte mich zu einem anderen Dienstzweig überreden. Das gelang ihr aber nicht – ich war mit Leib und

Seele Einsatzpolizist. Bei mir musste immer etwas passieren, und Angst kannte ich nicht. Zudem hatte ich in meiner Einsatzgruppe sehr gute, zuverlässige Leute, zu denen ich eine sehr gute Kameradschaft pflegte.

Am 9. März 1978 verstarb meine Pflegemutter Martha im Alter von 78 Jahren im Spital. Mit meiner Versetzung durch den Vormund hatte sie 1952 den Auftrag erhalten, mir meine leibliche Mutter zu ersetzen – ich hatte Martha ja auch mit «Mutter» angesprochen. Bestimmt war es für sie nicht einfach gewesen, so plötzlich und gegen ihren Willen einen Verdingbuben aufzunehmen. «Kann man überhaupt so plötzlich einem Kind die Mutter ersetzen und die nötigen Gefühle zeigen?», fragte ich mich rückblickend. Eigentlich wusste ich gar nicht, was und wie eine richtige Mutter war. Immerhin empfand meine Pflegemutter dann doch etwas Stolz, als sie neben einem Polizisten stehen konnte, der bei ihr als Verdingbub aufgewachsen war. Ein Jahr später, am 31. Mai 1979, verstarb Grösu im Alter von 82 Jahren unerwartet. Sein Tod war ein sehr herber Verlust für mich, denn meinen leiblichen Vater hatte ich erst als 17-Jähriger kennengelernt – und Grösu hatte da schon lange eine Vaterrolle für mich eingenommen. Er war immer lieb zu mir gewesen, und ich wusste, dass er mich sehr geschätzt hatte. Wie gross waren doch seine Sorgen gewesen, als ich meine Stelle in Frankreich annahm, und wie stolz war er auf meinen beruflichen Weg. Hansruedi verstarb am 7. November 2009 im Alter von 80 Jahren. Er war für mich wie ein grosser Bruder gewesen, hatte mir zum Beispiel handwerklich sehr viel beigebracht und war mit seiner ruhigen, besonnenen Art immer ein grosses

Vorbild gewesen. Nichts hatte ihn aus der Ruhe bringen können. Seine enorme Gutmütigkeit, seine Geduld und seine Toleranz hatte ich in gewissen Situationen überhaupt nicht verstanden. Warum hatte er Grösu so lange nicht zurechtgewiesen, wenn dieser Heidi beschimpfte? Warum hatte er nie etwas gesagt, wenn seine Mutter mir gegenüber ungerecht oder gemein war? Hansruedi war halt einfach ein sehr gutmütiger Mensch gewesen, der Auseinandersetzungen möglichst vermieden hatte. Ich hingegen war ein Draufgänger mit einem sehr ausgeprägten Gerechtigkeitssinn, was mich in dieser Hinsicht intolerant machte, und immer sehr berechnend – alles sollte rentieren und Geld einbringen. Doch obschon wir grundverschiedene Menschen gewesen waren, hatten wir uns sehr gut miteinander verstanden. Und seine letzten Worte an mich waren: «Christian, du stehst doch sicher meinen zwei Frauen bei, wenn ich nicht mehr da bin.» Ich versprach es ihm. Am 9. Dezember 2014 verstarb Heidi im Alter von 84 Jahren im Zieglerspital in Bern. Sie war stets sehr vorbildlich und arbeitsam gewesen, und hatte die Arbeit, die ich als Verdingbub und auch später noch für Gerbers geleistet hatte, sehr geschätzt. Zudem hatte Heidi immer wieder versucht, mir in schwierigen Situationen zur Seite zu stehen. Auch wenn ihre Interventionen und ihre Unterstützung ohne Erfolg geblieben waren, hatten sie mir sehr viel bedeutet. Ich hatte mich nicht allein gelassen gefühlt. Am Abend vor ihrem Dahinscheiden war ich noch bis um 23 Uhr bei ihr. Ich versprach Heidi, Marianne immer zur Seite zu stehen und bei Arbeiten im oder ums Bauernhaus zu unterstützen – was ich bis heute mache.

Im Jahr 1978 bauten wir in Bäriswil/BE ein frei stehendes Einfamilienhaus mit grosser Umgebung und einem Gemüsegarten. Nach der Schule absolvierte unsere Tochter eine kaufmännische Lehre, unser Sohn lernte Elektroniker. Cornelia heiratete und machte uns am 20. Juli 1999 mit der Geburt von Michelle zu glücklichen Grosseltern.

Zu Beginn des Winters 1999 litt Margrit plötzlich unter Atemproblemen. Sie erhielt Medikamente von ihrem Hausarzt, und im darauffolgenden Frühling ging es ihr wieder besser. Doch im November 2000 tauchten dieselben Beschwerden erneut auf. Da ich für Margrits Hausarzt nicht viel übrighatte, rief ich meinen Hausarzt und Kollegen an. Nach zwei Tagen konnte sie zu ihm zu einer eingehenden Untersuchung, wo-

Unser neu fertiggestelltes Einfamilienhaus in Bäriswil, 1979. Die Kinder Stefan und Cornelia sind am «Grillieren».

raufhin sie mein Hausarzt bei einem bekannten Lungenspezialisten anmeldete. Fünf Tage später erhielten wir die niederschmetternde Diagnose, dass Margrit Lungenkrebs hatte und auf beiden Seiten der Lunge bereits Ableger vorhanden waren. Auch für ihre Eltern und ihre Geschwister war das ein Schock. Geraucht hatte Margrit nie. Die Hoffnung auf Besserung wurde immer kleiner. Es folgten mehrere Chemotherapien und Bestrahlungen. Ihr Gesundheitszustand verschlechterte sich täglich. Am 19. Juni musste ich Margrit in total geschwächtem Zustand ins Spital Beau-Site einliefern. Am nächsten Tag gab es ein Gespräch mit dem Onkologen und dem zuständigen Oberarzt, und wenig überraschend kam die Nachricht: «Ihre Frau wird die nächsten acht Tage leider nicht überleben.» Ich erhielt ab sofort Urlaub vom Dienst und war jeden Tag von circa 11 Uhr bis am Abend bei Margrit im Spital. Sie war immer öfters auf Morphin angewiesen, aber eigentlich immer bei vollem Bewusstsein. Am 24. Juni, als ich Margrit um 23 Uhr verliess, sagte sie zu mir: «Christian, du darfst auf der Heimfahrt nicht auf die Autobahn. Ich weiss, dass dir ein Auto entgegenkommen wird. Dir darf nichts passieren.» Ich versprach ihr, auf der Nebenstrasse via Ittigen heimzufahren, was ich auch tat. Das waren die letzten Worte von Margrit gewesen. Am 25. Juni 2001 klingelte um 2.15 Uhr das Telefon – mit der Nachricht, dass meine Frau den Kampf leider verloren hatte. Cornelia war zu diesem Zeitpunkt im siebten Monat schwanger. Die Anteilnahme am Tod von Margrit war enorm, und die Leute fanden nicht alle einen Platz in der Kirche. Das Schicksal und ich kannten uns schon seit längerer Zeit, und nun hatte es mich noch einmal total zu Boden gedrückt. Man sollte sich nie fragen, warum. Akzeptieren war wohl die einzige Möglichkeit. Zum Glück war ich es gewohnt, trotz sehr schweren Lasten wieder irgendwie aufzustehen. Gut zwei Monate später, am 29. August, erblickte Nick, mein zweites Enkelkind, das Licht der Welt. Am 10. April 2005 wurde ich mit der Geburt von Silvan ein weiteres Mal Grossvater. Nach einiger Zeit meinte es das Schicksal wieder gut mit mir und machte mich mit meiner heutigen Lebenspartnerin Iris bekannt. Meine Familie – meine Tochter, mein Sohn, mein Schwiegersohn, Iris und natürlich meine drei Enkelkinder – macht mich sehr glücklich.

Nachwort: Warum schaffte ich es trotz aller Schwierigkeiten?

Auch heute noch frage ich mich manchmal, wie ich es trotz aller Schwierigkeiten geschafft habe, meinen Weg zu gehen. Trotz der Vorurteile, die man mir entgegenbrachte. Trotz der Hindernisse, die ich zu überwinden hatte. Trotz der Klippen, über die ich springen musste.

Dass ich mein erstes Lebensjahr bei der Diakonissenschwester Anna im Spital verbrachte, erfuhr ich erst viele Jahre später. Auch an die zwei einzigen ganz sorglosen Jahre bei Gustav und Hilde Locher kann ich mich nur vage erinnern. Als ich drei Jahre alt war, brachte man mich bereits an meinen dritten Pflegeplatz. Der Unterschied zu meinen vorherigen Pflegeeltern war extrem. Hier lernte ich zu kämpfen. Misshandlungen zu akzeptieren. Immer wieder aufzustehen. Ängste zu überwinden. Menschen zu hassen und doch freundlich zu ihnen zu sein. Ich weinte öfters, aber es waren eigentlich nie Tränen des Selbstmitleids. Ich musste meine Situation akzeptieren. Aus meinen Tränen entstand meistens Wut oder Hass. Beides machte mich stark und verstärkte meine Gegenwehr, doch immer ohne Erfolg. Mit sieben Jahren wurde ich schliesslich an meinen vierten Pflegeplatz versetzt. Bei Gerbers war einiges viel besser. Sofort erhielt ich kleine, aber wichtige Aufgaben zugeteilt. Diese mussten jeden Tag unbedingt erledigt werden, und das machte mich sehr stolz. Die vielen mir zugeteilten Arbeiten lenkten mich ab und gaben meinem Dasein einen Sinn. Man brauchte mich. Was andere hatten und machten, nahm ich bloss zur Kenntnis – ich brauchte keine Spielsachen, ich hatte ja Arbeiten. Mit der Zeit lernte ich aber auch an meinem vierten Pflegeplatz die andere Seite kennen. Die Seite des Verdingbuben. Ich stand mit sieben Jahren immer noch auf dieser Welt, ohne meine Eltern zu kennen. Und auch sonst war niemand da, bei dem ich Hilfe oder Rat holen konnte. Ich war ohne Rechte und ohne jegliche Unterstützung. Bei jeder sich bietenden Gelegenheit wurde ich unverhältnismässig und auch total ungerecht bestraft. Die körperlichen Bestrafungen waren leichter zu ertragen als die seelischen. Immer wieder vergoss ich Tränen, doch ich baute mich auch immer wieder auf. Ich wusste, dass diese Tränen nichts brachten. Ich musste stark werden, und so sagte ich mir immer wieder: «Ich lasse mich nicht unterkriegen. Ich werde es euch allen beweisen. Irgendwann. Ich werde etwas Positives aus meinem Leben machen.» Und obwohl ich manchmal selbst zweifelte, ob ich es wirklich schaffen würde, wich ich nie von meinem steinigen Weg ab, den ich zu gehen hatte. Ich musste mich an diesen Weg gewöhnen und lernte, mich mit den zum Teil grossen Hindernissen abzufinden. Ich lernte, grosse Klippen zu überspringen. Ich lernte, die schönen Momente und Stunden bis zum nächsten, meist unerwarteten Gewitter zu geniessen. Ich lernte, dass alle Wolken irgendwann weiterzogen. Und mit 17 Jahren konnte ich zum ersten Mal in meinem Leben selbst einen wichtigen Entscheid treffen. Ich suchte mir meine Lehrstelle aus, ohne meinen Vormund oder sonst jemanden zu fragen. Ich ging meinen gewohnten schmalen Weg weiter. Es gab für mich keine andere Möglichkeit, und ich hatte mein Ziel vor Augen. Ich wusste, dass nur der gewohnte schmale Weg zu diesem Ziel führen würde. Eine Freundin hatte auf diesem Weg keinen Platz. Mit dem sehr gewagten und etwas abenteuerlichen Entscheid, für ein Jahr nach Frankreich zu gehen, mutete ich mir erneut einen sehr schmalen und riskanten Weg zu. Praktisch alle Leute rieten mir davon ab, doch ich liess mich nicht umstimmen. Ich liess mich von niemandem von meinem Weg abbringen. Dazu brauchte ich einen sehr starken Willen. Ich musste auf sehr vieles verzichten, was ich aber zeit meines Lebens hatte tun müssen. Um alles zu überstehen, war ich auf einige aussergewöhnliche Kräfte angewiesen. Diese wurden mir sicher in die Wiege gelegt, und auch das Sternzeichen Widder passt sehr gut zu mir.

Jedes Kind sollte sich in einem von den Eltern vorgegebenen Rahmen bewegen lernen. Die Rahmengrösse sollte nicht allzu klein, aber auch nicht zu gross sein. Beim Überschreiten des Rahmens sollte es Folgen haben. Als kleine Kinder lernen wir, zu laufen, und wir sind froh um eine Hand, die uns die nötige Sicherheit für die ersten Schritte in unserem Leben gibt. Auf diese Hand sind wir noch lange angewiesen, auch wenn viele meinen, diese führende Hand sei nicht mehr nötig oder nicht mehr massgebend. Sie sollte uns den richtigen Weg zeigen. Auf dem normal breiten Weg sollten nicht alle Steine und nicht alle Klippen entfernt werden. Jeder Mensch sollte lernen, Hindernisse zu umgehen oder darüberzuklettern und Klippen zu überspringen. Jeder Mensch sollte manchmal stürzen, um zu lernen, die Gefahren von Hindernissen früh und richtig einzuschätzen. Jeder Mensch sollte manchmal hinfallen – wie bei den ersten Gehversuchen als Kleinkind –, um zu lernen, selbst wieder aufzustehen. Denn alle Menschen werden in ihrem Leben auf Hindernisse treffen. Der gewohnte breite Weg kann sehr plötzlich und sehr unerwartet zu einem sehr schmalen und gefährlichen Pfad werden.

Es gibt kein Zurück mehr. Ohne Erfahrung ist ein Absturz nur mit viel Glück vermeidbar. Der Weg des geringsten Widerstandes ist nur am Anfang asphaltiert.

Nachwort zur zweiten Auflage

Die grosse Nachfrage sowie all die positiven Rückmeldungen der Leserinnen und Leser sind für mich die grösste Genugtuung für meine verpasste und sehr schwierige Kindheit. Dadurch sehe ich sogar einen Sinn darin. Denn ohne meine Erlebnisse gäbe es das Buch «Ein schmaler Weg» nicht. Auszugsweise gebe ich hier einige der Rückmeldungen und Begegnungen wieder.

Paul R.: « (…) man kann das erlittene Leid und die Ungerechtigkeiten zwischen den Zeilen lesen und mitfühlen. Auch ich musste als Knabe sehr hart arbeiten und oft gab es nicht genügend zu essen.»

Hermann T.: «Christian, ich habe das Buch übers Wochenende gelesen. Konnte einfach nicht mehr aufhören. Von mir aus ein Skandal, was man mit dir gemacht hat. Ich hätte das nicht überlebt. Die ganze Geschichte ist immer noch in meinem Kopf. Ich musste das Buch in eine Schublade verstauen, damit ich abschalten konnte.»

Christoph Z.: «Lieber Chris. Dein Buch liest sich wie ein Roman (…), doch leider ist es eine sehr brutale Tatsache, welche ich nicht verstehen kann. (…) Ich bewundere sehr, was du aus dieser Situation aus dir gemacht hast.»

Rosmarie R.: «Lieber Christian, habe das Buch in einer Woche gelesen. Musste einige Male aufhören, weil ich weinen musste und den Inhalt nicht mehr verkraften konnte. Ich bewundere dich.»

Eugen H.: «Sehr geehrter Herr Liniger. Mit grossem Interesse und zutiefst beeindruckt habe ich in diesen Tagen Ihr Buch gelesen bzw. verschlungen. Ich war sehr berührt von Ihrer Geschichte und kann mir die vielen Gefühlsturbulenzen vorstellen. Herzliche Gratulation zum Buch und was Sie aus dieser enorm schwierigen Situation gemacht haben.»

Lea B.: «Lieber Chris. Ich habe noch nie ein Buch von fast 300 Seiten in drei Tagen gelesen. Ich konnte einfach nicht mehr aufhören. Es gab doch einige Stellen, wo das Lesen durch Tränen unterbrochen wurde. Ich legte das Buch einen Moment weg, musste aber einfach weiterlesen, bis zu den nächsten Tränen. Wie hast du das alles überstanden? Ich bewundere dich sehr.»

Mein Buch erschien Ende September 2023. Im Oktober meldete sich das Staatsarchiv des Kantons Bern und bestellte ein Buch. Man sagte mir, dass in meinem Buch ein Stück Schweizer Geschichte geschrieben sei. Es folgen unzählige Begegnungen in Cafés, Ladenlokalen oder auch in einer Arztpraxis, wo ich erkannt wurde und ein Buch verkaufen konnte. In verschiedenen Nachbargemeinden wurden und werden Buchvernissagen und Lesungen organisiert.

Die mitfühlenden Rückmeldungen zeigen mir, dass meine Geschichte zum Nachdenken anregt. Es ist später Balsam auf die alten Wunden, aber es tut mir sehr gut und ich bin allen Leserinnen und Lesern sehr dankbar.

Aufarbeitung der fürsorgerischen Zwangsmassnahmen und Fremdplatzierungen vor 1981

Bis in die 1970er-Jahre und teilweise sogar länger wurden Menschen in der Schweiz Opfer von fürsorgerischen Zwangsmassnahmen und Fremdplatzierungen. Schätzungen gehen für das 19. und 20. Jahrhundert von mehreren Zehn- bis mehreren Hunderttausend Betroffenen aus, wobei der Kanton Bern überdurchschnittlich vertreten ist. Viele der Kinder, Jugendlichen und Erwachsenen lebten in schwierigen bis menschenunwürdigen Verhältnissen und erlitten massive Beeinträchtigungen ihrer physischen und psychischen Integrität. Mit dem «Bundesgesetz über die Aufarbeitung der fürsorgerischen Zwangsmassnahmen und Fremdplatzierungen vor 1981» vom 1. April 2017 anerkennt der Bund offiziell das Unrecht, das den Betroffenen zugefügt worden ist. Gleichzeitig rückt die umfassende Aufarbeitung dieses dunklen Kapitels der jüngeren Schweizer Geschichte stärker in den Fokus der Öffentlichkeit. Das vorliegende Buch gibt wertvolle Einblicke in das Leben eines Verdingbuben und trägt so zur Auseinandersetzung mit den Praktiken der fürsorgerischen Zwangsmassnahmen und Fremdplatzierungen vor 1981 bei.

Autor

Christian Liniger (* 1945) ist in Bern geboren und als Verdingkind in verschiedenen Pflegefamilien aufgewachsen. Mit 16 Jahren trat er eine Stelle als Traktorführer bei einem Bauern im Welschland an. Dann absolvierte er die Lehre als Emmentaler-Käser. Nach einem Aufenthalt in Frankreich liess er sich in Bern zum Polizisten ausbilden. Lange war er als Gruppenchef bei der Einsatzpolizei tätig. Christian Liniger ist verwitwet, Vater von zwei Kindern, Grossvater und lebt in Bäriswil. Seit längerer Zeit ist er Mitglied des Vereins Pflegekind Bern. Christian Liniger hielt unter anderem an einem Gymnasium in Bern Vorträge über seine Vergangenheit, und auch in Zürich bei Zusammenkünften von ehemaligen Verdingkindern sprach er über seine Erfahrungen als Verdingbub.